行业特色高校新文科复合型人才大类培养研究

王宇波　张永福　陈京京　著

科学出版社

北京

内 容 简 介

本书从行业特色高校新文科复合型人才大类培养中存在的现实问题出发，重点运用文献研究法、问卷调查法、访谈调查法、案例分析法等研究方法，分析行业特色高校新文科复合型人才大类培养模式研究的时代价值与理论基础；从发展历程和研究进展两方面梳理行业特色高校新文科复合型人才大类培养模式的发展脉络；辨析新文科复合型人才大类培养模式的构成要素，并对组织管理要素中的书院制、完全学分制和导师制进行分析；总结新文科复合型人才大类培养模式存在的问题并对其成因展开分析；借鉴国内"双一流"建设高校新文科复合型人才大类培养模式和国外一流高校跨学科人才培养的经验，结合行业特色高校新文科复合型人才大类培养模式的实践探索，提出行业特色高校新文科复合型人才大类培养模式的创新机制。

本书可供从事高等教育管理领域相关研究的学者、高校行政管理人员以及高等教育学专业研究生参考、借鉴。

图书在版编目（CIP）数据

行业特色高校新文科复合型人才大类培养研究 / 王宇波，张永福，陈京京著. 一北京：科学出版社，2025.2
ISBN 978-7-03-077350-0

Ⅰ. ①行… Ⅱ. ①王… ②张… ③陈… Ⅲ. ①高等学校－文科（教育）－人才培养－研究－中国 Ⅳ. ①G649.2

中国国家版本馆 CIP 数据核字（2024）第 001493 号

责任编辑：郝 悦 / 责任校对：贾娜娜
责任印制：张 伟 / 封面设计：有道设计

科 学 出 版 社 出版
北京东黄城根北街 16 号
邮政编码：100717
http://www.sciencep.com
北京厚诚则铭印刷科技有限公司印刷
科学出版社发行 各地新华书店经销
＊
2025 年 2 月第 一 版 开本：720×1000 1/16
2025 年 2 月第一次印刷 印张：13 1/2
字数：273 000
定价：152.00 元
（如有印装质量问题，我社负责调换）

前　言

习近平总书记在党的二十大报告中提出"坚持为党育人、为国育才，全面提高人才自主培养质量，着力造就拔尖创新人才"①。党的十八大以来，高等教育以高质量为统领，不断探索建立与国情相适应、具有中国特色的教育理念与模式，在世界高等教育范围内发出了中国声音，提供了中国经验，贡献了中国智慧。行业特色高校作为中国高等教育的重要组成部分，具有因国家需要而建立、应国家需要而发展的鲜明特色，是国家战略的有力支撑者，是行业科技领域创新发展的引领者和高等教育体系不可或缺的重要力量。行业特色高校人才培养工作承载着国家使命，着眼于引领行业科技事业发展和服务国家重大战略需求，培育了一大批国之栋梁，具有鲜明的育人特色。然而，由于历史原因，行业特色高校文科普遍存在着学科视野相对窄化、知识体系不全面不平衡的问题，逐渐成为制约行业特色高校人才培养质量的因素。近年来，行业特色高校纷纷采用大类培养模式（大类招生、大类培养、大类管理）探索全链条式人才培养模式改革，由"单一学科背景下的专业对口教育"转变为"通识教育基础上的宽口径专业教育"，实施学科交叉与综合背景下的宽口径专业教育和个性化培养模式，取得了显著的效果，有效缓解了学科视野狭窄等问题，但也面临着文理、文工专业交叉融合深度不足；跨学科、跨专业的教育组织模式运行不畅；文科专业建设力度不够，资源配置不均衡，对育人以及学校服务国家软实力提升方面支撑作用弱等问题。

2019 年 4 月，教育部、中央政法委、科技部等 13 个部门联合启动了"六卓越一拔尖"计划 2.0，标志着新文科建设正式启动，由理论研究转为现实探索。2020 年 11 月，新文科建设工作会议在山东大学（威海）召开，该会议正式发布了《新文科建设宣言》，对新文科建设做出全面部署。2021 年 4 月 19 日，习近平总书记在清华大学考察时的重要讲话提出了瞄准科技前沿和关键领域②，"推进新工科、新医科、新农科、新文科建设，加快培养紧缺人才"，这是走好中国高等教育卓越拔尖人才自主培养之路的战略一招、关键一招，也是创新一招。与新工科、新医科、新农科相比，新文科话语权是最基础、最根本、最长远的一种学术话语

---

① 习近平：高举中国特色社会主义伟大旗帜 为全面建设社会主义现代化国家而团结奋斗——在中国共产党第二十次全国代表大会上的报告[EB/OL]. http://www.qstheory.cn/yaowen/2022-10/25/c_1129079926.htm [2022-10-25].

② 习近平在清华大学考察时强调 坚持中国特色世界一流大学建设目标方向 为服务国家富强民族复兴人民幸福贡献力量[EB/OL]. http://www.moe.gov.cn/jyb_xwfb/s6052/moe_838/202104/t20210419_527148.html [2021-04-19].

权，是国家话语权的基础性权力。面对新一轮科技革命和产业变革所带来的新知识的需求，中国如何能够迎头赶上，在文科知识生产中实现由跟跑、并跑到领跑的转变，归根到底要建构中国自主的新文科知识体系，以中国自主的新文科知识体系科学回答中国之问、世界之问、人民之问、时代之问。

为深入学习贯彻习近平新时代中国特色社会主义思想，贯彻落实全国教育大会精神，落实新文科建设工作会议要求，全面推进新文科建设，构建世界水平、中国特色的文科人才培养体系，教育部在 2021 年 3 月开展新文科研究与改革实践项目立项工作。在新文科建设背景下，行业特色高校面临着如何在新形势下深入推进新文科人才培养体制改革的重要课题，同时也迎来了通过优势工科与传统文科深度融合，实现新文科人才大类培养模式突破的新契机。2021 年 10 月，由西北工业大学王宇波研究员主持的"国防特色高校新文科复合型人才大类培养模式的创新与实践"（项目编号：2021100083）获批首批新文科研究与改革实践项目。项目开始后，王宇波、张永福、陈京京（曾用名：张京京）等积极投入研究中，陈军、周明莉、丁妍、王贞敏四位学生深度参与了项目研究和本书的撰写。该研究以国防特色高校新文科复合型人才大类培养中存在的现实困境为逻辑起点，综合运用文献分析法、调查研究法和案例分析法，梳理国防特色高校新文科人才培养工作中取得的经验与存在的问题，构建国防特色高校新文科大类培养模式的改革机制。在项目研究的过程中形成了政策建议五份、获批延伸课题三项、支撑教学成果获奖四项、硕士论文两篇，得出了以下四方面的研究结论：一是厘清了新文科复合型人才大类培养模式的构成要素；二是研究了国防特色高校新文科复合型人才大类培养管理模式；三是分析了国防特色高校新文科复合型人才大类培养模式存在的问题和原因；四是提出了国防特色高校新文科复合型人才大类培养模式创新发展的对策。最终实现了国防特色高校新文科大类培养模式的理念更新、国防特色高校新文科复合型人才大类培养体系的深度融合、国防特色高校新文科大类培养的模式创新、国防特色高校新文科复合型人才培养方案的深化改革。

本书系教育部首批新文科研究与改革实践项目"国防特色高校新文科复合型人才大类培养模式的创新与实践"（项目编号：2021100083）的研究成果，国防特色高校作为行业特色高校的典型代表，其新文科复合型人才大类培养模式的创新与实践对行业特色高校新文科复合型人才大类培养模式的创新发展具有重要研究意义。本书重点面向以国防特色高校为代表的行业特色高校开展系列研究，根据总体设计，本书共分为五篇：第一篇为绪论（第一章和第二章），介绍了本书的背景、主要内容与框架设计、理论基础与相关概念；第二篇为行业特色高校新文科复合型人才大类培养模式的历史考察（第三章和第四章），从行业特色高校新文科复合型人才大类培养模式的发展历程和研究进展两方面对其进行历史考察；第三篇为新文科复合型人才大类培养模式的理论架构（第五章和第六章），对新文科复合型人才大类培养模式的人才培养理念、专业设置、课程设置、教学组织形式、教育评价方式、组织管理制度六个要素进行分析，对组织管理模式中的书院制、完全学分制、导师制进行了重点分析；第四篇为新文科复合型人才大类培养模式的现实分析（第七章至第九章），对新文科复合型人才大类培养模式的现状进行调研并分析调研结果，对新文科复合型人才大类培养模式的培养方案进行分析，结合调研分析和培养方案分析，梳理行业特色高校新文科复合型人才大类培养模式存在的问题及成因；第五篇为行业特色高校新文科复合型人才大类培养模式的创新与实践（第十章至第十二章），通过借鉴国内外一流高校新文科复合型人才大类培养模式的经验，结合行业特色高校新文科复合型人才大类培养模式的实践探索，提出行业特色高校新文科复合型人才大类培养模式的创新机制。

　　本书针对新文科研究与实践而产生，进行了大量的调研，能够为读者提供教育理论方面或者教育实践方面的指导。本书有助于新文科和大类培养领域的学者、教师、学生及科研人员深入了解新文科这一研究领域的发展动态，丰富其关于新文科和大类培养模式的认识；同时，本书包含诸多新文科教育教学改革的典型案例，实践性和可操作性强，能够为高等学校的行政人员、教学管理者等群体在高校新文科建设中提供宝贵的经验借鉴。路漫漫其修远兮，吾将上下而求索。关于行业特色高校新文科复合型人才大类培养模式的研究仍在继续，本书仅是对此研究的阶段性小结。在本书撰写的过程中，我们力求做到方法可靠、数据翔实、表述准确，但书中难免存在不足之处，恳请广大读者批评指正！

目　　录

第一篇　绪　　论

第一章 行业特色高校新文科复合型人才大类培养模式的时代价值

第一节 概 念 界 定

一、行业特色高校

（一）概念辨析

通常而言，行业特色高校是指在我国的高等教育体系中，面向行业发展需求、为行业服务的、具备行业特色的高校。现有文献从不同视角对行业特色高校进行界定。从人才培养的视角，王亚杰和张彦通[①]将其定义为"以行业为依托，围绕行业需求，针对行业特点，为特定行业培养高素质专门人才的大学或学院"。从专业领域的视角，潘懋元和车如山[②]将其定义为"依托行业发展，在行业相关的专业领域形成明显优势和显著特色的行业性专门高等院校"。从管理体制与特色的视角，钟秉林等[③]将其定义为"我国高等教育管理体制改革以前隶属于中央政府部门、具有显著行业办学特色与突出学科群优势的高等学校"；刘献君[④]总结了行业特色高校的特性，即"培养应用型人才、行业学科优势突出、针对行业需要开展科研、服务生产实践"。从隶属关系的角度来看，姚瑶[⑤]认为行业特色型高校是指计划经济时代下，隶属于中央某一业务部门，而后又随着我国市场经济体制的建立和高等教育管理体制改革的深化，大多数被划转为由教育部等部委或地方政府建设和管理的一批高校。

行业特色高校种类繁多，包括农林类高校、国防特色高校、地质类高校、水利类高校、交通类高校、财经类高校等诸多领域的高校。高水平行业特色高校学科相近且集中，与行业紧密联系，具有冲击世界一流大学和一流学科的实

---

① 王亚杰，张彦通. 论新时期特色型大学的建设和发展[J]. 教育研究，2008，（2）：47-52.

② 潘懋元，车如山. 特色型大学在高等教育中的地位与作用[J]. 大学教育科学，2008，（2）：11-14.

③ 钟秉林，王晓辉，孙进，等. 行业特色大学发展的国际比较及启示[J]. 高等工程教育研究，2011，（4）：4-9，81.

④ 刘献君. 行业特色高校发展中需要处理的若干关系[J]. 中国高教研究，2019，（8）：14-18.

⑤ 姚瑶. 行业特色型高校的继续教育改革思路[J]. 高教学刊，2015，（21）：134-135.

力。例如，国防特色高校作为行业特色高校的其中一种类型，可将其界定为：面向国防军工行业培养人才及开展科学研究的具有国防特色的高校。依据上述不同视角对行业特色高校内涵的辨析，可以界定国防特色高校所具有的一些特征：一是毕业生就业相对集中于国防企事业单位、国防军工单位；二是优势学科专业主要围绕国防科技事业发展的需要；三是主要服务于国防科技行业及国防军工领域。

新时代以来，行业特色高校面临的社会环境发生深刻变化，其内涵也随之发生变化，亟须结合新时代元素重新界定与深入挖掘，为实现行业特色高校可持续发展奠定理论基础。国外并没有"行业特色高校"这一专门概念，但是有和中国高水平行业特色高校相似背景的高校，这些高校大多已跻身于世界一流大学的行列。例如，美国的麻省理工学院、加利福尼亚理工学院，法国的巴黎综合理工学院等①。

（二）定位分析

行业特色高校作为中国高等教育不可或缺的重要部分之一，是高等教育适应特定历史时期经济建设和社会发展的产物，肩负着引领国防科技事业发展和促进我国国防教育由大变强的重要使命。行业特色高校具有因国家需要而建立、应国家需要而发展的历史必然性，具有鲜明的特色。经过数十年的发展，行业特色高校逐渐积淀了深厚的行业背景，与行业的发展存在很高的依存度和关联性，这是行业特色高校的专长和特色，但也可能成为利益藩篱和改革阻力。党的十九大报告指出，"中国特色社会主义进入新时代，我国社会主要矛盾已经转化为人民日益增长的美好生活需要和不平衡不充分的发展之间的矛盾""人民美好生活需要日益广泛，不仅对物质文化生活提出了更高要求，而且在民主、法治、公平、正义、安全等方面的要求日益增长"②。在中共中央政治局第五次集体学习时，习近平指出，要坚持把高质量发展作为各级各类教育的生命线，加快建设高质量教育体系。要把加快建设中国特色、世界一流的大学和优势学科作为重中之重，大力加强基础学科、新兴学科、交叉学科建设，瞄准世界科技前沿和国家重大战略需求推进科研创新，不断提升原始创新能力和人才培养质量③。对于行业特色高校来讲，要为建设"中国特色、世界一流大学"做出更大

① 祖燕. 高水平行业特色大学创建世界一流学科的机制与路径研究[D]. 徐州：中国矿业大学，2018.

② 习近平：决胜全面建成小康社会 夺取新时代中国特色社会主义伟大胜利——在中国共产党第十九次全国代表大会上的报告[EB/OL]. https://www.gov.cn/zhuanti/2017-10/27/content_5234876.htm [2017-10-27].

③ 习近平在中共中央政治局第五次集体学习时强调 加快建设教育强国 为中华民族伟大复兴提供有力支撑[EB/OL]. http://www.moe.gov.cn/jyb_xwfb/s6052/moe_838/202305/t20230529_1061907.html [2023-05-29].

贡献，就应不断深化对高等教育逻辑和规律的认识，突破观念陈旧、思想保守的限制，主动适应高质量发展的新要求，完善新思路、新任务、新举措，率先实现自身的高质量发展。

在"双一流"建设的引领下，行业特色高校要立足全球化，承载强国信念，将自身发展与国家经济社会发展更加紧密地联系起来，精准做好自身定位，明确发展目标，稳步推进建成世界一流大学和一流学科。行业特色高校有以下三个定位。

一是国家战略的有力支撑者。行业特色高校要面向国家重大战略需求，成为国家和民族振兴与发展的强大支撑者。以国防军工行业特色高校为例，要瞄准世界新军事革命和中国特色军事变革发展趋势，开展高新武器装备的原始创新和颠覆性技术攻关，有力支撑军事强国建设、保障国家安全。另外，要围绕创新驱动发展等战略，发挥科技和人才优势，为高端装备制造、新能源、新材料等战略性新兴产业发展做出积极贡献。此外，还要围绕国家战略和经济、社会发展重大理论和现实问题，提供决策咨询研究和智库服务。

二是行业科技领域创新发展的引领者。行业特色高校要加强产学研协同创新，从支撑服务行业科技事业发展转向引领驱动，主动思考、谋划和设计行业科技领域的未来发展方向，通过创新人才培养模式、加强基础研究和应用创新，推进行业科技事业转型升级，实现强国建设。

三是高等教育体系不可或缺的重要力量。行业特色高校要注重强化鲜明的行业特色、产教融合的人才培养理念、突出的特色学科体系等优势，辩证处理好人才培养、科学研究、学科建设中的若干重点问题[1]，努力提升综合办学实力，在我国世界一流大学和一流学科布局体系中占据更重要的位置，成为我国高等教育体系不可或缺的重要力量[2]。

二、新文科

自 2018 年正式启动以来，作为"四新"建设重要组成部分之一的新文科建设，在理论革新、价值引领、科学研究、教学实践以及社会服务等方面卓有成效。中国的新文科建设立足新的历史节点，深受新科技革命与产业变革的影响，承担着新的历史使命，旨在创新文科人才培养模式与体系，全面提高文科人才培养质量。

---

[1] 汪劲松，张炜. "双一流"建设背景下国防军工高校转型发展的探索与实践[J]. 高等教育研究, 2021, 42 (3): 50-53.

[2] 付梦印. 把握"双一流"发展机遇，建设特色高水平大学[EB/OL]. http://www.moe.gov.cn/jyb_xwfb/moe_2082/zl_2017n/2017_zl05/201701/t20170125_295697.html [2021-03-01].

关于新文科的内涵界定，学界目前主要形成了"创新论"与"融通论"两类观点。持创新论的学者们认为，新文科的"新"是创新的新，旨在培养具备综合素养的新时代复合型文科人才。陈跃红指出，眼下提倡的新文科，不是新旧之新，而是创新之新，是立足于新科技时代，为了未来创新型人才培养，对文科提出的提升要求①。赵子铭指出，科学技术的飞速发展和社会进步的迫切需要要求加快建设新文科，以满足中国特色社会主义建设对创新型人才的渴求②。

持融通论的学者们普遍认为，新文科的"新"侧重于学科交叉融合。龙宝新提出，新文科是各文科学科门类协同共创的学科共同体，是由中国价值串联而成的学科集成体，是兼容三大文科基本功能——求知、育人与社会服务功能而成的学科功能体③。别敦荣基于对人文教育、文科教育、新文科建设三者之间关系的辨析及价值透视，指出新文科建设不仅要追求文科的学科新发展和文科教育教学改革，而且将极大地促进人类科学知识体系的重构，促进文、理、工、农、医等各学科交叉融合发展④。

尽管学者对两个观点各有侧重，但他们并不认为二者是非此即彼的。持创新论的学者基于人才培养的研究视角，指出新文科建设的关键在于培养适应未来经济社会发展的创新型、复合型文科人才，在培养人才的过程中进行交叉融合的学科建设则是题中应有之义。持融通论的学者立足学科交叉融合发展，主张重构人文社科学科的知识体系，促进文科的学科新发展，其最终落脚点也在于人才培养——以文科的学科发展为培养新文科创新型、复合型人才的重要抓手。

综上所述，本书将新文科定义为数字经济新时代背景下，基于知识高度融合化、数字化和信息化的文科知识生产的新形态，以学科知识体系的构建、跨学科师资队伍的建设、教育组织模式的变革和数字技术的渗透应用为核心要素，旨在促进学科融合发展以及新文科人才培养。新文科建设肩负着为人文社科学科提供智力支撑和人才资源的重要使命与任务，也是社会经济发展对文科人才培养所提出的新要求的直观反映。

三、复合型人才

现有研究从以下几个研究视角对复合型人才进行了概念界定。一是复合型人才的基本特征，如综合素质好、思维辐射宽、社会适应力强、知识融通、一专多能等。

① 陈跃红. 新文科：智能时代的人文处境与历史机遇[J]. 探索与争鸣，2020，（1）：11-13.
② 赵子铭. 新文科背景下卓越新闻传播人才培养路径探讨[J]. 传媒，2023，（13）：76-78.
③ 龙宝新. 中国新文科的时代内涵与建设路向[J]. 南京社会科学，2021，（1）：135-143.
④ 别敦荣. 人文教育、文科教育、"新文科"建设概念辨析与价值透视[J]. 高等教育研究，2022，43（8）：79-83.

朱贺玲和郝晓晶指出,复合型文科人才具有正向积极的思想觉悟、道德水准和文明素养,同时具备专业特长性和专业复合性[①]。二是复合型人才培养的类型,一般来说,复合型人才主要有三种类型,即跨一级学科复合型人才,跨二级学科复合型人才以及以一个专业为主、兼有多门学科知识的复合型人才[②]。三是将复合型人才作为一种人才培养理念与模式进行实践探索。张国平等构建了"四位一体、四维融合"的新商科复合型人才培养模式[③];邵云飞和刘玉明结合协同理论,提出以教育(education)为本、平台(platform)为基、学校(university)为主、企业(industry)为辅的 EPUI "四位一体" 复合型人才培养模式[④]。综合来看,尽管学者对复合型人才的定位及研究视角稍有差异,但基本都将复合型人才作为一种重要的人才培养理念和目标,认为复合型人才具备综合素质高、跨学科意识与能力强、创新精神强等核心特征。

复合型人才是当前人才培养的重要目标,适应新时代我国经济社会发展的需求,学界针对复合型人才的核心内涵、基本特征及培养路径等方面展开了丰富的理论研究和实践探索。基于上述分析,本书将复合型人才定义为具备高尚的品德和深厚的知识基础、富有跨学科意识和创新精神、德智体美劳各方面全面发展的综合素质极高的人才。

四、大类培养模式

大类培养就是要将本科人才培养模式由"单一学科背景下的专业对口教育"逐渐转变为"通识教育基础上的宽口径专业教育",实施个人素养和科学精神相结合的通识教育,学科交叉与综合背景下的宽口径专业教育和个性化培养,以探索和研究的教育方式使学生学会认知和创造,成为具有创新意识和国际视野的高素质人才,并为后续高层次学习和终身学习奠定基础。在大类培养模式中,高校在招生时不细分专业而是按专业大类进行招生,学生入学初期先归入专业大类进行通识基础教育,后期根据学生个人意愿以及一定标准要求,以公正、公开、公平的原则,由学生在专业大类内部自主选择专业[⑤]。可以说,大类培养是一种依托"专

---

① 朱贺玲,郝晓晶. 新文科建设背景下的复合型人才培养:新变局、新挑战与新思路[J]. 高教探索,2023,(4):20-25.

② 王兴华. 本科层次复合型人才培养模式及途径探讨[D]. 天津:天津大学,2003.

③ 张国平,王开田,施杨. "四位一体、四维融合"的新商科复合型人才培养模式探析[J]. 中国高等教育,2022,(11):50-52.

④ 邵云飞,刘玉明. 基于协同理论的 EPUI 复合型人才培养模式研究[J]. 中国高校科技,2021,(10):71-75.

⑤ 李秀娟. 按学科大类招生 构建"平台＋模块"课程结构体系 推进人才培养模式改革[J]. 黑龙江高教研究,2004,(6):106-108.

业大类"来进行育人的人才培养模式,在一定意义上是通才教育与专才教育相融合的一种模式①。

不同高校对"类"的划分有所不同,这就形成了不同的"大类培养"类型,目前国内实施的"大类招生模式"主要可以分为以下四种。

第一种"类"涵盖了全校所有专业。强调打通人文社科学科与自然科学学科的界限。学生在大类培养前期可以学习到所有学科领域,待到大类培养后期则可在全校范围内任选专业,大类培养的口径与跨学科程度最高,高校实施起来最复杂。

第二种"类"是按学科大类培养。根据教育部《普通高等学校本科专业目录》中的本科专业划分,将相邻学科划归为一个大类。按学科大类培养是当前最普遍采用的大类培养组织形式。

第三种"类"是在整个学院进行大类培养。学生入学后不分专业,以学院为单位在同一公共基础课平台和专业基础课平台进行培养,后期再根据自身意愿与一定标准在大类中选择细分专业②。

第四种"类"是以"基地班"或"实验班"的形式进行大类培养。以基地班或特殊实验班进行招生或二次选拔,在前期对学生实施具有一定特色的基础理论教育,后期由学生自主选择专业③。比如,浙江大学的"社会科学试验班"等。

第二节　研　究　背　景

一、国家建设：社会发展需要新型高级文科人才

新一轮科技革命和产业变革正蓬勃兴起,经济社会数字化转型进程加速发展,国际体系和国际秩序深度调整,大国战略博弈全面加剧,人类文明发展面临诸多复杂多变的新机遇、新挑战。面对日趋复杂的国际环境,各国都极为重视教育发展、强调科技创新与汇聚人才资源,提升高等教育的人才培养质量成为赢得国际竞争主动的关键。为有力应对世界变局、奋力开拓新局,在中共中央政治局进行第五次集体学习中,习近平总书记强调,"培养担当民族复兴大任的时代新人""确保党的事业和社会主义现代化强国建设后继有人"④。

---

① 孟佳,吴静怡,付宇卓,等. 工科大类培养模式下学生学习成效的分析[J]. 黑龙江高教研究,2020,38(5):148-154.

② 徐浩,杨柳,沈飞跃,等. 大类招生培养模式浅析及西安交大实践[J]. 教育教学论坛,2019,(22):158-160.

③ 钟国忠,邱吉福. 高校"大类招生、分流培养"模式探索[J]. 当代教育理论与实践,2015,7(2):70-73.

④ 习近平:扎实推动教育强国建设[EB/OL]. https://www.gov.cn/yaowen/liebiao/202309/content_6904156.htm [2024-01-20].

这是国家全面深化高等教育领域教育教学改革的一大重要举措，要求在传统文科学科框架的基础上，综合环境变化、经济发展、产业需求等对人才培养提出的新要求，对文科进行创新改革①。作为"四新"建设重要组成部分之一的新文科建设，立足新的历史节点，承担着新的历史使命，旨在创新文科人才培养模式与体系，全面提高文科人才培养质量，培养社会所需的新型高级文科人才。

二、高校发展：文科教育亟待创新性变革与突破

人文社会科学水平是国家软实力和文化的象征，对国家和个人的发展有着长远深刻的影响，文科教育的繁荣反映出一个国家高等教育发展到了较为高级的阶段。但传统的人文社科学科自身在发展过程中较为封闭，过于强调学科边界，要求发展"纯粹的文科"，而忽略了科学技术的飞速发展给社会、经济、文化及教育带来的影响，没有及时跟上时代发展的步伐，从而导致新时代的文科发展和文科教育面临困境。由于传统文科的学科知识体系相对割裂，人文社科学科培养的人才综合素养与创新能力相对不理想，高校文科教育的质量已成为当下社会各界共同关注的话题。

为突破人文社科学科和高校文科教育的发展"瓶颈"，培养适应新时代社会发展的高素质、复合型、创新型的文科人才，世界各国都在积极探索促进文科教育发展的创新路径。2017年，美国希拉姆学院提出新文科，即把新技术等融入课程学习，提供跨学科学习。在自身因素和外界环境的双重驱使下，诸多一流高校率先采取举措改革文科教育，探索如何打破传统文科学科边界之藩篱。例如，麻省理工学院在学科发展中尤为注重学科的交叉融合，将人文科学、艺术和社会科学实现有机融合，使之成为创造精神文化的重要组成部分。在新时代背景下，我们必须打破人文社科学科传统的研究与发展范式，摒弃传统的发展思维，加快推进人文社会科学改革和文科教育创新发展，从学科交叉融合、自身求变创新的角度，探索如何更好地发展与建设新文科，培养时代所需的高素质复合型文科人才，为人文社会科学的变革提供中国智慧与中国方案。

三、人才培养：大类培养与新文科建设相辅相成

一方面，新文科建设为高校大类培养模式的发展提供了新契机。高校人才培养模式的基本要素主要包括人才培养理念、专业设置、课程设置、教学组织形式、教育评价方式、组织管理制度六个方面，这意味着高校人才培养模式的改革需要

---

① 段禹，高怡楠. 教育学本科人才培养的目标定位与模式创新：基于新文科建设的视角[J]. 教师教育学报，2020，7（5）：112-118.

立足六大基本要素，对人才培养理念、专业、课程、教学组织、教学评价及组织管理制度的改革必须相辅相成、协同并进，才能深化变革且持续创新。新文科之"新"在人才培养上体现为人才培养理念之"新"、专业建设之"新"、课程体系之"新"、课堂教学之"新"、教育评价之"新"与组织管理制度之"新"，与大类培养模式的基本育人要素相契合，形成一一对应的关系，为高校大类培养模式的改革与发展提供了新思路、新契机。近年来，为探索复合型人才培养，我国许多高校纷纷采用大类培养模式，由以往"一专到底"的专业化教育逐渐转向"宽口径、厚基础、多方向"的基础通识教育，并取得了显著效果。实践证明，高校实行大类招生培养模式有利于提高人才培养质量，为社会提供更多高层次复合型人才。

另一方面，强调"宽口径、厚基础、多方向"的人才大类培养模式与新文科育人理念存在诸多共性，能够为新文科建设提供创新路径。新文科建设是对传统文科教育的一次全方位变革，基于学科融合的建设特点，在人才培养上，新文科旨在培养具有跨学科背景的复合型人才，即具备广博的知识基础、综合素质高、一专多能的复合型文科人才。二者都极为重视培养复合型人才，以提升学生的综合素养、跨学科能力为培养目标，强调学科之间的有机融合。基于大类培养模式探索新文科人才培养的路径，有助于破解新文科在复合型人才培养方面存在的难题，创新高素质文科复合型人才的培养模式。

第三节　研　究　概　述

一、问题提出

推动跨学科专业知识整合，培养学生的跨领域知识融通能力和实践能力是新文科建设的必然选择。行业特色高校的人才培养工作承载着国家使命，具有鲜明的育人特色。以国防特色高校为例，国防特色高校的人才培养着眼于引领国防科技事业发展和服务国家重大战略需求。然而，相对滞后的培养理念、窄化的学科视野、僵化的知识体系等逐渐成为制约行业特色高校文科人才培养质量的因素，亟待探索符合新时代高质量发展需求的行业特色高校新文科复合型人才大类培养模式。

拟解决的问题如下所示。

（1）行业特色高校新文科复合型人才大类培养理念亟须突破。当前的大类培养理念仅为同类学科间的互通，无法实现跨学科的深度交叉融合。

（2）行业特色高校新文科跨学科专业知识整合模式亟须加强。行业特色高校理工科优势明显，但现行大类培养模式尚未实现文工交叉、文理交叉的深度融合，跨学科、跨专业的教育组织模式尚待进一步探究。

（3）行业特色高校新文科专业建设的战略引领能力亟须提升。行业特色高校有良好的文化传统与价值追求，但其文科专业建设力度不够，资源配置相对不足，在育人以及学校服务国家软实力提升方面难以起到应有的支撑作用。

二、研究思路与研究方法

（一）研究思路

对行业特色高校现行文科的大类培养模式现状开展调研，以西北工业大学、西安交通大学、陕西师范大学、西安电子科技大学、西北农林科技大学等为调研对象，结合各行业特色高校主辅修学士学位、双学士学位、联合学士学位、微专业等培养项目的实施情况，分别对人才培养理念、专业设置、课程设置、教学组织形式、教育评价方式、组织管理制度等要素进行比较与评价，同时，对不同高校的培养方案进行分析，总结出行业特色高校新文科复合型人才培养工作中取得的经验与存在的问题，结合对国内外一流高校的新文科复合型人才大类培养模式的案例分析，提出行业特色高校新文科大类培养模式的改革方案。

（二）研究方法

1. 文献研究法

用 ROST CM6.0 等工具，分析相关文献、文件和政策法规等资料，对国内外大类培养等相关研究成果进行梳理，形成文献综述。对综合类高校的培养方案进行分析，了解优势文科专业院校关于新文科人才培养的设计，以期为行业特色高校新文科复合型人才大类培养模式提供借鉴意义；对行业特色高校的培养方案进行分析，了解行业特色高校人才培养的设计，从培养方案入手梳理行业特色高校新文科复合型人才大类培养存在的问题。

2. 问卷调查法

问卷调查主体分为两个部分，一部分是以西北工业大学为代表的国防特色高校、以西北农林科技大学为代表的农林类行业特色高校、以西安电子科技大学为代表的电子类行业特色高校、以西安交通大学为代表的交通类行业特色高校；一部分是以西北大学、陕西师范大学等为代表的综合类院校和文科类院校。对上述高校的新文科大类培养实践展开调查，一方面是为了了解行业特色高校新文科复合型人才大类培养模式的现状；另一方面是通过了解综合类高校和师范类高校新文科复合型人才大类培养模式的情况，为行业特色高校新文科复合型人才大类培养模式的创新与探索提供启示意义。

3. 访谈调查法

一方面，与西北工业大学、西安交通大学、陕西师范大学、西安电子科技大学、西北农林科技大学的教师与学校管理部门的相关负责人开展访谈，了解人才培养理念、专业设置、课程设置、教学组织形式、教育评价方式与组织管理制度六个方面在实际教育教学中存在的困境；另一方面，与西北大学、陕西师范大学等高校的教师与学校管理部门的相关负责人开展访谈，了解大类培养的创新发展思路，为行业特色高校大类培养模式的发展提供借鉴。

4. 案例分析法

以北京大学、中国人民大学、中山大学、吉林大学为案例对国内"双一流"建设高校的新文科复合型人才培养模式进行分析；以麻省理工学院、普林斯顿大学、东京大学为案例对国外一流高校跨学科人才培养模式进行分析。本书通过对国内外的建设经验进行总结，为行业特色高校新文科复合型人才大类培养模式提供借鉴意义。以西北工业大学、北京理工大学、哈尔滨工业大学、南京理工大学为案例，对新文科复合型人才大类培养模式的状况进行分析，明确其发展现状，客观评价大类培养模式的效果，并结合国内外的建设经验，对行业特色高校新文科复合型人才大类培养模式的创新与发展提出对策建议。

三、研究内容和创新点

（一）研究内容

本书坚持问题导向，针对行业特色高校新文科复合型人才大类培养中存在的人才培养理念薄弱、学科交叉融合不够、战略引领能力不足等现实困境，从理念创新、体系构建和实践探索三个维度研究以下六方面内容：一是创新行业特色高校新文科复合型人才培养理念并分析新文科复合型人才要素构成；二是探索行业特色高校新文科复合型人才大类培养的管理模式，如书院制、导师制和完全学分制等；三是进行新文科复合型人才大类培养模式的现实分析；四是借鉴国内外一流高校新文科复合型人才培养的经验；五是聚焦行业特色高校新文科复合型人才大类培养的实践探索；六是形成行业特色高校新文科复合型人才大类培养模式的改革措施。具体措施如下。

1. 以学生学习成效为导向，更新行业特色高校新文科人才培养的理念

新时期行业特色高校要全面落实"全人"教育理念，实现文理、文工、文医深度交叉融合。明确人才培养目标：围绕致力于培养具有家国情怀，追求卓越、引领未来的领军人才，使学生具备健康体魄、高尚品格、广博学识、创新精神、全球视野与持久竞争力，德智体美劳全面发展的目标，不断深化内涵。

2. 推动行业特色高校新文科复合型人才大类培养模式改革创新

在全面了解行业特色高校主辅修学士学位、双学士学位、联合学士学位、微专业等培养项目的实施情况的基础上，培养方案围绕一个目标，确定两个主体，聚焦三个层面，理顺四个关系，做到五个贯穿始终。重点针对经管、法律、外语、艺术等文科专业与工科、理科交叉融合形成的新文科交叉专业方向。把握学校特色优势与未来发展转型之间的关系，考虑不同学科专业的特点和差异，推动大类培养方案修订完善与大类培养模式改革创新。

3. 全面提升行业特色高校新文科建设水平，提升服务社会发展的能力

针对新文科复合型人才大类培养模式提出改革方案与路径，分别从人才培养理念、专业设置、课程设置、教学组织形式、教育评价方式、组织管理制度等方面提出人才培养模式改革的具体理念、重点任务以及制度保障，并形成政策建议，供各高校参考，在部分单位试点运行，并形成可推广的经验做法，形成改革实施方案。

（二）创新点

本书拟系统构建行业特色高校大类培养模式下新文科复合型人才培养体系及实践路径；深入分析新文科复合型人才的要素特征；提出新文科复合型人才大类培养模式的改革方案。具体体现在以下三个方面。

1. 创新培养理念

新文科是数字经济时代基于知识高度综合化、信息化、数字化的一种文科知识生产与再生产的新形态，以交叉前沿、战略需求、现代技术、区域优势为建设动力，以专业及课程体系的构建、跨学科师资队伍的构建、教研评价标准的确立以及教学组织运行模式的形成为四大核心要素。新文科建设旨在突破传统人文社会科学发展的常规范式，实现文科与理科、文科与工科、文科与医科等不同学科间的交叉融合。本书通过深入剖析"新文科"的内涵要义、核心特征与改革思路，

与高校目前普遍实施的大类培养模式相结合，探索新文科复合型人才培养模式，最终创新行业特色高校新文科复合型人才培养理念，有助于明确国际发展新形势下人文社会科学的未来发展趋势，促进中国文化走向世界。

2. 优化培养体系

针对传统文科的人才培养模式单一、学科壁垒较高等现实困境，在新文科建设的理念指引下，对传统人文社科学科进行转型、改造和升级，结合新时代的要求与社会经济发展的需求，寻找人文社会科学领域的新突破，形成新的学科增长点。大类培养模式虽已在"双一流"建设高校中被广泛采纳，但学界尚未对其培养效果做出系统全面的评估和研究，本书将对新文科领域大类培养模式进行成效评估及问题研究，在此深入研究的基础上提出人文社科学科专业交叉的教学组织模式、管理模式等方面的创新改革路径。

3. 凝练经验推广

研究内容上选取"大类培养背景下的新文科复合型人才"作为新的切入点，通过分析行业特色高校新文科复合型人才大类培养模式现状，重点对经管、法律、外语以及艺术领域的新文科大类培养模式进行比较研究，有助于深入了解当前新文科复合型人才培养的现状及存在问题，从而破解新文科在复合型人才培养模式方面存在的难题，在研究内容与领域方面开启全新的视角。

第二章　行业特色高校新文科复合型人才大类培养模式的相关理论

第一节　复合型人才特点及成长规律

一、复合型人才的特点分析

复合型人才是人才分类培养的一种理念与制度，其人才培养的基本特征包括综合素质高、知识融通、思维辐射宽、社会适应力强等，重点在于培养学生的跨学科知识与能力、促进学生全面发展。

第一，综合素质高。基于人的全面发展理论，复合型人才的各方面素质都必须获得全面发展，包括知识结构、心理素质、社会适应性、实践能力等素质。当前，数字经济新时代对复合型人才的综合素质提出了更高的要求。新一轮科技革命和产业变革迫切需要大量具备扎实专业基础又能适应数字经济发展要求的复合型人才[①]。深化高等教育教学改革，全方位、多层次培养学生的综合素质已成为诸多一流高校的人才培养的重要目标。社会经济的发展速度加快，社会问题和现象日趋复杂严峻，传统的专精某一学科的文科人才已逐渐被淘汰，唯有不断提升自身的综合素养，才能适应日新月异的数字化社会。

第二，知识融通。复合型人才要具备广博深厚的跨学科的知识基础，并且能将多学科的知识融会贯通，进而解决复杂的社会实际问题。"知识融通"至少包含两个方面的要求。一方面，复合型人才所具备的知识结构不能只是跨学科知识的简单相加，而是能将各门学科的知识进行有机整合、交融渗透。只有学生将跨学科知识相互联系、彼此交融，才能发生真正有意义的学习，为知识的实践与创新奠定基础。另一方面，能将已掌握的跨学科知识进行实践应用是复合型人才的重要特征之一。实践是认识的最终目的，将所学理论知识作用于实践才算真正完成了学习的过程，也是检验学生学习效果的有效途径。

第三，思维辐射宽。复合型人才的思维结构及方式呈现发散多维、非线性的特点，善于从不同角度、不同方面，用不同方法去看待事物、解决问题。从心理学角度而言，发散性思维是个体创造性品质不可或缺的重要条件。此外，思维辐

---

① 丁烈云. 面向数字经济的复合型人才培养探讨[J]. 高等工程教育研究，2022，（6）：1-4，24.

射面宽广也意味着复合型人才的迁移能力高，使之善于利用广博的知识经验及现有的资源条件进行思考，将其面临的复杂问题迁移到相似的问题情境中，能够举一反三，触类旁通。总之，从心理学层面而言，发散性思维、迁移能力和创造性等是复合型人才的重要特征。

第四，社会适应力强。当前的社会发展环境变幻莫测，仅凭专业知识与能力远远无法适应社会发展。在提升个体综合素质、培养个体思维能力的同时，也在一定程度上培养了个体的社会适应力，但仍需将其作为重要的人才培养子目标。在培养学生社会适应力的过程中，知识学习退居其次，更重要的是关注学生的心理健康、社会实践能力以及社会交际能力。1972年，联合国教科文组织发布的教育报告《学会生存——教育世界的今天和明天》指出，学会学习、学会生活、学会做事、学会生存是现代教育的四大支柱。学会生活、学会做事是对培养个体的社会适应力做出的要求。因此，复合型人才需具备较强的应变能力和实践能力，善于与他人合作，主动适应日新月异的数字经济时代，从而在复杂的社会环境中游刃有余。

二、复合型人才的成长规律分析

人才的成长与发展遵循一定的规律，要尊重人才成长的规律，因材施教。关于人才成长规律，李亚员采用学术史研究方法，认为创新人才成长体现出四个具体规律，即创新特质养成规律、师生互动成长规律、关键时期创新规律、社会文化驱动规律，以及一个基本规律——"修齐治平"[1]。王通讯总结出了人才成长的八条规律，即师承效应规律、扬长避短规律、最佳年龄规律、马太效应规律、期望效应规律、共生效应规律、累积效应规律、综合效应规律[2]。结合复合型人才的特点及培养目标，本书将复合型人才的成长规律总结为累积效应成长规律、师生互动成长规律、综合效应成长规律等三大主要规律。

第一，累积效应成长规律。累积效应源于心理学和经济学中的概念，某种外力因素长期作用于同一物体，经过天长日久的累积，被作用的物体便会产生性质上的变化。累积效应成长规律指出，对于人才的成长与发展而言，当个体的知识储备、累积到一定量时便会产生厚积薄发的"质变"效果，从而为知识的融会贯通提供基本条件，为综合素质的全面提升奠定基础。个体的成长、成才都需要日积月累的积淀，因此，复合型人才的培养更不能一蹴而就，不仅要重视高等教育阶段，而且更需要关注小学、初中、高中与大学教育的连贯性与持续性。值得注意的是，各阶段的发展任务不同，各有侧重，只有妥善完成各个阶段的重点发展

---

① 李亚员. 创新人才成长规律：一个学术史的考察[J]. 国家教育行政学院学报，2016，（7）：33-38.
② 王通讯. 人才成长的八大规律[J]. 决策与信息，2006，（5）：53-54.

任务，并使各个阶段之间产生积极联系，最终才能培养出国家建设与社会发展所需的高素质复合型人才。

第二，师生互动成长规律。深厚的知识基础及实践能力只是复合型人才的素养之一，师生互动、交往对其情感、态度与价值观的塑造作用也不可忽视。在师生互动中，师生双方进行充分的情感交流，学生的道德品质日益提升，世界观、人生观、价值观获得正确的引导与塑造，这也是教师职业无法被高速发展的人工智能取代的关键所在。"教育"二字重在育人而非教书，而教师便是承担育人这一任务的重要个体。学生不仅能在与教师的互动中获得全面发展，而且在日常生活中也深受教师个人素质的浸染。良师是人的一生中最宝贵的财富，他不仅"传道、授业、解惑"，还应是学生未来发展的引导者、心理健康的守护者。党和国家也极为重视教师队伍的培养与管理，多次强调教师不能只做传授书本知识的教书匠，而要成为塑造学生品格、品行、品位的"大先生"①。因此，在人才培养的过程中，必须高度重视教师个人、师生互动等因素对学生的身心成长和发展产生的影响。

第三，综合效应成长规律。王通讯指出，人才的成长和发展离不开自身素质和社会环境这两个方面的诸多因素的交叉影响②。社会文化环境的开放包容、学术研究环境的创新氛围间接影响到高水平复合型人才的培养，因而在复合型人才培养的过程中，应当注重社会风尚、学术氛围、高校风气等"软"环境的优化，营造有利于产生和聚集优秀复合型人才的良好环境。布郎芬布伦纳针对人才成长与发展过程中的环境系统的影响进行了深入研究，形成了生态系统理论，发现生物因素和环境因素交互影响着人的发展③。生态系统理论指出，发展的个体处在从直接环境（如家庭）到间接环境（如社会文化）的几个环境系统的中间或嵌套于其中，每一系统都与其他系统以及个体之间交互作用，影响着人才培养与发展的诸多重要方面。这启示高校在培养复合型人才的过程中，应当遵循人才成长的综合效应规律，不仅要重视个体自身的知识基础、努力程度、智力水平等因素，而且要考虑影响个体发展的诸多外在环境因素。

第二节　新文科复合型人才与大类培养模式的适切性分析

针对传统文科的人才培养的现实困境，基于大类培养模式探索新文科人才培养的路径，有助于培养学生的跨学科精神与能力、创新意识和综合素养，能够破

---

① 努力成为党和人民满意的"四有"好老师[EB/OL]. http://www.moe.gov.cn/jyb_xwfb/s5148/202209/t20220913_660522.html [2022-09-10].

② 王通讯. 人才成长的八大规律[J]. 决策与信息，2006，（5）：53-54.

③ 刘杰，孟会敏. 关于布郎芬布伦纳发展心理学生态系统理论[J]. 中国健康心理学杂志，2009，17（2）：250-252.

解新文科建设在复合型人才培养方面存在的难题。通过大类招生培养进行文科人才培养模式的规划和培养实践，能够铺就新文科建设的人才培养之道①。本书发现，大类培养是新文科复合型人才培养的有效路径之一，新文科建设为大类培养模式的优化提供新思路，二者存在密不可分的内在联系。

一、大类培养是新文科复合型人才培养的有效路径

第一，二者都强调使学生具备广博宽厚的知识基础。大类培养的关键改革措施就是要将"单一学科背景下的专业对口教育"逐渐转变为"通识教育基础上的宽口径专业教育"，使学生成为具有广博知识、一专多能的高素质人才。在大类培养的过程中，学生依据自身的兴趣、专业需求和职业规划，自主选择学习不同学科的知识。新文科建设提出要培养具有深厚人文基础及科学素养的复合型人才，这一教育目标的实现离不开大类培养。通过大类培养，学生在入学之初便能够接触到种类丰富、范围广博的各学科知识，在广泛的学习过程中，学生的知识基础不断累积、人文科学素养不断积淀，将人文知识、科学知识不断地融会贯通，最终成长为社会所真正需要的复合型人才。

第二，二者都重视学生的创新精神和创造能力的养成。大类培养强调要以探索和研究的教育方式使学生学会认知、应用和创造，以便为后续高层次学习和终身学习奠定基础。使学生具备广博宽厚的知识基础和科学素养是大类培养的重要目标，但不是最终目的。通过大类培养，最终要实现学生的创新精神、创造能力、合作能力及跨学科意识等各方面综合素养和能力的提升。可见，学生创造性的养成是大类培养这一育人模式的最终目的，而"创新"是新文科建设和新文科人才培养的关键词。新文科建设是为适应时代变革与国家战略发展之需，对人文社会科学及文科教育进行的深度改革，培养创造能力强的高素质文科人才是其关键目的。

新文科复合型人才是高校人才培养的目标，大类培养是高校人才培养的手段和途径，二者相辅相成、缺一不可。二者都以培养能够适应新时代发展的复合型人才为重要目标，重视培养学生宽厚广博的知识基础，强调培养学生的创新精神和创造能力。可见，大类培养是新文科复合型人才培养的有效路径，在新文科建设过程中，各个高校应当综合评估、全面考虑大类培养的实施举措，结合本校实际的办学特色和发展目标，使大类培养成为新文科建设的重要助力，积极培养新文科复合型人才。

① 王铭玉. 新文科：一场文科教育的革命[J]. 上海交通大学学报（哲学社会科学版），2020，28（1）：19-22，30.

二、新文科建设为大类培养模式的优化提供新思路

大类培养模式并非新鲜事物，目前已形成了颇为丰富的理论研究成果及实践成果。近年来，为探索复合型人才培养，我国许多高校纷纷采用大类培养模式，由以往"一专到底"的专业化教育逐渐转向"宽口径、厚基础、多方向"的基础通识教育。在多年的实践与探索下，大类培养模式取得了显著的效果，形成了诸多理论成果，但大类培养模式仍然存在些许问题。例如，就学科整合方式而言，大类培养的研究与实践仅强调把相近学科或专业整合为一大类，这种做法实质上是以某一专业为核心向外延展的，难以真正实现新文科建设所倡导的"文理渗透、文工结合"。就学生学习效果而言，大类培养非常强调进行通识教育，然而在实际的实施过程中，认为通识课程是"水课"、不需要付出太多精力学习的学生不在少数，在这种观念的影响之下，通识教育的质量难以有所保证。因此，大类培养模式并非尽善尽美，仍需进一步探究如何更深入地打破学科间的壁垒、实现学科融合、提升教育质量。

大类培养模式是高校人才培养模式的重要类型之一。高校人才培养模式的基本要素主要包括人才培养理念、专业设置、课程设置、教学组织形式、教育评价方式、组织管理制度六个方面，因此人才培养模式的改革要从这六个方面实现变革与创新。大类培养模式的优化与变革也需要统筹六大基本要素，进行综合改革、创新改革。新文科建设之"新"，恰好是指理念之"新"、专业之"新"、课程之"新"、教学之"新"、评价之"新"以及制度之"新"，与人才培养模式的六个基本要素形成了一一对应的关系。这为大类培养模式的改革与发展提供了新思路，各高校能够借助新文科建设之契机，在新文科建设提出的新理念的指导下，对大类培养模式进行优化。

综上所述，新文科复合型人才培养与大类培养模式之间的适切性很强，二者均以高素质复合型人才为培养目标。在共同的育人目标及理论指导下，各高校应根据自身的特色、优势和基础，重塑人文社科学科的课程体系及教学资源，建设真正交叉融合的学科大类，并为学生提供更为广泛自由的选择空间，形成具备行业特色的新文科复合型人才培养模式。

第三节　新文科复合型人才大类培养模式的理论基础

一、哲学基础：人的全面发展理论

（一）人的全面发展理论

人的全面发展理论是马克思主义理论的重要组成部分，也是中国教育方针的重

要理论基石。马克思、恩格斯从分析现实的人和现实的生产关系入手，指出了人的全面发展的条件、手段和途径，实现人的全面发展是全面发展教育理论的目的。

首先，人的全面发展的基本内涵包括：人的需要的满足、能力的提高、素质的提升、社会关系的丰富、自由个性和主体性等内容。从根本上而言，人的全面发展是指人的劳动能力的全面发展，即人的智力与体力充分的、统一的发展。人的能力的全面发展是马克思关于人的全面发展的思想理论中强调最多的一个价值目标，这里所说的能力包括体力和智力，而教育是培养人的智力和体力的一种社会活动，是传承社会文化、传递生产和生活经验的基本途径，它不仅是提高社会生产的一种方法，也是造就全面发展的人的唯一方法。另外，人的全面发展也包括人的才能、志趣和道德品质的多方面发展。科学素质和人文素养是人的全面发展的内在要求，但人的道德发展和志趣涵养也是人才培养中不容忽视的关键方面。

其次，马克思主义要求在规定人的发展时，不能停留在思辨领域内，不能停留在抽象的人上，不能脱离具体的社会历史条件，而必须"从人们现有的社会联系，从那些使人们成为现在这种样子的周围生活条件来观察人们"①。人的发展同其所处的社会生活条件是紧密相连的。传统的旧式社会分工造成了工人的片面发展，劳动分工是导致人片面发展的根源。进入生产力高速发展的大工业社会，机器大工业生产提供了人的全面发展的物质基础和可能。除了经济层面的支撑条件之外，政治制度也需要变革与突破，社会主义制度才是实现人的全面发展的最适宜的条件。

最后，全面发展观强调，教育与生产劳动相结合是培养全面发展的人的根本途径。教育同生产劳动相结合，不仅是造就全面发展的人的唯一方法，而且是提高社会生产的手段之一。机器大工业生产对多方面发展的工人的需要，客观上要求将生产劳动与教育结合起来。同时，大工业生产需要科学技术不断创新发展，这就要求将教育与生产劳动有机结合，培养出实践能力强、创新能力强、社会适应性强的人才。

人的全面发展观是科学的人的发展观，其最大的特点是：不以抽象的人而以现实的人、不以一般的社会而从一定历史条件下的社会出发考察人的教育和发展。马克思主义的人的全面发展理论依据实践的观点，阐明了遗传、环境、教育和实践对人的发展以及教育对社会发展的作用，指明了人的发展的历史必然性，揭示了教育与生产劳动相结合的原因及意义。

（二）教育启示

人的全面发展是个人和社会得以发展的必要途径，学生是国家的未来和希望，

---

① 全国十二所重点师范大学. 教育学基础[M]. 3 版. 北京：教育科学出版社，2014.

是社会主义建设者和接班人，因此学生的全面发展对于国家、社会的发展以及民族的进步与和谐有着至关重要的作用。2021 年 3 月，《中华人民共和国国民经济和社会发展第十四个五年规划和 2035 年远景目标纲要》明确提出"提升国民素质促进人的全面发展"，强调"全面贯彻党的教育方针，坚持优先发展教育事业，坚持立德树人，增强学生文明素养、社会责任意识、实践本领，培养德智体美劳全面发展的社会主义建设者和接班人"①。将学生培养成符合社会需要的全能型人才是加强高等教育的价值所在，对人才培养体系的完善与发展有着促进作用。

在本书中，人的全面发展理论符合新文科复合型人才培养的目标，符合大类培养模式的要求。新文科复合型人才培养不仅要求学生各方面能力、素质都获得充分的、全面的发展，而且提升了在智育方面的要求，即学生要具备广博宽厚的知识基础、卓越的跨学科实践能力、创新精神与创造能力。大类培养模式也同样要求积极发展学生各方面的才能、志趣和素养，促进学生的全面发展。因此，本书以人的全面发展理论为哲学基础，在全面发展观的指引下，研究新文科复合型人才培养、大类培养的发展理念及改革举措，将人的全面发展理论贯穿于教育的全过程。

二、心理学基础：多元智能理论

（一）多元智能理论

美国教育学家、心理学家加德纳提出了多元智能理论，认为"智能是在特定的文化背景下或社会中，解决问题或创造文化产品的能力。解决问题的能力，就是能够针对某一特定的目标，找到通向这一目标的正确路线。文化产品的创造，则需要有获取知识、传播知识、表达个人观点或感受的能力"②。由此可以得知多元智能理论中智能的基本内涵，智能应当是在某一特定文化情境或社会群体中所展现出来的解决问题或制作生产的能力，智能不是一种能力而是一组能力，智能不是以整合的方式存在，而是以相互独立的方式存在的。

加德纳经过长期的研究与实验指出，每一个人都至少具备语言智能、逻辑-数学智能、空间智能、音乐智能、身体运动智能、人际智能和自我认识智能这几种智能。经过研究，加德纳又在其中添加了自然观察智能。其中，几种主要的智能的基本内涵如下。一是语言智能，即个体对人类语言的掌握和灵活运用的能力，

---

① 中华人民共和国国民经济和社会发展第十四个五年规划和 2035 年远景目标纲要[EB/OL]. http://www.moe.gov.cn/jyb_xwfb/xw_zt/moe_357/2021/2021_zt01/yw/202103/t20210315_519738.html [2021-03-13].

② 加德纳 H. 多元智能[M]. 沈致隆，译. 北京：新华出版社，2004.

具体表现为运用语言和词语的多种不同方式来表达复杂意义的能力、运用语言和词语进行思考的能力等。二是逻辑-数学智能，指个体对数理运用、逻辑关系的理解能力、推理能力及思维表达能力，突出特征为能否善用数理逻辑方法解决问题、具备对数字和抽象事物的理解力、具备认识和解决复杂问题的应用推理能力。三是空间智能，即个体对色彩、形状、空间位置等的正确感受和表达能力，突出特征为具备对视觉、色彩世界的准确感知力、能够在脑海中产生思维图像、具有对三维空间的思维能力、能够感知并且辨别空间位置中的各个物体之间的联系。四是音乐智能，即个体的感受、辨别、记忆、表达音乐的能力，突出特征表现为对环境中的非言语声音，包括韵律、曲调、节奏、音高和音质的敏感。五是身体运动智能，指个体的身体肢体之间、各关节之间的协调性、平衡能力，以及身体运动的力量、速度、灵活性等能力，突出特征为善于利用肢体语言进行表达和交流、能够熟练地进行需要良好动作技能的活动。六是人际智能，即个体对他人的表情、说话、手势、肢体动作的敏感程度以及对此做出有效反应的能力，表现为个体能够观察、感知、体验他人的感觉、情绪、情感并做出适当的回应与交流。七是自我认识智能，指个体认识、洞察和反省自我的能力，突出特征表现为个体对自己的感觉、情绪、情感的敏感性，了解自己的优势及劣势，能够善于利用自己的知识及已有的生活经验来引导自我决策。八是自然观察智能，指的是个体观察自然界中的各种事物形态和特征、对物体进行辨认和分类、能够洞察自然生态系统或人造系统的能力。

这便是我们今天所熟知的多元智能理论，不同的智能之间相互依赖、相互补充。同时，不同的智能自由组合，会表征出迥异的特点，形成个体智能间的差异，这也就形成了个体差异性。加德纳认为，实践证明每一种智能在人类认识和改造世界的过程中都发挥着巨大的作用，具有同等的重要性。多元不是一种固定的数字概念，而是开放性的概念。个体到底有多少种智能是可以商榷和改变的。与传统的智能理论与研究不同的是，多元智能理论突破了传统的只测数理逻辑、语言等方面能力的智能测试，扩展了智能测试的范围，如测试音乐智能、身体运动智能、人际智能等。

多元智能理论是一种全新的人类智能结构的理论，它科学地展示了人类的思维方式和认知方式的多元性。这一研究成果具有重大意义，它使得除逻辑-数学智能、语言智能外的其他方面的优秀人才的培养受到了广泛关注，引发了社会各界人士对教育、人才、智力开发、教育评价等诸多重要领域的思考，至今仍是极为重要且经典的心理学理论。多元智能理论认为人的智力是多元的，而且每个个体的智能也是唯一的、特殊的，即人的发展具备个体差异性。因此，教育不仅需要重视培养学生的多元智能和综合素养，促进其全面发展，更应尊重个体差异、因材施教，为个体发展潜能、发挥特长提供更多适宜的机会。

（二）教育启示

在教育领域，多元智能理论获得了充分的理论研究及实践应用。

第一，在智能观方面，多元智能理论倡导多元的、弹性的智能观点，各种智能不是以整合的方式存在，而是相对独立的，各自有着不同的发展规律并使用不同的符号系统，因此每个个体的智能都具有独特的表现方式。影响个体的智能发展的因素有四种，即遗传、环境、教育和个体自身的主观能动性，这四种因素是相互影响、相互作用的。尽管个体所遗传的先天资质对智能的类型起决定作用，但智能发展水平则取决于个体后天所受到的环境影响、教育水平和自身努力程度。这启示我们，只要有适当的外界环境刺激、恰到好处的教育和个体自身的努力，每一个个体都能发展和加强自己的任何一种智能。

第二，在人才观方面，倡导积极平等、全面多元的人才培养理念。首先，多元智能理论认为，每个学生都至少具有八种智能，只是其组合的方式和发挥的程度不同，这导致每个学生都具有自身独特的智能特点、学习风格类型和发展特点，也有自身的优势智能领域。这启示，在学校教育过程中，务必以积极的、发展的眼光平等看待每一个学生，潜心挖掘每个学生的优势智能领域，给予适当教育，使学生获得某一方面的专长。其次，多元智能理论颠覆了传统的偏重语文、数学等学科的智能观、教学观和评价观，倡导多元化的人才观。现代社会的发展需要多样化、层次化和结构化的人才队伍，必须改变传统的评价观，培养多元化、全面化的人才，才能有助于社会建设和经济发展。

本书是这样来理解多元智能理论的：一是教育者要善于挖掘学生的潜能，使学生多方面的智能都能得到充分的、适当的发展，这与新文科复合型人才的培养目标相契合。尽管学生的智能组合类型千差万别，但每个学生都或多或少具备八种智能，学校教育所要达成的目标便是使学生的智能发展水平均获得提高，成为德智体美劳全面发展的人才。二是要引导学生明确自身所具备的智能和长处，发现自身的兴趣所在，学会根据自己所具备的智能来选择适合自身发展的专业方向。大类培养模式就能给予学生深入了解自身优势智能的时间，使学生在学校、教师的帮助以及自身的努力下，发现自己的智能和合适的专业方向，找到真正适合学生全面发展的专业和领域。

三、社会学基础：知识生产模式

（一）知识生产模式

在传统的知识生产模式Ⅰ中，大学培养知识深厚、能力超群的高素质人才，人才进行科学研究进而促进知识生产，因而大学是知识生产的唯一场所，知识生产主要发生在单独某一学科的语境中。随着经济社会的发展，知识在更广阔的、跨学科的社会和经济情境中被创造出来，知识生产模式Ⅱ被提出，涵盖了范围更广的、临时性的、混杂的从业者。知识生产模式Ⅱ以跨学科性和一种更具异质性、更灵活的社会弥散体系为特点①。知识生产模式Ⅲ是西方学者在知识生产模式Ⅰ、模式Ⅱ基础上提出的一种最新的知识生产模式理论，知识生产模式Ⅲ是"大学-产业-政府-社会公众"结成知识创新"四螺旋"动力机制，演绎出知识经济社会知识创新的全新范式②。

我国学术界对知识生产模式进行了丰富的研究。黄瑶和王铭指出，从知识来源角度，知识生产模式Ⅲ除了关注知识生产过程中的参与群体的影响，更加重视知识生产过程中的参与要素的影响和知识摇摆现象对于知识本身的促进与侵蚀，充分发挥了"杠杆"作用。从知识分类角度，知识生产模式Ⅲ利用民主原则，将不同种类的知识和创新模式按照顺序或者并行的方式进行整合，以实现内外界影响下知识的创新或创造③。白强指出，知识生产模式Ⅲ是一种具有知识创新方法论价值的新思维和新思路，以知识创新集群化、知识创新网络化、知识创新情景化为主要特征②。

首先，知识生产模式Ⅲ具有典型的知识创新集群化的特征。与知识生产模式Ⅱ相比，知识生产模式Ⅲ的生产主体除大学、产业、政府外，还融入了社会公众。这显示，知识生产组织已成为一个主体范围更加宽广、结构关系更加紧密的集群生态共同体，知识生产组织的主体扩大，也意味着面临的社会问题日益复杂。协同知识创新、跨越学科边界，才能有效解决当前社会中的复杂问题，推动社会发展进步。其次，知识生产模式Ⅲ强调知识创新网络化。相较于传统的知识生产模式，知识生产模式Ⅲ本质上是一种多主体、多维度、多形态的知识生产机制，通过多主体、多形态、多节点、多边互动实现知识生产要素的动态优化整合。在现代社会中，各主体之间是紧密联系的，知识不再局限于高校而是流通在社会各个层面，只有将多元主体、多维知识进行优化组合，才能促进知识创新螺旋式上升，有效解决复杂的社会问题。最后，知识生产模式Ⅲ具有典型的知识创新情景化的特征，知识生产模式Ⅲ是开放的、动态的、灵活的知识生产创新范式。随着科技的高速发展和社会的快速变迁，人类所面临的现象与问题的复杂程度与日俱增，具有很强的变化性和不确定性，唯有灵活多变的创新知识才能应对。因此，知识生产模式Ⅲ强调，坚持问题导向，在特定的问题情境中，灵活地组合人力资本、

① 吉本斯 M，利摩日 C，诺沃提尼 H，等. 知识生产的新模式：当代社会科学与研究的动力学[M]. 陈洪捷，沈文钦，等译. 北京：北京大学出版社，2011.

② 白强. 基于知识生产模式Ⅲ的高校学科高质量发展研究[J]. 科学管理研究，2023，41（4）：41-47.

③ 黄瑶，王铭. 试析知识生产模式Ⅲ对大学及学科制度的影响[J]. 高教探索，2017，（6）：10-17.

知识资本、社会资本等知识生产要素,在多形态、多节点和多边交互作用中随时进行互动和交换,实现最佳优化组合。

知识生产模式经历了从模式Ⅰ到模式Ⅱ再到模式Ⅲ的发展历程,并在教育学领域中进行了深入的实践应用,如知识生产模式转型背景下高校学科的建设、人才培养的应用、科研社会影响评价等。刘晓彤和柳士彬从知识生产模式转型的视角出发,分析了拔尖创新人才培养的特质定位、逻辑转向和实施路径构建,认为知识生产与拔尖创新人才培养具有内在的契合性,其生成逻辑和发展规律是人才培养质量改革和转型升级的关键所在[1]。杜燕锋和于小艳指出,在知识生产从模式Ⅰ、模式Ⅱ转向模式Ⅲ的过程中,大学科研评价也呈现出诸多新变化,即知识应用性凸显使得知识的效用成为科研评价的标准、知识生产主体呈现多元性使得多方评价成为科研评价的趋势、知识生产的质量控制方式更趋复杂性使得科研评价标准更趋多元化等[2]。

(二)教育启示

随着知识生产由模式Ⅰ、模式Ⅱ到模式Ⅲ的发展,人才培养模式也在不断进行突破性的变革和创新。知识生产模式的升级与变化,推动着人才培养模式的培养理念、专业设置、课程设置等要素的优化与变革。本书认为知识生产的新模式有助于塑造新文科复合型人才培养的"通专结合"的新型课程教学模式,与大类培养的跨学科性相契合,也有利于培养新文科复合型人才的社会适应力。

首先,知识生产模式Ⅲ强调知识的应用性、情境化,启示人才培养模式改革应当凸显应用、加强实践,着力培养学生的实践创新能力。一是高校的专业设置与课程体系建设应当加强知识内容的实践性,高校应当依据自身实际情况适当提高综合实践类课程的比重,促使学生提升实践能力。二是具体的课程教学过程中,教师应采取多元化的教学方式和教学手段提升知识内容的应用性,使学生具备在特定情境中解决实际问题的能力。三是教育评价、人才评价应当加强评价的情境性、应用性,评价是卓越人才培养的重要保障,传统的评价指标体系过于注重知识的掌握程度,忽视对实践应用、创新能力的评价,亟须突破革新。

其次,知识生产模式Ⅲ倡导多维度、多层次、立体化的知识网络体系,学科建设要重视各种学科知识之间的关联性、流通性,高校在进行大类培养模式改革时应当以此为理论指引。无论是自然科学知识还是人文社会科学知识,其中都存

① 刘晓彤,柳士彬. 知识生产模式转型视角下拔尖创新人才培养的逻辑转向与实践路径[J]. 黑龙江高教研究,2023,41(5):20-26.

② 杜燕锋,于小艳. 知识生产模式转型与大学科研评价的变革[J]. 高教发展与评估,2022,38(4):1-8,119.

在着千丝万缕的关联，然而，长期以来对人类知识进行的学科划分、知识体系构建，使得知识之间形成了人为的"隔离屏障"。尽管学术界、高校已经纷纷采取打破学科边界、探索跨学科建设的实施举措和路径，但多数研究与实践仍然是局限在某一学科门类中进行的交叉融合，文理交叉、文工融合、文医融合等具有创新性的跨学科建设仍旧属于新生事物。知识生产模式Ⅲ所倡导的相互联通、多维立体的知识创新网络，是对传统的学科知识、学科体系的彻底颠覆，不仅要求相近的甚至是相反的学科门类交叉融合，而且强调将社会生活中的知识融入学校教育之中。

综上所述，知识生产模式的转型与发展能够给予高校人才培养模式的变革与创新诸多理论指引和借鉴启示，与本书的研究主题契合度较高，为本书的研究提供了有益的分析框架。

四、教育学基础：跨学科教育理论

（一）跨学科教育理论

跨学科是当代科学、教育、经济、文化、社会发展的共同要求，对推动这些领域的改革有深远的战略意义。在国外，现代跨学科教育发展已有半个世纪以上的历史，从 20 世纪 60 年代末期起发展非常迅速，已成为当代教育改革不容忽视的一支力量[①]。跨学科教育理论研究与实践改革要从社会发展的大局着眼，将教育发展与社会各个子系统密切相连。张炜等将跨学科教育定义为在遵循学科发展规律、教育发展规律的基础上，通过系统的跨学科教学、研究与学习，培养具备复合知识、高阶思维和跨界能力的创新型人才的一种教育活动[②]。

跨学科教育以学科融合为核心特征，以知识创新、教研一体、重视实践为特色，旨在培养具备综合能力的复合型、创新型人才。第一，学科融合是跨学科教育理论的核心特征。生产力的高速发展和科学技术的飞跃，使传统的学科课程体系、专业人才培养模式受到了极大的挑战与质疑，"专才"培养模式已无法适应高速发展的机器大工业生产时代，更无法适应当前的以大数据、互联网为主的数字经济时代。在时代潮流的推动下，跨学科教育理论应运而生并获得了极为迅速的应用和发展。跨学科教育并非多门学科的简单叠加与整合，而是在深度挖掘不同学科之间知识的内在关联性的基础上，进行学科之间的交叉融合，形成跨学科的课程体系。

---

① 刘仲林. 跨学科教育论[M]. 郑州：河南教育出版社，1991.

② 张炜，魏丽娜，曲辰. 全球跨学科教育研究的特征与趋势：基于 Citespace 的数据分析[J]. 高等工程教育研究，2020，（1）：123-130.

第二，跨学科教育理论的重要特征之一是知识创新。知识处于不断更新、迭代之中，源源不断的知识创新可谓人类的立身之本。在学科交叉融合的过程之中，势必伴随着新知识的不断生成与创新，甚至在深度挖掘学科之间知识内在关联的过程中，相关的知识经过碰撞、融汇，也会形成新知识。因此，跨学科教育理论不仅要求进行学科融合以适应社会的发展进步，也是人类对知识、科学、真理孜孜不倦地追求的体现。

第三，教研一体是跨学科教育理论的过程性特色。人类科学知识是浩瀚无边、无穷无尽的，人类难以在短期内建设好交叉融合的学科专业、课程体系，这就注定了跨学科建设的过程是漫长的，需要不断求索。因此，教研一体成为跨学科理论研究和实践探索的最优路径选择。将教育教学与科学研究融为一体，既能让学生不断接触、学习前沿知识，也能让学生在教育教学中萌发灵感、探索学科知识之间的内在关联性，进而形成创新知识。

第四，重视实践是跨学科教育理论的重要特点。跨学科教育理论是针对传统的学科教育的弊端而提出的，批判传统教育只重视间接经验的传授而忽视学生直接经验的养成、只重视学科知识的传授而忽视学生实践能力的培养。为消除传统教育的弊端，跨学科教育理论倡导只有重视实践教学、培养学生的操作应用能力和社会实践能力，才能培养出真正为社会发展所需要的人才。掌握跨越学科边界的知识是学生学习的过程，将之运用于实践、解决实际问题才是学习的目的，在实践过程中，真正养成学生的跨界应用能力、实践创新能力。

（二）教育启示

跨学科教育理论发展至今，已是相对成熟、经典的教育理论，产生了大量的实践成果，为学校教育与人才培养提供了诸多宝贵经验和启示。诸多研究与实践证明，跨学科教育是培养高素质复合型人才的有效方式。从高校人才培养目标的角度来说，开展跨学科教育是高校为适应社会发展变化而实行的教育改革，致力于培养能够解决实践问题与具备开拓精神、合作意识和创新思维的人才。

要想顺利地开展跨学科教育，就必须坚持"教研一体"，坚持在教育中渗透跨学科研究，切实提高学生跨学科研究的能力。跨学科教育和跨学科研究是有区别的，但二者的联系一直在不断加强，互动也愈加频繁。跨学科的教育教学能够为跨学科的科学研究培养优秀的研究人才，储备人力资本，不断壮大跨学科研究的科研队伍。要通过课堂教学、科研项目等多元化的方式，吸引优秀的学生参加跨学科的科学研究活动。同时，加强科学研究方法的传授、进行基础性质的科研训练，培养学生的科研能力和创新能力。

跨学科素养是新文科复合型人才的必备素养，大类培养模式也以跨学科教育为核心特征之一。跨学科教育已经成为高校人才培养的重要理论指导，无论是创新型人才、应用型人才还是复合型人才的培养，都需要加强跨学科素养。新文科建设则是针对文科人才的跨学科能力和素养提出了更高的要求，因此，本书以跨学科教育思想为理论基础，探究行业特色高校新文科复合型人才大类培养的创新模式。

第二篇　行业特色高校新文科复合型人才大类培养模式的历史考察

第三章　行业特色高校新文科复合型人才大类培养模式的发展历程

第一节　行业特色高校的发展历程

一、基础发展时期（1949～1976 年）

中华人民共和国成立初期，为应对国内外复杂局势，提升国家核心竞争力，中共中央出台了一系列政策制度，从管理体系、宏观规划、培养机构、培养策略等方面加快建设行业特色院校，为行业工业的发展储备人才。由于国民经济和工业体系处于初建阶段，人才资源匮乏，国家"新设了钢铁、地质、矿冶、水利等十二个工业专门学院"①，以此奠定了行业特色高校的基础。

1952 年"院系调整"，按照专业大类设置专门高校，对高等教育体系进行重构②，全国有近百所高校被划分到或委托中央某一行业部门管理③。以国防特色高校为例，为满足国防科技行业发展的需求，国家组建成立北京工业学院、哈尔滨工业大学等国防院校，到 1966 年在国防科委领导下的国防特色高校增至 11 所④；与此同时，部分院校也在积极部署和复建国防特色专业，积极采取多样化的人才培养措施，为国防特色高校的发展奠定了良好的基础。

可见，这一时期我国的行业特色院校面向经济社会发展的需要，已经具有了一定的基础，初步完成了行业特色高校的人才培养制度的创造性构建，但也存在办学规模较小、学科专业单一、受苏联办学模式束缚等问题。

二、快速发展时期（1977～1997 年）

以国防特色高校为例，伴随改革开放对人才的迫切需求，国防特色高校得到

---

① 周南平，蔡媛梦. "双一流"建设中地方行业特色型高校的发展思考[J]. 江苏高教，2020，（2）：49-54.
② 韩一松. 国际比较视野下的区域高等教育协调治理机制完善路径选择[J]. 中国成人教育，2018，（5）：45-48.
③ 王亚杰. 挑战与出路：特色型大学的发展之路[J]. 高等工程教育研究，2008，（1）：1-6.
④ 张建卫，宣星宇，李海红，等. 新中国成立 70 年来高校国防科技人才培养制度：变迁逻辑与发展走向[J]. 中国高教研究，2019，（11）：13-20.

其主管部门的支持,从而快速发展,迎来新机遇。1977 年 10 月,《关于 1977 年高等学校招生工作的意见》出台,恢复了中断十余年之久的高考制度,为培养国防科技人才提供了基础保障。1993 年,《中国教育改革和发展纲要》强调"要集中中央和地方等各方面的力量办好 100 所左右重点大学和一批重点学科、专业"。《"211 工程"总体建设规划》(1995 年)指出,要在部分有条件的学校中选择一些对国家经济建设、科技进步、社会发展和国防建设等领域产生重大影响,能够解决本领域的重大科技问题,并有望取得突破性成果的重点研究基地。国家针对国防科技人才的培养制度进行了重大调整和恢复,非常重视国防特色院校的建设和发展,为国防特色院校的发展指明了方向。

在这 20 年间,行业特色高校对于培养行业科技事业所需人才、促进行业科技领域技术进步和服务经济社会发展做出了重要贡献,但存在人才培养模式较为单一、办学理念相对滞后等问题,其发展惯性、核心刚性和改革阻力有待进一步破除。

三、深化改革时期(1998～2014 年)

从 20 世纪末开始,政府机构改革,相关工业部门撤销,所属的高校划归到教育部或地方管理,教育部部属高校的数量从 1997 年的 35 所增加到 2000 年的 72 所,地方高校同期从 675 所上升为 925 所,而中央其他部门所属高校的数量从 310 所下降到 44 所。以国防特色高校为例,2000 年,在《关于深化科研机构管理体制改革的实施意见》指引下,国防科学技术工业委员会[①]、教育部、地方政府积极推进国防特色院校共建计划。2008 年,工业和信息化部组建,原国防科学技术工业委员会所属的 7 所高校转由工业和信息化部直属管理,为进一步促进国防特色高校发展、培育军民两用科技人才提供了重要机遇[②]。

行业特色高校通过体制改革带动机制创新,在调整办学思路的同时,继续与行业骨干企事业单位联合培养人才,促进学科交叉,搭建协同创新平台,取得了新的进步与发展。但改革的阵痛尚未消除,一些行业特色院校运行的原有渠道有所变化,新的渠道尚未完全畅通,办学资源相对紧张且结构发生改变。在这个变革过程中,还有少数高校主动性不够,与行业部门的沟通减少,对行业的动态与政策跟进不及时,向行业输送的人才与成果有所减少。

---

① 2008 年 3 月,根据第十一届全国人民代表大会第一次会议审议通过的《国务院机构改革方案》,组建工业和信息化部,不再保留国防科学技术工业委员会。

② 张建卫,宣星宇,李海红,等. 新中国成立 70 年来高校国防科技人才培养制度:变迁逻辑与发展走向[J]. 中国高教研究,2019,(11):13-20.

四、持续发展时期（2015 年至今）

2015 年，《统筹推进世界一流大学和一流学科建设总体方案》出台，旨在推动我国由高校教育大国向高等教育强国跃进。面对新形势、新要求，行业特色高校抢抓"双一流"机遇，不断革新办学观念，增强办学实力，提高办学水平，在多年高速增长的基础上转向高质量内涵式发展，实现从做大到做强的转变。2018 年，党中央立足国际形势的新挑战、新机遇，指出我国的一流大学建设必须加快推进"新工科、新医科、新农科、新文科"建设。2018 年，《关于加快建设发展新工科实施卓越工程师教育培养计划 2.0 的意见》提出要持续深化工程教育改革，加快培养适应和引领新一轮科技革命和产业变革的卓越工程科技人才。

新时期，行业特色高校与政府、社会及企事业单位密切联系，积极实践科研育人、产教协同等多种人才培养新模式，面向未来，在国家战略的指引下，创新人才培养模式和输送机制，为行业科技工业持续健康发展提供坚实的人力资源支撑。

第二节　我国新文科的发展历程

一、自主探索阶段（2017～2019 年）

"新文科"这个名词最早来源于 20 世纪 80 年代美国斯隆基金会，该基金会倡议将技术和定量素养纳入古典文科的研究领域，由此开创了美国新文科改革之先河。此后，为回应社会发展的需求和吸引优秀生源，美国众多的文理学院开始全面修订文科教育的专业和课程体系，改革文科教育的人才培养模式。其中，美国希拉姆学院的变革显得最为彻底且具有较强的系统性，该学院在 2017 年率先通过跨学科的"希拉姆链接"课程体系和职业导向的"技术远游"来实践具体的新文科（new liberal arts，NLA）整体计划[1]，这一改革举措使得新文科的理念与实践广为人知。众多世界一流高校也纷纷开始建设"新文科"，重塑人文社会科学的专业和学科知识体系，改革文科教育的人才培养模式，创新文科课程体系和课堂教学，设计科学的教育教学评价方式。

2018 年，立足中华民族伟大复兴战略全局和世界百年未有之大变局，党中央紧扣时代脉搏，指出我国的一流大学建设必须加快推进"新工科、新医科、新农科、新文科"建设。作为"四新"建设的组成部分之一，"新文科"概念在我国正

---

[1] 傅才武，明琰. 重构"新文科"：数字技术语境下两种文化的对话[J]. 武汉大学学报（哲学社会科学版），2023，76（4）：38-52.

式被提出，这对于我国传统的人文社会科学及高校文科教育的发展和变革而言，具有承前启后、继往开来的重要里程碑意义。此时，我国新文科建设处于自主探索期，尚未引起大范围的关注和研究，只是对此颇有兴趣的学者和高校开始进行"新文科"建设的初步探索和相关研究。此时的相关研究聚焦于"新文科"的内涵界定、特征探析和价值意蕴，更多关注的是新文科"是什么"，也有部分研究关注各类学科专业的新文科人才的培养问题。

二、正式实施阶段（2019 年）

2019 年 4 月，在"六卓越一拔尖"计划 2.0 启动大会上，会议强调要全面实施"六卓越一拔尖"计划 2.0，发展新工科、新医科、新农科、新文科，打赢全面振兴本科教育攻坚战。会上正式成立全国新文科建设工作组，至此，我国新文科建设正式启动。前期学术界对新文科的内涵、特征等学理性问题进行的研究为新文科建设的正式实施奠定了坚实的理论基础，有关新文科领域的研究成果逐渐增多、研究范围不断向外延展。同时，国家从政策层面积极推动新文科建设，引起了社会各界的广泛关注，使得新文科建设的相关研究大大增加。

这一阶段，新文科建设的相关研究和实践探索聚焦于高素质的新文科人才的培养问题。例如，吴岩指出，高等院校新闻传播学科是新文科建设的重要部分，要把握好时代发展大势、高等教育发展大势、新闻传播教育大势，找准发力方向，锐意进取，追求卓越，努力建设具有中国特色、世界水平的新闻传播人才培养体系[1]。徐显明指出，在新文科建设背景下的法学教育改革，应当基于新时代提出的新要求，在新文科理念的指引下，培养德才兼备的高素质法治人才，加强法治工作队伍建设和法治人才培养，更好地发挥"法学教育基础性、先导性作用，提高法治人才培养质量"[2]。不难看出，新文科建设的正式实施在我国社会各界均引起了广泛关注，各行各业的从业人员依照行业发展的需求，提出高校新文科人才培养的要求和方向。这也显示出社会各界、行业企业对具备实践能力和创新能力的新文科复合型人才的迫切需要，为新文科建设的发展定位指明了方向。

三、全面发展阶段（2020 年至今）

2020 年 11 月 3 日，全国新文科建设工作会议在山东大学（威海）召开，教育部高等教育司司长吴岩做了题为"积势蓄势谋势 识变应变求变 全面推进新文

① 吴岩. 加强新文科建设 培养新时代新闻传播人才[J]. 中国编辑，2019，（2）：4-8.
② 徐显明. 高等教育新时代与卓越法治人才培养[J]. 中国大学教学，2019，（10）：7-11.

科建设"的主题报告，会议发布了《新文科建设宣言》，对新文科建设做出了全面部署，描绘了新文科建设的"施工图"。《新文科建设宣言》标志着新文科建设进入全面启动的新阶段，此时，教育部吹响了加快新文科建设的号角，全国高校纷纷响应、积极改革，有关新文科建设的理论研究与实践探索呈现"星火燎原"之势。

这一阶段，新文科建设的相关研究范围再次扩大，涵盖各种交叉领域，也成为高校教育改革理论层面、政策方面的有力指引。有关新文科的研究仍然非常关注新文科人才的培养问题和新文科的学科建设，传统的人文社科学科积极把握新文科建设这一契机，响应新时代哲学社会科学发展的新要求，探索传统人文社科学科的发展路径，并形成了丰富的交叉学科。例如，王阮等基于新文科建设的内涵要义，探讨新文科背景下档案学科面临的机遇与挑战，擘画新文科背景下档案学科的三个发展路径：解构档案学科如何立足，培养档案学科"攀登者"，寻觅档案学科新增长点[1]。杨东指出，中国人民大学交叉科学研究院形成的区块链与数字经济方向交叉学科人才培养"人大模式"，体现了学科体系、学术体系、话语体系建设和创新，为国家急需交叉学科人才培养提供了参考模式和重要经验[2]。

除了人文社会科学内部的诸多学科之间的交叉融合研究，诸多研究也颇为重视文科与理科、工科、医科和农科等的交叉融合。李兰兰等围绕"文理深度融合，理论与实践并重"的核心思想，提出了新文科建设背景下大数据管理与应用专业课程体系设置的优化建议；同时指出，大数据管理与应用专业作为典型的交叉型学科专业，是推进新文科建设的重要战略部署[3]。这一时期的新文科建设的相关研究也颇为重视新文科背景下教育评价的改革。姜晓萍和张伟科基于新文科建设要求，构建了能够体现价值引领深度、学科交叉幅度、技术融入程度等新文科价值内涵与理念特征的新文科教学质量评价指标体系，包含了价值引领、师资水平、教学资源、教学过程、教学保障与学生成长六个维度，有助于解决新文科建设实践中教学质量管理存在的标准不明确、评价不科学等现实难题[4]。

可见，尽管我国的新文科建设起步较晚，但发展速度却非常快，其原因一方面是社会经济发展的强烈需求有力地推动了新文科的理论研究和实践探索，另一方面是新文科建设的发展定位和方向符合教育发展的一般规律，与高校人才培养的需要相吻合。

---

① 王阮，安俊达，关心惠. 新文科背景下档案学科发展的机遇、挑战与路径[J]. 档案学研究，2023，(6)：25-32.

② 杨东. 新文科视域下国家急需交叉学科人才培养模式研究：以区块链与数字经济为例[J]. 人民论坛•学术前沿，2023，(21)：13-23.

③ 李兰兰，焦建玲，杨冉冉，等. 新文科背景下大数据管理与应用专业课程体系建设研究[J]. 图书馆学研究，2023，(10)：2-12.

④ 姜晓萍，张伟科. 新文科理念下高校教学质量评价体系构建研究[J]. 中国大学教学，2023，(10)：75-81.

第三节　国内大类培养模式的发展历程

20 世纪 80 年代开始，我国就进行了关于大类招生与培养模式（简称"大类培养模式"）的探索和改革，大类培养模式源于拓宽专业口径的按类（系）招生改革试验，在融合通识教育、跨学科教育的传统专业教育改造中勃兴，并在深化本科教育教学改革背景下得以全面深化发展。其发展大致可以分为以下三个阶段[①]。

一、初步探索时期（1978～1999 年）

这一时期的大类培养改革聚焦于拓宽专业口径的按类（系）招生改革试验。1978 年，教育部草拟《关于做好高等学校专业设置与改造工作的意见》，强调专业设置的集中领导，教育部正式成立了专门的高等学校学科专业设置与调整办公室。为改变"窄、乱、缺"状况，实现"教育面向现代化、面向世界、面向未来"，1982 年 11 月，第五届全国人大第五次会议的报告明确指出："要调整高等院校的专业设置，改进教学方法。过去专业划分过细，学生知识面狭窄，不能适应各项建设工作和继续深造的需要，对于毕业后的就业和转移工作领域也往往造成困难，这种状况必须加以改变"。同时，政府通过重新修订《高等学校专业目录》等改革举措，在一定程度上拓宽了专业口径，恢复和增加了如文科、政法等长期比较薄弱的专业，加强了新兴学科、交叉学科、边缘学科的专业，如管理类学科专业[②]。

1982～1998 年，国家统一进行了三次本科专业结构大调整，与此同时，高校也纷纷致力于拓宽专业口径的教育教学改革。1988 年，北京大学提出"加强基础、淡化专业、因材施教、分流培养"十六字教改方针，力图变革狭隘的专业教育。众多大学纷纷开始实行按大类招生的试点，各高校积极通过按类（系）招生改革试验来拓宽专业口径。然而，由于历史和现实原因，高校专业划分仍然过细、文理分割明显等问题尚未从根本上得到解决。

可见，这一时期，大类招生和培养模式开始在我国高校中进行初步实践，但由于专业和学科门类调整这一"工程"非常庞大复杂，需要社会各界进行长期探索、共同努力。尽管学科专业划分过细、文科理科"隔离"明显等问题仍然存在，但各高校就进行大类招生、大类培养这一人才培养模式改革纷纷达成了共识，并进行了诸多实践探索，为大类培养模式的体系化奠定了宝贵的基础、积累了丰富的前期经验。

① 谭颖芳，张悦. 大类招生与培养：历程、方案与走向[J]. 教育发展研究，2021，41（Z1）：81-91.
② 王晓玲，张德祥. 1949 年以来我国高校专业调整机制的演变：高校专业调整 70 年回顾与展望[J]. 中国高教研究，2019，（6）：33-39，47.

二、快速兴起时期（2000~2009 年）

该阶段可称之为融合通识教育的大类招生与培养改革。2001 年 10 月，教育部印发《关于做好普通高等学校本科学科专业结构调整工作的若干原则意见》，高校从专业整合入手，打通基础，实行按系、按学院、按专业大类招生和培养，进一步拓宽了专业口径。同时，指明了高等学校学科专业建设所面临的现实困境：国家未来发展急需的高新技术类专业人才、高层次经营管理人才供给不足；面向地方经济建设的应用性人才培养薄弱；新兴、边缘、交叉学科的建设和发展重视不够；一些学校重专业外延发展，轻专业内涵建设的倾向严重。

在国家政策的宏观指导下，高校积极进行大类招生与培养模式的探索与实践，采取适应自身办学定位和发展方向的举措。例如，2001 年，北京大学启动元培计划实验班，在低年级实行通识和大学基础教育，在高年级实行宽口径专业教育。有研究显示，2006 年全国 104 所"211 工程"院校（除军事系统 3 所）的当年招生计划中，有 56 所高校不同程度实施了"按类招生"，比例达到了 53.8%[①]。

这一时期，"大学本科教育是通识教育基础上宽口径的专业教育"理念得到学界的广泛认可，并逐渐成为各高校教育教学改革的基本思路。融合通识教育的大类招生与培养模式恰好体现了这种改革趋势，从而获得诸多高校青睐。一方面，大类招生与培养模式给予了高中毕业生适当的过渡时间和选择余地，使之适应从高中生到大学生的身份、角色的转变，接触广博的、丰富的学科知识，在大类培养过程中寻找到自身真正的兴趣爱好所在，再去做出选择专业发展方向、未来职业生涯的重大决定；另一方面，大类招生与培养模式融合了通识教育的理念与思想，是培养德智体美劳、个性等各方面全面发展的高素质复合型人才的有效途径。学生在入学之初便能够接受良好的通识教育，学习广博丰富的学科知识，为后续更深入地学习与研究专业教育奠定坚实的基础。

三、深入发展时期（2010 年至今）

这一时期的总特征是全面深化大类招生与培养改革，提高人才培养质量。2010 年 7 月，全国教育工作会议召开，会前印发了《国家中长期教育改革和发展规划纲要（2010—2020 年）》，提出创新人才培养模式，适应国家和社会发展需要，遵循教育规律和人才成长规律，深化教育教学改革，创新教育教学方法，探索多种培养方式，形成各类人才辈出、拔尖创新人才不断涌现的局面。2013 年 5 月，

---

① 吕慈仙. 高等学校按学科大类招生的现状分析[J]. 宁波大学学报（教育科学版），2007，（1）：65-68，78.

我国出台了《普通高等学校本科专业设置管理规定》，要求高校设置和调整专业，应主动适应国家和区域经济社会发展需要，适应知识创新、科技进步以及学科发展需要，更好地满足人民群众接受高质量高等教育需求；应遵循高等教育规律和人才成长规律，符合学校办学定位和办学条件，优化学科专业结构，促进学校办出特色，提高人才培养质量。2017年，教育部教师工作司印发《教育部教师工作司 2017 年工作要点》，积极推进培养模式改革，支持学校探索采取"大类招生、二次选拔"等方式，改善师范生生源质量[①]。2023 年 3 月，教育部等五部门关于印发《普通高等教育学科专业设置调整优化改革方案》的通知，强调要完善学科专业建设质量保障机制，高校要按照人才培养"先宽后深"的原则，制定科学、规范的人才培养方案，系统设计课程体系，配齐配强教师队伍、教学条件、实践基地等，确保人才培养方案落实落地。

　　在国家政策的宏观引导和大力支持下，诸多高校不断深化大类招生培养改革，全面修订本科人才培养方案，从多维度、多层次对高校人才培养模式进行改革，大力推进本科教育内涵式发展。据统计，2020 年除军事院校外的 134 所"双一流"建设高校中，共有 115 所高校不同程度地实施了大类招生与专业分流，占比 85.82%，其中，41 所一流大学建设高校均实行大类招生与培养改革[①]。在深入发展时期，大类招生与培养模式衍生出了诸多改革方案。例如，面向全校所有学科门类、覆盖全校所有本科专业的全学科方案、涉及若干（两个及以上）学科门类的跨学科门类的宽学科方案、只涉及单个学科门类中专业的细学科方案。发展至今日，大类招生与培养模式已在各个高校中获得了较为妥善的发展和实施，尽管仍旧处于实践探索中，但是，在很大程度上其改革了我国高校传统的专业教育体系和人才培养模式，为我国高等教育事业的未来发展奠定了良好的基础。

---

① 谭颖芳，张悦. 大类招生与培养：历程、方案与走向[J]. 教育发展研究，2021，41（Z1）：81-91.

第四章　行业特色高校新文科复合型人才大类培养模式的研究进展

第一节　关于新文科的研究进展

一、新文科的背景研究

当前，关于新文科建设背景主要存在"时代变革之需"与"自我发展之需"两个观点。部分学者认为是时代的需要推动着"新文科"建设的启动，如吴岩指出，社会大变革需要新文科；新时代、新使命和新要求决定了必须加快推进文科教育的创新发展[①]。樊丽明等表示新文科建设是顺应新科技革命和产业变革的大趋势，是进入中国特色社会主义新时代文科建设的需要，是全球新格局对文科发展的新要求[②]。唐衍军和蒋翠珍认为，作为对新时代发展的必然回应，新文科建设正是契合新时代发展的适时应变和创新之举，也是势在必行之策[③]。王丹指出，新文科建设作为引领中国式教育现代化发展的标志性举措之一，在服务国家战略需求、探索中国特色文科发展新范式、构建人文社科学科"中国话语"体系中发挥着重要作用[④]。其强调，新文科建设不仅深刻影响着中国式高等教育现代化进程，更与人类命运共同体的未来息息相关。刘振天和俞兆达指出，新文科建设是新时代中国高等教育的一场"新文化运动"，以应变求新为目标、以思想文化为焦点、以高等教育为阵地，面向民族振兴、现代事业和学科建设，在打造和谐的、民族的、时代的、世界的新文科过程中，助力中国现代学术文化革新，促进中华优秀传统文化焕新，激发现代中国先进文化创新和推动人类社会共同文明更新[⑤]。

还有部分学者表示新文科建设是人文社会科学寻求学科内部发展的一场自我

---

① 吴岩. 新使命 大格局 新文科 大外语[J]. 外语教育研究前沿, 2019, 2 (2): 3-7, 90.

② 樊丽明, 杨灿明, 马骁, 等. 新文科建设的内涵与发展路径（笔谈）[J]. 中国高教研究, 2019, (10): 10-13.

③ 唐衍军, 蒋翠珍. 跨界融合：新时代新文科人才培养的新进路[J]. 当代教育科学, 2020, (2): 71-74.

④ 王丹. 人类命运共同体引领下的高校新文科建设与人才培养[J]. 华南师范大学学报（社会科学版）, 2023, (1): 58-67, 206.

⑤ 刘振天, 俞兆达. 新文科建设：新时代中国高等教育的"新文化运动"[J]. 厦门大学学报（哲学社会科学版）, 2022, 72 (3): 117-128.

革命。例如，王兆璟提出，新文科建设是哲学社会科学主动适应新时代发展要求而出现的内部转变，体现着哲学社会科学应有的学术自觉与时代担当[①]。王铭玉认为，新文科的产生是既有文科教育的不足引起的，由内在需求和外在需求促成，即文科教育具有特殊的自身价值，讲究积淀，它不仅富有相关学科门类的专业知识，更是人类在历史的长河中认识自我、认识社会的成果，规范并引导着人类对自身及社会的进一步认知和探索[②]。因此，新文科建设实质上是一场文科教育的自我革命。韩喜平和王思然认为，建设新文科的原因之一是基于对文科自身价值和存在意义的认识，为解决文科教育被异化的危机而提出的，为了应对社会数字化变革和学科发展的无序与泛化，在传统学科上构建具有中国特色的覆盖不同领域、不同学科的学科体系，是中国高等教育领域创新发展的关键一环[③]。

综上所述，尽管对新文科产生的背景这一问题的研究各有侧重，但二者不是非此即彼的关系，反而是全面涵盖了事物的正反两个方面。在互联网、大数据等高新科技蓬勃发展的新时代，科技不仅改变了人类现存的生产生活方式，也引发了人类对文明生活的更多的新要求，产生诸多新问题和新现象。在这一时代背景下，传统的人文社科学校和文科教育所遭受的质疑越来越多，已不能适应当前数字化时代和学习型社会的发展需要。但是，人文社会科学是不可替代的，它具有自身特殊的价值，能够帮助个体树立正确的"三观"，形成正确的思想方法，养成独立的思维品格，学会与社会、他人沟通与合作，提升自身的生存交往能力、社会适应能力。在外界环境和自身需求的推动下，新文科建设应运而生，这是我国新时代的一场"新文化运动"，也是中华文明和中华优秀传统文化对时代变迁、世界发展的响应。

二、新文科内涵的研究

本书尝试将学者众多论述总结为"创新论"与"融通论"两个观点。持"创新论"的学者认为，新文科核心在于对"新"的理解，"新"是创新的新而不是新旧的"新"，具有侧重于立足中国特色、注重时代战略性的特点，旨在培养能够适应社会发展、国际竞争的创新型新文科人才。例如，陈跃红指出，眼下提倡的新文科，不是新旧之新，而是创新之新，是立足于新科技时代，为了未来创新型人才培养，对文科提出的提升要求[④]；王丽华和刘炜认为新文科建设旨在培养契合社会主义现代化建设要求的复合型人才，是在新时代背景下对人文社会科学教育的

① 王兆璟. 新文科建设与教育学的时代变革[J]. 西北师大学报（社会科学版），2019，56（5）：31-35.
② 王铭玉. 新文科：一场文科教育的革命[J]. 上海交通大学学报（哲学社会科学版），2020，28（1）：19-22，30.
③ 韩喜平，王思然. 在推进新文科建设中构建自主知识体系[J]. 内蒙古社会科学，2023，44（5）：16-22，2.
④ 陈跃红. 新文科：智能时代的人文处境与历史机遇[J]. 探索与争鸣，2020，（1）：11-13.

范式创新①。俞兆达指出，新文科人才培养模式改革既是新文科建设的重中之重，也是提升我国文科专业人才自主培养质量的关键一招，新文科人才培养模式改革承载着教育、科技、人才三位一体融合发展的美好愿景，是一场回应时代之问、未来之思的教育探索②。朱贺玲和郝晓晶指出新文科建设注重多学科交叉与跨学科合作，旨在重构我国高等院校文科人才培养体系，全面提升文科人才培养质量，在保证专业核心能力与素养的前提下，应着力升级传统文科人才培养模式，在更广泛的意义上进行学科专业交叉人才培养，强调思维、素质和能力的全面提升③。

持"融通论"的学者普遍认为，新文科核心在于体现"学科融合"的特色，侧重于从学科交叉融合视角去对新文科进行界定。例如，崔延强和段禹在总结和分析新文科特征后认为，新文科是后工业时代基于知识高度综合化、信息化、数字化的一种文科知识生产与再生产的新形态④。赵奎英指出新文科首先意味着一种跨学科的深度交叉和融合，尤其是文科与新科技革命的融合⑤。孙道功指出，新文科是相对于传统文科而言的，它以新科技革命、经济全球化、网络化为背景，以继承与创新、交叉与融合、协同与共享为主要途径，其目的是促进学科交叉与融合，推动传统文科的更新升级，从以学科为导向转向以需求为导向，从专业分割转向交叉融合⑥。张小林等认为，新文科建设旨在通过加强文理工等学科之间的交叉融合实现学科跨越式发展，选取图情档学科作为案例，指出新文科建设为图情档学科向数字人文转型发展提供了良好的契机和政策支持⑦。徐子方和冉令江指出，以跨界和学科融合为核心的新文科建设已经成为东西方教育界共同关注的话题，新文科建设旨在进一步打破学科专业壁垒，推动文科专业之间深度融通、文科与理工农医交叉融合，利用现代信息技术赋能文科教育，实现自我革新⑧。

尽管学者对两个观点有所侧重，但他们并不认为二者是非此即彼的。许多持"创新论"的学者也非常强调学科交叉融合对培养复合人才的重要性；持"融通"的学者在介绍背景时也概述了新文科建设的时代战略意义，在内容上也强

① 王丽华，刘炜. 助力与借力：数字人文与新文科建设[J]. 南京社会科学，2021（7）：130-138.

② 俞兆达. 新文科人才培养模式改革的创新切口、战略隐忧与行动前瞻：一项跨案例研究[J]. 西南大学学报（社会科学版），2023，49（6）：226-239.

③ 朱贺玲，郝晓晶. 新文科建设背景下的复合型人才培养：新变局、新挑战与新思路[J]. 高教探索，2023，（4）：20-25.

④ 崔延强，段禹. 新文科究竟"新"在何处：基于对人文社会科学发展史的考察[J]. 大学教育科学，2021，（1）：36-43.

⑤ 赵奎英. 试谈"新文科"的五大理念[J]. 南京社会科学，2021，（9）：147-155.

⑥ 孙道功. 新文科背景下中文学科的交叉与融合[J]. 中国大学教学，2023，（11）：38-44.

⑦ 张小林，曹如中，向洪，等. 新文科建设背景下图情档学科向数字人文转型发展的理论契合和逻辑进路[J]. 图书馆，2023，（5）：15-20，33.

⑧ 徐子方，冉令江. 新文科背景下的原艺术学理论学科：机遇、问题和挑战[J]. 民族艺术研究，2023，36（2）：76-83.

调新文科建设关键在于创新人才的培养。一方面，新文科建设产生的原因之一是为突破传统文科的发展瓶颈、解决文科教育面临的一系列现实困境，势必要对传统的人文社科学科和专业进行改革，建设学科交叉融合、技术赋能的跨学科知识体系。交叉学科的建设最终还是要落到人才培养上，新知识需要不断进行传递、交流才能体现其本身的价值与意义，因此，学科交叉融合的科学性、前沿性事关高校人才培养的质量。另一方面，培养创新型新文科人才是新文科建设的核心要义和人力资源支撑。高校人才培养能够为新文科的学科建设、科学研究、文科教育等各个方面输送源源不断的人力资本，以使新文科建设能够获得长足发展。

三、新文科建设路径探索的研究

　　学者对新文科如何开展建设这一关键问题的研究层出不穷，提出了许多仁者见仁、智者见智的观点，主要围绕理论创新、组织制度的变革、学科交叉融合的建设以及创新型人才的培养四大方面进行路径探索。

　　一是深度挖掘新文科建设的规律，为新文科建设提供理论层面的指引。马骁等建议从把准文科发展的客观规律、重塑基层学术组织形态、完善学科协同创新机制、深化文科人才培养改革及构建与新文科相适应的评价体系等方面来引领新文科发展[①]。张小林等指出，新文科建设必须坚守学科定位和价值理念，在推动人文社科学科向数字人文转型过程中重塑学科价值体系，在促进自然科学和人文社会科学由传统的"对立"走向"和解"的同时，重构人文社科学科应有的"生存意义"和"价值空间"[②]。

　　二是从高校组织制度层面的创新和变革着手推动新文科建设。权培培等认为新文科建设之"道"在于建立健全国内外跨学科联合学位培养模式、探索以多学科集群为基础的现代书院制度、推动"新文科实验室"建设、践行"传统文科+"，助力传统文科转型升级[③]。宁琦指出人才培养与知识体系创新是新文科建设的两大核心任务[④]。蒋家琼等系统梳理对比了一流大学书院模式探索，将书院划分为三种类型：一为"书院-学院"一体化模式，二为"书院-学院"双院制管理模式，三为学生社区模式[⑤]。

① 马骁，李雪，孙晓东. 新文科建设：瓶颈问题与破解之策[J]. 中国大学教学，2021，（Z1）：21-25，34.

② 张小林，曹如中，向洪，等. 新文科建设背景下图情档学科向数字人文转型发展的理论契合及逻辑进路[J]. 图书馆，2023，（5）：15-20，33.

③ 权培培，段禹，崔延强. 文科之"新"与文科之"道"：关于新文科建设的思考[J]. 重庆大学学报（社会科学版），2021，27（1）：280-290.

④ 宁琦. 社会需求与新文科建设的核心任务[J]. 上海交通大学学报（哲学社会科学版），2020，28（2）：13-17.

⑤ 蒋家琼，丁晨，王思微. 我国一流大学书院制管理模式现状与展望[J]. 江苏高教，2021，（12）：88-94.

　　三是以学科交叉融合为核心探索新文科建设的有效路径。吴蝶等在分析图书情报档案学科数字化转型发展的契机和内在需求的基础上，探讨了数字化转型对图书情报档案学科发展的功能作用，提出新文科建设背景下图书情报档案学科数字化转型发展的实现途径，即图书情报档案学科可以通过与数据科学融合实现数字化转型发展①。王彪和高贵武在反思播音主持学科建设原生性局限、范式单一与新技术应对短板等学科建构的现实困境后提出，在新文科建设的背景下，播音主持学科的重构要以学科融合创新为路径，从国家与社会需求的角度进行知识体系更新与人才培养理念创新，要突破狭隘的语言技艺视域与单一语言焦点，在人才培养上重新界定"通才"与"专才"②。朱婧雯认为，当前我国新文科探索初步形成了"理念思辨""学科创新""知识整合"三大发展理念，以此为理念遵循，提出了当前我国新文科建设提供基于"知识溯源—知识生成—知识服务"的认知传播系统性跨学科改革探索与实践路径③。

　　四是以创新型、复合型的新文科人才培养为着力点，探索新文科建设的实践路径。罗选民等以广西大学新文科研究与改革实践项目为例，从教育思想、发展理念、培养标准、技术方法和质量评估等五方面探讨复合型外语人才培养的内涵与特色，构筑"五驱动"外语人才培养路径，即科学思维驱动、语言能力驱动、交叉学科驱动、语言服务驱动、学术研究驱动④。和学新等以天津师范大学的改革为例，建构并持续实践着卓越人才培养的 4C 模式：一是注重学科及课程的交叉性，着力开展跨学科课程及课程思政建设，即"cross"；二是关注课程学习的选择性，建构满足学生个性发展的选修模块，即"choice"；三是强化学生培养的协同性，促进教学与科研、高校与中小学的深度协作，即"collaboration"；四是聚焦卓越人才的创造性，建立一体化的拔尖创新人才培养机制，即"creativity"⑤。

　　综上所述，新文科建设自 2018 年在我国提出以来，引发了社会各界人士的热切关注，学术界、高校及企业、行业人员等纷纷对新文科建设开展了不同层面、不同视角的丰富研究与实践，形成了诸多宝贵的理论研究成果和实践探索成果。

　　① 吴蝶，曹如中，熊鸿军，等. 新文科建设背景下图书情报档案学科数字化转型发展研究[J]. 图书馆理论与实践，2023，（2）：12-16，26.

　　② 王彪，高贵武. 反思、融合与重构：新文科建设视域下播音主持学科的建构进路[J]. 中国广播电视学刊，2023，（3）：74-78.

　　③ 朱婧雯. 认知传播：新文科背景下跨学科融合的理论知识版图[J]. 湖南师范大学社会科学学报，2023，52（1）：41-48.

　　④ 罗选民，梁燕华，叶萍. "双新"背景下复合型外语人才培养的内涵、特色与路径：以广西大学新文科研究与改革实践项目为例[J]. 外语界，2023，（1）：18-23.

　　⑤ 和学新，高维，郭文良. 新文科背景下教育学专业卓越人才 4C 培养模式探索：以天津师范大学的改革为例[J]. 天津师范大学学报（社会科学版），2023，（1）：66-73.

坚持对新文科建设进行持续研究、对高校文科教育进行深度改革，对于我国人文社会科学的繁荣发展具有重大意义，是彰显中国的文化自信、传播中国的优秀文化的重要契机。

第二节　复合型人才培养的研究进展

一、复合型人才的内涵研究

"复合"通常是指两个或两个以上的事物的结合，代表了一种新变化。顾名思义，"复合型人才"即"具有两个或两个以上专业的知识和能力的人才"[①]。基于不同的研究视角，学术界针对复合型人才的内涵及特征进行了丰富的研究。

首先，一些学者从具体的、特定的学科专业或行业需求出发，对复合型人才进行了内涵界定。张国平等从新商科的视角出发，认为"新商科复合型人才是指融合科技与商业知识、专业和学科的多功能人才，具有多学科融合的知识体系，掌握互联网思维模式，熟悉互联网、大数据、云计算、人工智能等现代信息技术在商业中的应用，具有较强的创新创业精神、能够融会贯通多专业知识综合解决商业问题的人才"[②]。马德等认为，新时代所需要的冰雪体育产业人才不再单纯的是竞技人才、赛事运营开发人才、冰雪体育培训人才等传统意义上的单一技能人才，而是贯通冰雪运动与经营管理知识、能力和思维的复合型人才[③]。陈琦和丁嗣胤结合学科特点指出，广播电视学所培养的人才应当面向社会，以社会需求为导向、适应时代发展和行业要求，具备较强的实践水平和优良的综合素质，传媒人才既要具备传统的专业知识和业务技能，又要对全媒体技能有一定的了解和运用能力，同时还要具有互联网思维[④]。李良荣和魏新警围绕新闻传播复合型人才进行研究，认为"只有复合型的新闻传播人才方能适应目前媒体融合的需求"[⑤]，其多维复合能力突出表现在"技术—表达—思想"三个由表及里的层面。

其次，一些学者立足国际视野，探索能够适应国际社会竞争发展的复合型人才的内涵特征。许纯洁以"一带一路"为背景，探讨国际化复合型人才，认为"具

[①] 陈洪海. 基于反映象相关矩阵的评价指标筛选方法研究[J]. 中国管理科学，2022，30（11）：149-158.

[②] 张国平，王开田，施杨. "四位一体、四维融合"的新商科复合型人才培养模式探析[J]. 中国高等教育，2022，（11）：50-52.

[③] 马德，张天阳，刘哲剑，等. 冰雪体育产业复合型人才培养模式构建与推进路径[J]. 体育文化导刊，2023，（9）：41-47.

[④] 陈琦，丁嗣胤. 全媒体时代广播电视学创新实践教学体系与复合型人才培养研究[J]. 传媒，2023，（17）：82-84，86.

[⑤] 李良荣，魏新警. 论融媒体时代新闻传播复合型人才培养的"金字塔"体系[J]. 新闻大学，2022，（1）：1-7，119.

有多元文化视野、熟悉文化的国际交流规则且能在此过程中坚守中国的优秀传统文化是其基本的文化素质；具备不同学科及专业的知识与技能是其知识技能素养；能在国际竞争中获得自我发展并与来自异文化的他者建立良好人际关系是其自身价值的最终体现"[①]。荣玮等指出，高质量发展背景下，新时代复合型国际化人才应具备"专业＋国际＋创新"三元融合的内涵特质，专业素养、国际素养及创新素养的融合也是复合型国际化人才培养理念中"复合型"的具体体现[②]。

综上所述，本书将复合型人才界定为人才分类培养的一种理念与制度，其基本特征包括综合素质高、知识融通、思维辐射宽、社会适应力强等，其成长规律遵循累积效应成长规律、师生互动成长规律、综合效应成长规律等三大主要规律。

二、复合型人才培养问题的研究

只有深入检视当前我国高校复合型人才培养的现实困境和问题，分析矛盾产生的主要原因，才能明确我国高校复合型人才培养的改革路向，培养出国家和社会需要的高层次复合型人才。

针对高校知识产权复合型人才培养，聂建强指出，从实践层面来看，高校知识产权复合型人才培养规模、层次以及内容与市场需求不匹配的问题比较突出，问题产生的根源在于产教壁垒，即高校和用人单位对产教融合存在认知偏差；知识产权学科和学位体系设置存在弊端；资源共享机制不健全；课程设置缺乏整体规划；激励与保障体系不健全[③]。张路曦指出，媒体深度融合的背景下，行业报由于整体规模较小、平台建设薄弱、用户活跃度不强等问题较为突出，在深度融合方面还面临着诸多挑战，突出问题表现为"用户思维"尚未成型、化学"相融"有待深化、盈利模式亟待创新[④]。李仪等剖析《"十四五"国民健康规划》战略下"体医融合"复合型人才培养的困境，一是机制之"歧"，在于人才培养与协同育人机制不切合；二是模式之"迷"，在于人才培养与人才管理模式不同步；三是需求之"阻"，在于人才培养与市场实际需求不匹配的现实困境[⑤]。剖析了复合型人

① 许纯洁. "一带一路"背景下民族地区国际化复合型人才培养的实践与反思[J]. 广西民族研究，2020，（2）：158-164.

② 荣玮，陶祥令，王峰. "双高计划"视域下高职复合型国际化人才培养研究[J]. 教育与职业，2023，（9）：91-96.

③ 聂建强. 产教融合：高校知识产权复合型人才培养的困境与出路[J]. 中国大学教学，2023，（12）：38-45.

④ 张路曦. 媒体深度融合背景下行业报发展的困境与进路[J]. 中国出版，2023，（17）：62-66.

⑤ 李仪，廖粤生，白莉莉. 体医融合复合型人才培养：价值、困境与对策[J]. 中国卫生事业管理，2023，40（8）：626-629.

才培养模式上的三大瓶颈，即课程设置上零散孤立、缺乏系统性，培养途径上相互脱节、缺乏整合性，师资配置上各自独立、缺乏协同性；并指出了解决问题的三大策略，一是要以专业培养目标为导向、确保课程设置的系统性，二是要打通并整合复合型人才培养的各个环节及各方面要素，三是要在复合型专业人才培养目标的引领下改造和重塑教师队伍。

三、复合型人才培养路径的研究

2010 年，《国家中长期教育改革和发展规划纲要（2010—2020 年）》提出，"重点扩大应用型、复合型、技能型人才培养规模"。这表明国家对复合型人才的关注由来已久，高校亟须顺应全球政治经济形势的变化，培养一批"知识面广，知识交融度高，思维辐射宽与社会适应能力强[①]"的高素质人才。"在学科交叉与融合的政策背景下，培养价值正向、知识融通、一专多能的复合型文科人才成为应有之义"[②]。

首先，较多学者立足人才培养模式的改革，探究复合型人才的培养路径。王立非和宋海玲以新文科建设的核心任务为指引，深度探析了商务＋英语复合型人才培养的定位以及"五复合"的人才培养创新路径。一是培养规格上，"涉及素质、知识和能力复合三个方面"[③]。二是培养模式上，分为专业知识、双专业、本科专业复合三种方式。三是课程体系上，划分为语言文学类课程、商务类课程、跨文化类课程、通识教育类课程。四是教学内容上，包含技能、知识和实践教学三部分。五是教学方法上，综合运用探究式、合作式、体验式等教学方式，充分利用现代信息技术，使其充分与专业教学有效融合。针对工科学生知识产权意识欠缺、创新能力和工程实践能力不强等问题，南京理工大学构建了"机械工程＋知识产权"复合型人才培养体系。一是完善产学研用协同创新的体制机制。二是将大学生创新实践活动与创业实践活动相结合。三是寓教于研，建立了"互联网＋知识产权＋创业"模式。四是寓教于用，利用产业平台和寒暑假时间，在实践中培养学生的创新创业能力[④]。世界范围内，新一代人工智能发展迅猛，然而我国人工智能人才缺口仍然巨大，胡清华等立足国家人才强国战略，基于新工科的视角，提

① 金一平，吴婧姗，陈劲. 复合型人才培养模式创新的探索和成功实践：以浙江大学竺可桢学院强化班为例[J]. 高等工程教育研究，2012，（3）：132-136，180.

② 朱贺玲，郝晓晶. 新文科建设背景下的复合型人才培养：新变局、新挑战与新思路[J]. 高教探索，2023，（4）：20-25.

③ 王立非，宋海玲. 新文科指引下的复合型商务英语人才培养理念与路径[J]. 外语界，2021，（5）：33-40.

④ 殷增斌，袁军堂，郝世博. "机械工程+知识产权"复合型创新创业人才培养的探索与实践[J]. 中国大学教学，2020，（7）：30-34.

出了校企联动聚焦"人工智能＋"复合型人才培养目标、课程体系、实践体系与可持续改进的教学质量评价体系[①]。

其次，组织机构的建设与改革也是复合型人才培养的有效实施路径之一。李华等指出，应当以建设创新实践基地为依托，通过有机整合电子和生物化学内容、构建跨专业与跨年级的课程体系、有效对接实践教学和创新实践基地、将企业的工程实践内容引入人才培养体系等教学改革途径，以培养学科交叉复合型人才[②]。朱贺玲和郝晓晶提出，完善基于学部制的跨学科合作平台是培养新文科建设背景下文科复合型人才的有效路径，即学部以学科建设和学术发展为核心搭建院系间合作平台，按学科群组织教学，以课题组为中心组织科研，统筹重大科研项目，面向学科发展前沿、国家发展重大问题以及区域发展需求，组建跨学科科研团队，打破了传统的学科和院系壁垒[③]。楼京京等构建了产教、赛教、研教三融合，校企两翼协同驱动，一站式培养高技能高素质复合型人才培养体系，强调校企共同打造实训平台、合作共享实训基地[④]。郭栋和成瑶指出，中国人民大学统计学院以"明德数据"厚重人才成长支持计划为试点，探索利用第二课堂构建统计学复合型人才培养创新平台，形成"12345＋X"的培养模式，通过"三个结合"的创新点实现"五种素质"的培养，并通过思想、组织和制度三方面保障第二课堂在专业人才培养中发挥积极作用[⑤]。

最后，针对具体的专业和学科如何培养复合型人才，学术界进行了丰富的对策研究。余家成基于双循环发展格局的社会背景，提出要加强饲料企业复合型人才培养模式的研究，明确饲料企业复合型人才培养的定位，根据饲料企业经济业务需求做好复合型人才培养的顶层设计，引入高校教育资源，推进产教协同育人[⑥]。管德坤和孙自学分析了公共卫生复合型人才培养面临的人才知识储备不全面、人才存量与增量相对不足的现实问题，指出要加强政策支持与引导；强化"平战结合"的培养理念；构建对于公共卫生复合型人才"引得进、留得住"的长效机制；总结新冠疫情防控经验，更好地防范与应对公共卫生事件[⑦]。黄向阳和曾涛涛结合

① 胡清华，王国兰，王鑫. 校企深度融合的人工智能复合型人才培养探索[J]. 中国大学教学，2022，（3）：43-50，57.

② 李华，杜晓霞，梁永波，等. 地方高校复合型人才培养模式改革与实践[J]. 实验室研究与探索，2023，42（9）：255-260，274.

③ 朱贺玲，郝晓晶. 新文科建设背景下的复合型人才培养：新变局、新挑战与新思路[J]. 高教探索，2023，（4）：20-25.

④ 楼京京，郑鹏飞，冯向荣. 校企共同体复合型人才培养体系的构建[J]. 高等工程教育研究，2022，（5）：106-110.

⑤ 郭栋，成瑶. 统计学复合型人才培养创新平台研究：以中国人民大学为例[J]. 统计与信息论坛，2018，33（11）：125-128.

⑥ 余家成. 双循环背景下饲料企业复合型人才培养模式研究[J]. 中国饲料，2023，（14）：162-165.

⑦ 管德坤，孙自学. 我国公共卫生复合型人才培养策略探讨[J]. 中国医院，2022，26（1）：69-70.

当代社会对复合型人才能力的新要求，从知识能力、人文素质、创新能力三个方面探讨了地方高校给排水科学与工程专业复合型人才培养的途径，提出了通过构建水暖电综合性、开放性、应用性学科课程体系，全过程思政教育体系和循序渐进的创新创业实践体系，培养高素质复合型人才①。

综上所述，针对如何培养适应时代需求和社会发展的高素质复合型人才这一问题，学界从不同的研究视角提出了诸多宝贵的改革对策，既有宏观理论层面的研究，也不乏特定、具体学科的复合型人才培养策略研究。同时，诸多学者针对我国目前复合型人才培养的现状、困境，依据社会发展和行业需求，构建了诸多各有特色的高校复合型人才培养的模式体系；也有部分学者针对高校已有实践进行了案例研究，总结实践经验，提出优化策略。

第三节　大类培养模式的研究进展

"大类培养"是从 20 世纪开始在我国普遍使用的一个新概念，带有较浓厚的中国色彩，目前国内的研究成果主要集中于对"大类培养模式"的内涵、优缺点等现状的初步研究，研究的系统性较弱。在国外并没有"大类培养"这一明确提法，但在教育理念上，国外诸多世界一流名校早已达成了要开展通识教育培养的共识，我国大类培养与这种通识教育模式在具体操作与推进上具有一致性。

一、人才培养模式的相关研究

（一）人才培养模式的内涵研究

人才培养模式是一项牵涉范围极为广泛复杂的系统性工程，涉及多个方面的要素，关于人才培养模式的内涵界定，学术界有诸多阐述。1993 年，刘明浚在《大学教育环境论要》中首次对人才培养模式做出定义，指出人才培养模式是在一定的办学条件下，为实现一定的教育目标而选择或构思的教育、教学模式②。经过长期的研究与发展，人才培养模式的内涵界定研究基本可以分为三类。

一是"目标论"，即人才培养模式的核心要素是培养目标，培养方法、培养手段等诸多要素皆围绕培养目标展开。例如，张越以"目标论"的视角，将"人才培养模式"定义为在一定的教育思想和教育理论的指导下，为实现培养目标而采

---

① 黄向阳，曾涛涛. 新工科背景下地方高校给排水科学与工程复合型人才培养的探索与实践[J]. 给水排水，2020，56（12）：122-126，131.

② 刘明浚. 大学教育环境论要[M]. 北京：航空工业出版社，1993.

取的教育教学组织方式和运行方式，将人才培养模式分为目标体系、内容方式体系和保障体系三部分[①]。二是"过程论"观点，即人才培养模式应当被视作一种教育过程，依据一定的教育目标，统筹课程体系、教学组织、教育评价等各种要素，培养学生的综合素养的过程。广而言之，人才培养模式包含人才培养目标和规格、专业设置和建设、课程体系和教学内容、教学方法和教学手段、教学评价和质量监控等内容，涵盖了包括培养目标、培养内容、培养方式和培养条件在内的人才培养诸要素[②]。三是"要素论"，即人才培养模式是由各种要素综合、组合而成的总和，既有"五要素说"，也有"六要素说"。杨宗仁认为，人才培养模式实质是为受教育者构建相对稳定的知识、能力、素质结构以及实现这种结构的组织形式及运行机制，具有系统性和规范性，他将人才培养模式的基本构成要素分为教育理念、培养目标、专业设置模式、课程体系构造形态、培养途径、培养制度和教学组织形式[③]。

　　本书认为，人才培养模式，就是指学校依据国家教育目的、教育方针以及学校培养目标，在一定的教育理论的指导下，为实现目标而围绕目标组织起来的比较稳定的教育教学的结构组织形式，即通常所说的"培养什么样的人才"和"如何培养人才"的问题。

（二）人才培养模式的特征研究

　　邓磊对大学人才培养模式变迁的历史进程进行了深入分析，指出大学人才培养模式演进具有传承性和递进性，这与知识生产的连续性有关；还具有普遍性和复杂性，这与学术范式的演变息息相关[④]。陈方泉等在借鉴美国和德国的独具特色的人才培养模式的基础上，指出我国应该形成人才培养的中国特色比较优势，形成植根于中国背景的一流人才培养范式，中国特色人才培养模式的特征具体体现为注重政治属性、历史属性以及教育的继承和扬弃属性[⑤]。梁家君指出，人才培养模式是对人才培养活动的内在机制、要素及其关系的"直观和简洁的描述"，任何两种具体的人才培养模式之所以能独立存在，是因为它们之间具有明显的特征和不可替代性，所以，人才培养模式具有中介性、相似性、简约性、不可通约性等特性[⑥]。

① 张越. 我国高技能人才培养模式研究：以 LB 学院为例[D]. 上海：华东师范大学，2014.

② 钟秉林. 人才培养模式改革是高等学校内涵建设的核心[J]. 高等教育研究，2013，34（11）：71-76.

③ 杨宗仁. 论人才培养模式及其嬗变[J]. 江苏高教，2012，（1）：94-96.

④ 邓磊. 面向高等教育普及化的大学人才培养模式创新[J]. 教育科学，2019，35（4）：71-76.

⑤ 陈方泉，杨辉，叶志明. 构建"中国特色"人才培养模式的若干思考：学习习近平新时代中国特色社会主义思想体会[J]. 中国大学教学，2018，（3）：4-7.

⑥ 梁家君. 学分制下高校按大类招生人才培养模式的探索[D]. 长春：东北师范大学，2006.

（三）人才培养模式的问题及对策研究

人才培养质量、教育教学质量是高校生存和发展的生命线，人才培养模式一直是高校竭尽全力优化、创新的关键方面。经过多年来的改革和创新，我国的高等教育人才培养改革已经取得了显著成效，然而，教育改革始终是一项复杂的大工程，我国高校的人才培养改革仍存在一些问题。

徐艳指出，我国高校人才培养模式存在传统教育理念束缚学生独立思考和创新能力，学科设置不合理、专业特色不鲜明、课程体系设置不合理、教学内容陈旧等问题；坚持问题导向，其提出了树立创新教育理念、加强专业设置建设、改革课堂教学模式、改革考试模式等措施[①]。孙华峰指出，地方本科院校在创新型工程科技人才培养方面，如在课程体系、教学模式、师资队伍等方面存在一系列问题；必须深入挖掘创新型工程科技人才内涵，从优化课程体系、改革教学模式、重构师资队伍入手，构建地方高校创新型工程科技人才培养模式[②]。孙巧妍等对烟台南山学院工学院电气自动化类各专业已经开始进行的"双元制"人才培养模式运用现状进行了系统分析，发现该"双元制"人才培养模式存在着人才培养目标缺乏前瞻性、课程设置缺乏系统性和科学性、课程设置与市场需求相脱节、教学方法与教学手段比较落后、实践教学环节不够完善、学生毕业实习条件不够完善等问题，并从课程体系、企业、学生、教师、学校等方面提出了优化对策[③]。程泽瀛和韩玉运用 SWOT分析，系统分析中国特色高层次学徒制人才培养模式的内部优势、内部劣势、外部机会及外部威胁，如存在中国特色高层次学徒制人才培养标准缺失、高水平"双师型"教师短缺等内部劣势，存在社会认可度不高、"学历膨胀"现象影响高层次学徒制生源质量等外部威胁[④]。

（四）人才培养模式的构建研究

大数据、人工智能等高新科技的飞速发展以及跨学科教育理论等诸多教育理念的革新发展为高校人才培养模式的改革创新带来了重要契机，在新时代背景下，学术界经过深入的研究和实践形成了诸多人才培养新模式。

---

① 徐艳. 我国高校人才培养模式创新[J]. 教育与职业, 2014, (35): 40-42.
② 孙华峰. 地方本科院校创新型工程科技人才培养模式研究[J]. 中国职业技术教育, 2018, (8): 31-33, 52.
③ 孙巧妍, 陈祥光, 刘金海, 等. "双元制"人才培养模式在应用型大学的实践反思及改进[J]. 实验技术与管理, 2018, 35（1）: 28-31, 41.
④ 程泽瀛, 韩玉. 基于 SWOT 分析的中国特色高层次学徒制人才培养模式探索[J]. 教育与职业, 2023, (9): 27-35.

　　针对具体专业和学科，结合特定学科的特色以及人才培养目标，学术界进行了颇多研究和探索。王婧雯等围绕培养具备"创新内驱力"的临床药学人才，构建"双擎驱动"临床药师培养模式，该模式以临床实际问题为导向、以用药风险防范为目标、以临床实践效果为考核标准，紧密围绕用药风险防范的内容、方法及考核三大维度，采用"理论案例分析找盲点—问题牵引来教学—实践病例分析判定提升度—教学重点在实践—实践达标才毕业"的教学模式，将 1 年期培训分为"3 阶段 + 3 考核"[①]。严江伟等指出，山西医科大学法医学团队坚持公安-院校联合办学，协同创新，形成了"一联合、两突出、三结合、四位一体"的法医学创新人才培养模式，进行"5 + 3/X"一体化改革，在教学、科研、鉴定、专业、学科、团队、平台和文化建设等方面形成了一套较为完整的人才培养创新模式和管理体系[②]。

　　也有部分学者针对某一类型的高等教育，探索适合其办学定位和培养目标的人才培养模式。赵利民和任云晖基于第四次工业革命背景，针对职业教育人才培养存在的"1 + X"证书含金量不高、人才供给与社会需求相脱节、师资队伍建设供需失调、校企合作育人不深入等问题，围绕"育人机制、办学模式、管理体制"三维度，从技术层、发展层与实践层构建了职业院校"三耦四融"技能型人才培养模式[③]。王春华和李娟着重分析和研究了适应我国应用型本科高校办学定位和发展方向的"三元一体"人才培养模式，深度剖析了其内涵与特征，强调在宏观维度上，建立以应用为导向的人才培养理念、以社会需求为导向的专业设置模式、以产教融合为导向的教学制度体系；在中观维度上，三方共同开发应用型课程体系、共同制订应用型人才培养方案、共建应用型教学组织形式；在微观维度上，推行项目式教学方式、创新开放合作教学管理方式和完善多元化教学成效评估评价方式[④]。

二、大类培养的内涵及特征研究

（一）大类培养的内涵研究

　　大类培养是将相近专业合并，并按照合并后的专业大类招生，入学后按照专业大类进行培养；有的高校是按照学科门类或学科属性的学院进行招生，入学培

---

① 王婧雯，关月，葛洁，等. "双擎驱动"实战型临床药学人才培养模式构建与实施[J]. 中国医院药学杂志，2023，43（15）：1716-1720.

② 严江伟，孙俊红，王红星，等. 法医学"一联合、两突出、三结合、四位一体"创新人才培养模式探索和实践[J]. 法医学杂志，2023，39（2）：193-199.

③ 赵利民，任云晖. 第四次工业革命背景下职业院校"三耦四融"技能型人才培养模式构建[J]. 职业技术教育，2023，44（17）：37-40.

④ 王春华，李娟. 应用型本科高校三元一体人才培养模式[J]. 高教发展与评估，2023，39（2）：94-100，123.

养一年之后再进行专业分流①。学生进校时不分专业，经过基础平台学习后，由学生根据本人意愿、专业兴趣、就业方向等因素，以及社会需要和自主择业的实际情况，进行中期专业分流的新型人才培养模式②。学界目前尚无确定的内涵界定，但也基本达成共识：大类培养指的是高校不再按照传统的专业方向来确定招生计划，而是按照学科大类来确定招生计划的一种新型招生模式。

赵菊梅和金红莲指出，本科教育大类培养模式作为人才培养模式的下位概念，是我国传统专才教育模式改革的产物，是在专才教育模式和通才教育模式之间呈现的一种具有中国特色的人才培养模式类型③。赵婷婷和秦己媛指出，大类模式改革是一种专业教育模式改革，它发端于厚基础、宽口径的专业教育改革思想，又恰逢通识教育在我国兴起；大类模式改革改变的不仅仅是招生方式和人才培养方式，它触动的是我国自 20 世纪 50 年代以来所形成的以专业为基础开展教育教学活动的基本制度④。李姣姣和陈莉指出，"大类招生、分流培养"并不是简单地合并相近的专业，而是涉及体系建立、课程设置、资源合理配置等方面的全面改革，是对学校教学体制的深化改革⑤。陈士夫和王瑛认为，大类招生培养模式是一种新的人才培养方式，旨在帮助高校实现其人才培养目标。这一模式的出现是对以往长期按专业招生的传统做法的改变，采用按学科大类或院系招生的方式。在这一模式中，学生首先经历一段时间的基础课程学习，随后根据个人的意愿、兴趣、就业前景以及社会需求等因素，进行中期专业分流。这样的改革不仅增强了学生的自主选择权，也更好地适应了社会对人才的多样化需求⑥。

（二）大类培养模式的意义研究

大类培养模式对高校教育教学改革具有重要意义，不仅提升高校生源质量，提高人才培养质量，而且给予了学生较大的自由选择空间，有利于学生未来的人生发展。大类招生与培养模式从制度层面有效激发了师生双方"教"与"学"的热情，为高校教育教学改革提供了内生动力。

一是大类培养模式使通识教育的实施有了坚实的制度保障，从政策制度层面

---

① 熊丹，张玲玉，刘睿. 基于大类培养模式的化学专业培养方案设计与研究[J]. 当代化工研究，2020，（18）：130-132.

② 黄兆信. 大类招生：现代大学人才培养趋势[J]. 中国高教研究，2004，（2）：41-43.

③ 赵菊梅，金红莲. 我国本科教育大类培养模式改革的特征和实践路径[J]. 现代教育管理，2023，（5）：52-61.

④ 赵婷婷，秦己媛. 大类模式：我国研究型大学本土专业教育模式改革探索[J]. 苏州大学学报（教育科学版），2021，9（1）：9-18.

⑤ 李姣姣，陈莉. "大类招生、分流培养"运行机制的困境和对策：以工商管理类专业为例[J]. 黑龙江高教研究，2014，（8）：81-83.

⑥ 陈士夫，王瑛. 关于地方高校大类招生培养模式的思考[J]. 中国大学教学，2008，（1）：64-65.

打破了学科专业之间的壁垒。大类招生与培养模式使学生在入学之后的前期内统一按学科大类培养，学习一年至两年的基础课程和通识课程后，再根据本人的意愿、兴趣、职业生涯发展方向在"大类学科"所覆盖的范围内按专业或研究方向进行分流培养。这种方式使学生的知识基础、学术视野得到了有效、广泛的拓展，跨学科意识和跨学科能力显著增强，有利于提升其问题解决能力和创造能力。

二是大类培养模式使高校内部的各种办学资源得到了前所未有的整合，实质性地推进了学科交叉融合之路。在传统的按专业招生培养的管理体制下，师资、设备、课程等教学资源的配置一直以专业或院系为单位，追求"小而全"，有限的教学资源被分割为各自封闭的条与块，专业与专业之间、学院与学院之间各自为政，教学内容更新慢，缺乏必要的整合及融通，学科建设存在着低水平交叉与重复的问题。大类招生与培养模式则打破了这一僵局，从制度层面为跨学科建设、跨专业课程整合及教学资源调配提供了坚实的保障，为学科专业结构的优化调整、课程体系及教学内容的改革注入了活力。

三是大类培养模式使学生能够自主选择专业，为促进学生的个性化发展、提升学习动力进行了有益的尝试。大类培养模式使得学生拥有了深入认识、了解高校专业的机会，在专业选择和分流前，高校一般都会安排各种形式的专业认知教育，让学生有很多机会了解意向专业的真实情况，这可以在很大程度上避免因不了解而产生的误选。在一定程度上，自由选择专业可以激发学生的学习动力，学生若想选到心仪的专业，需要在大类培养期间增加学习投入，能够让学生在大类培养的过程中培养自己的兴趣和爱好，甚至可以此为契机，引导学生进行职业生涯规划，为其成长和成才提供助力。

三、大类培养模式相关要素的研究

（一）关于大类培养课程设置的研究

课程建设是大类培养模式的核心要素，关系到大类培养的完成质量，国内多数的研究者均提出要构建起"平台＋模块"的课程结构体系[①]。总体结构是以"平台＋模块"课程结构体系为主体，表现为必修课和选修课的形式。必修课由公共基础平台、学科基础平台、专业基础平台三个层次不同但又相互联系、逐层递进的"平台"课程构成，选修课由多个相互独立的专业方向模块和一组任意选修课程构成，这些模块和课程之间形成了一个知识整体[②]。与传统课程相比，这种先"宽"再"专"呈

① 杨凤华，陆建新. 大类招生模式下"平台＋模块"课程体系的构建[J]. 中国农业教育，2007，（4）：49-50.
② 冯志敏，林麒，贾让成. "平台＋模块"课程体系的结构及特征[J]. 中国高教研究，2002，（11）：90-91.

金字塔形的课程体系有利于既"通"又"专"人才培养目标的实现①。这种课程结构体系具有信息量大、整合性高、自主性强等一些基本的特性，比较符合各高等院校学生自主选择专业的心理需求，同时也能为学生在专业分流后进入新专业学习奠定一定的基础。在模块上，单德鑫等进一步提出"以培养基本素质、学科基础素质、专业素质和扩充素质四个基本模块为核心的素质本位课程体系"②。

（二）关于大类培养专业分流的研究

专业分流是大类培养模式的灵魂与核心，学者主要从专业分流环节、影响学生专业选择因素和高校专业分流的问题与策略探讨三方面展开研究。专业分流是一项涉及专业布局与教育资源分配的系统工程，包含了人才培养目标的制定、大类招生、大类培养、公布分流计划、志愿填报、专业分流、专业培养直至学生毕业等环节③。有学者对分流后的学生进行调查发现，学生在选择专业时主要受到自身意愿、专业特点、社会经济市场及周围他人影响四种因素的影响④。在存在问题与对策方面，有学者指出大类培养在分流阶段容易出现马太效应、专业认同归属不强、分流以成绩为导向等问题，建议从加强学生专业认知、完善分流依据、多渠道满足学生的专业需求等方面来优化专业分流工作⑤。李姣姣和陈莉以工商管理大类为例，指出专业分流存在导致专业分化加剧、对所谓的"冷门专业"的发展产生冲击等现实问题，提出了专业分流前引导、设置多角度的考评指标、建立合理课程体系的建议，进而适应"三个需求"，做到"三个结合"，实现"三个转变"⑥。

四、大类培养模式成效及存在问题的研究

行业特色高校主动发挥已有学科优势和专业特色，培育行业急需紧缺人才，在特定领域形成特色与优势，但微观层面人才培养模式正面临高校人才培养意识

① 贾让成. 论基于"平台＋模块"课程结构体系的人才培养模式的有效性[J]. 高等理科教育，2005，（6）：103-106.

② 单德鑫，周连仁，张颖. 构建适应"按类招生"培养模式的课程结构和课程体系[J]. 教育探索，2010，（2）：39-40.

③ 孙鑫君，王存宽，吕慈仙. 基于学生自主选择专业的分流模式实践与反思：以宁波大学为例[J]. 高等理科教育，2014，（4）：34-38.

④ 汪祚军，刘琴，牛忠辉，等. 学科大类培养模式下学生专业选择的影响因素[J]. 宁波大学学报（教育科学版），2014，36（3）：8-13.

⑤ 万俊毅，尹然平. 大类培养学生专业分流存在的问题与改进建议[J]. 高等农业教育，2014，（10）：47-50.

⑥ 李姣姣，陈莉. "大类招生、分流培养"运行机制的困境和对策：以工商管理类专业为例[J]. 黑龙江高教研究，2014，（8）：81-83.

增强与质量保障机制滞后之间的紧迫矛盾①。大类培养模式可以打破陈旧的计划教育模式，拓展学生的学习维度，增强其对专业的认可和热爱，从而提高学习积极性；能够促进跨专业、跨学科的交流和合作，也能够使师资、设备等各种教学资源得到合理的配置和协调使用，提高教学质量和办学效益。行业特色高校采用大类培养模式，要从学生终身发展、全面成才的角度出发，持续推进人才培养工作改革创新，完善价值塑造、能力培养和知识传授"三位一体"的人才培养体系，培养具有家国情怀、追求卓越、引领未来的领军人才，不断强化对学生知识、能力、人格、素养、社会责任感的培养，为培养引领未来的高素质人才打下坚实基础②。

但也有研究者指出了大类培养的缺点，更多地体现在那些专业数较多、招生规模不是很大的院校，由于大类培养模式自身具备开放性和自主性，因此存在班级人数较少、课堂效果差等问题。为切实保障大类培养改革的实效，尤其是让大类培养改革的成果真正惠及学生发展，牟蕾等深度剖析了大类培养的内容、实施、评价三方面所存在的问题：一是大类培养的内容选择主要体现为大类培养课程体系的构建问题；二是大类培养的具体实施和教学管理将面临如专业选择或分流问题、学生管理问题等诸多挑战；三是大类培养的质量评价的有效性问题是构建闭环运行的人才培养质量保障体系的依据，也是保证大类培养改革"开花""结果"的重要条件③。大类招生在强化基础教学、拓宽专业口径、培养创新型人才等方面都起到了很好的作用，在一定程度上提高了人才培养质量，但在其实施过程中也有许多需要注意和吸取经验教训的地方。颜兵兵等以高校招生制度改革为切入点，提出专业分布不合理、培养方案不匹配、分流方案不科学、学生管理不流畅、志愿填报不均衡五个主要问题④。

尽管当前我国高等教育的大类培养模式仍旧存在些许问题，但是综合来看，大类培养是适应我国高等教育发展状况、具备中国特色的人才培养模式，有利于提高学生综合能力，因材施教，培养创新型人才。

五、大类培养模式路径对策的研究

行业特色高校大类培养要强化人才培养多主体、多中心联合培养模式，对应建立多核心管理路径；强化人才管理、技术、实践等综合素质协调关联发展；拓

① 张建卫，宣星宇，周洁，等. 国防特色高校人才培养模式创新发展的机理及启示：《教育规划纲要》实施的政策契机[J]. 中国高教研究，2021，（3）：30-36，68.

② 汪劲松，张炜. "双一流"建设背景下国防军工高校转型发展的探索与实践[J]. 高等教育研究，2021，42（3）：50-53.

③ 牟蕾，杨益新，闫春更，等. 高校大类培养改革实践：内容、实施与评价问题[J]. 中国大学教学，2019，（11）：70-74.

④ 颜兵兵，魏天路，李德君. 地方院校大类招生教育模式现状分析及对策[J]. 教育与职业，2016，（7）：25-28.

展研究机构、组织横向管理模式,逐步提升行业人才各领域培育发展的关联性[1]。行业特色高校大类培养模式还要重视基本理论知识的教学、教学方法的改进、实验教学的改进、校企联合共建人才培养新模式[2]。同时,要注重将创新能力与实践能力培养相结合,将专业素养与人文素养相结合,加强行业特色高校学术团队建设,强化教师的创新意识[3]。

巩曰光和梁广认为大类培养模式是我国高校提升高等教育人才培养质量的一个有益尝试,高校应当通过构建"大专业"课程体系、严格教学管理制度、提高教师素质、改革教育教学方式、创新考试评价机制以及做好后期专业分流等方式来做好高校按大类招生的人才培养改革[4]。李仁炳等对大类培养的类别、过程、课程、分流以及学生心理问题等进行了分析并且提出了有效措施[5]。彭亚君等以贵州财经大学管科学院为例,对高校"大类招生、分流培养"模式的优化路径进行研究[6]。黄晓波指出,"大类招生培养"改革,牵动了招生、教务、就业等高校内外部几乎所有敏感的神经,触及了高等教育系统中几乎所有的关键点,需要建构一套完整的支撑体系,即完整的课程支撑体系、保障有力的教师支撑体系、与之相适应的学生支撑体系[7]。颜建勇和李丹指出,虽然中国高校大类培养模式改革各阶段的方法存在诸多争议,无法统一,但是大类的划分依据无论是为了学科统一还是为了优化办学,通识教育与专业教育无论是融合还是分段,专业准入制度的设置无论是完全依靠学生自主选择还是需要学校引导,其出发点始终是为了培养宽口径、厚基础、个性化的通专结合的复合型人才,至于"最经济、最直接和最有效的方法"仍在不断探索和改革中[8]。

在大类培养模式的实际实施过程中,高校管理部门必须根据自己学校的实际情况,围绕学校的人才培养目标,充分考虑学校的办学资源以及相配套的教学计划是否成熟来谨慎地实施大类招生。尤其要注意专业分流方案的制订、办学效益的兼顾、特殊专业的处理、教学计划的制订、教学管理的顺畅,这样才能充分发挥大类培养模式的优势,培养出适应时代和社会发展需要的高素质复合型人才。

---

① 李江,李新. 管理视域下高校国防人才多元化培育路径探究[J]. 广西质量监督导报,2020,(10):77-78,65.
② 孙康波,陈勇,苏永成,等. 军工实用新型人才培养模式研究[J]. 科学中国人,2014,(16):147-148.
③ 李娟,高伟. 军工高校创新型人才培养模式探析[J]. 教育与职业,2013,(3):33-34.
④ 巩曰光,梁广. 高校学科大类招生人才培养模式改革探析[J]. 吉首大学学报(社会科学版),2017,38(S2):168-170.
⑤ 李仁炳,熊晓莉,李宁. "大类招生,分流培养"模式的若干问题及对策[J]. 中国多媒体与网络教学学报(上旬刊),2018,(9):72-73.
⑥ 彭亚君,徐筑燕,魏媛,等. 高校"大类招生、分流培养"模式的优化路径:以贵州财经大学管科学院为例[J]. 教育教学论坛,2018,(7):82-83.
⑦ 黄晓波. 高校"大类招生培养"改革反思[J]. 华南师范大学学报(社会科学版),2013,(6):43-48.
⑧ 颜建勇,李丹. 国内高校本科生大类培养模式改革动向与争议[J]. 现代教育管理,2020,(7):30-37.

第四节　国内外高校通识教育模式研究现状

一、通识教育理念的发展历程

（一）通识教育理念的提出

1828 年,美国耶鲁大学校长在《耶鲁报告（1828 年）》（The Yale Report of 1828）中强调必须让学生所有的重要智力和才能都得到锻炼,倡导全面、自由的教育[①]。此后,越来越多的学者和高校开始对通识教育开展研究与实践。

（二）通识教育理念的发展与确立

到了 20 世纪,通识教育在美国更是得到了广泛的推广与应用,哈佛大学更是爆发了影响深远的"通识教育运动"。1909 年,哈佛大学校长阿博特·L. 洛厄尔（Abbott. L. Lowell）建立了主修制与分类选修制,使得课程体系可以囊括几乎所有领域的学科知识,有利于提供广泛的教育,培养专通融合人才[②]。1920 年,美国哥伦比亚大学率先提出了"核心课程"（Core Curriculum）计划,新生入学不分专业和文理,先学习核心课程,这一举措极大地推动了美国通识教育理念的普及与应用,并迅速推广到了美国其他高校[③]。1930 年,时任芝加哥大学校长赫钦斯大力推行"新计划"（New Plan）课程改革,提议将学校划分为人文科学部、社会科学部、生物科学部、自然科学部四大部门,每部门各提供一门通识导论课程,学生必须选修其中两学部的系列课程与一门英语写作课程[④]。1943 年,哈佛大学校长科南特（Conant）开展了对本科生通识教育长达两年的研究,并于 1945 年发布了《自由社会中的通识教育》（*General Education in a Free Society*：*Report of the Harvard Committee*）的研究报告书,又称《哈佛通识教育红皮书》,该报告书被誉为美国通识教育的圣经,标志着美国通识教育体系的最终形成[⑤]。在该报告中第一

---

① Pak M S. The Yale report of 1828: a new reading and new implications[J]. History of Education Quarterly, 2008, 48（1）: 30-57.

② Boning K. Coherence in general education: a historical look[J]. The Journal of General Education, 2007, 56（1）: 1-16.

③ Belknap R L, Kuhns R. Tradition and innovation: general education and the reintegration of the university[J]. The Journal of Higher Education, 1977, 50（1）: 97-98.

④ 沈文钦. 赫钦斯与芝加哥大学的通识教育改革[J]. 比较教育研究, 2006,（4）: 41-45.

⑤ 王晓阳,曹盛盛. 美国大学通识教育模式、挑战及对策[J]. 中国高教研究, 2015,（4）: 17-25.

次呈现了具有现代意义的通识教育理念，即克服教育过度专业化趋势，培养学生掌握运用永恒普遍价值的知识、观念和方法，为学生提供全面发展的教育。自此，人们逐渐意识到通识教育是本科生学习"广度"的体现，有利于培养全面发展的新时代复合型人才，通识教育受到美国高校的普及与应用①。

二、通识教育的核心特征

（一）通识教育具有鲜明的"人文性"

在现代多元化的社会中，通识教育可理解为"全人教育"理念，即教育者要秉持着"以人为本"的思想，尊重学生的主体性与个性特征，力求将受教育者培养成富有情感与智慧、具备远大眼光、文化素养深厚的全面发展的完整的人，而非某一狭窄专业领域的专精型人才。吴健和刘昊认为，通识教育的根本目的是"培养人"，是利用全面与综合的知识使人获得理智和美德的发展，帮助学生形成跨文理、跨古今、跨文化的知识视野、理性思维和价值观念②。阎光才指出，通识教育的一个理想化的状态为：它能够关照学生不同兴趣与未来专业或职业发展诉求，在课程资源供给与学业管理上能够满足每个学生"以我为主"的个性化和特色化设计要求③。

通识教育是人的教育和公民教育，是高层次的文明教育和完备的人性教育，目的是培养具有现代文明教养的人和负责任的公民④。可见，通识教育具有鲜明的"人文性"，这一特性与古希腊时期的自由教育、西欧中世纪的博雅教育一脉相承。通识教育最为关注的不是广博的知识教育，也不是个体的能力发展，而是人的个性的自由全面发展。

（二）通识教育体现出鲜明的"基础性"

1945 年，哈佛大学发表的《自由社会中的通识教育》报告（即《哈佛通识教育红皮书》）提出：教育可分为通识教育与专业教育两部分。二者的关系历来是高等教育中的重要研究课题，通过对二者的比较研究，我们能更深刻地理解通识教育的核心特性。一般认为，专业教育是伴随社会发展、职业分工、学科细化等因

---

① Levine A. Handbook on Undergraduate Curriculum（Carnegie Council Series）[M]. Hoboken: Jossey-Bass, 1978.
② 吴健，刘昊. 面向新时代通识教育的探索与思考[J]. 中国大学教学，2022，（4）：9-13.
③ 阎光才. 关于本科通识教育的林林总总[J]. 中国高教研究，2021，（12）：12-17，56.
④ 宫福清，王少奇. 再释通识教育之"通"与"识"[J]. 教育科学，2021，37（3）：75-81.

素而产生，使受教育者获得一定的专业知识和技能，成长为国家、社会需要的各种专门人才。

吴河江以边界理论的视角研究通识教育，认为二者之间是辩证关系，其根本区别在于价值取向的不同，以及由价值取向的差异而造成的知识范畴的不同[①]。易红郡通过对英国大学的通识教育理念及实施路径进行分析研究，指出通识教育必然包含专业教育，但又超越了专业教育，既没有纯粹的通识教育，也没有纯粹的专业教育，二者是有机融合的整体[②]。可见，通识教育与专业教育有着千丝万缕的密切联系，体现着明显的"基础性"，它与专业课程相互补充、相互促进，为学生更好地发挥专业技能提供了深厚基础。

（三）新时代的通识教育具备"大众性"

纵览古今，不同历史时期的通识教育具有各自独特的时代特色和时代烙印，发展至今，其面向群体也发生了翻天覆地的转变。古希腊时期的自由教育是对自由公民施行的，奴隶与工匠没有受教育的机会。中世纪时期的博雅教育则是为社会及政治上的精英人群准备的，为未来的社会领袖提供全面、广博的知识。如今，我们提倡的通识教育则是面向全体学生的，是每一位学生都应该接受的教育，具有"大众性"。通识教育应当致力于将学生培养成为具有与他们所受教育层次相称的文化积淀与文化教养的人，具备与他们所在大学、所在系科或所学专业相应的知识与视野，并获得必要的技能和能力的人。

综上所述，新时代高校通识教育的课程体系建设需要牢牢掌握人文性、基础性、大众性等基本原则，将通识教育理念贯穿学生培养的全过程，与专业教育深度融合，才能培养出适应时代与社会发展的个性自由、人格健全、全面发展的高素质人才。

三、通识教育的主要模式与反思

（一）通识教育的主要模式

美国通识教育理念从提出至今主要发展出四种主要实践模式。一是以哈佛大学为代表的核心课程模式，二是以普林斯顿大学为代表的分布必修模式，三是以布朗大学为代表的自由选修（free electives）模式，四是圣约翰学院名著课程（great books program）模式。近年来，随着时代的发展，美国许多州立高校还拓展了通

---

① 吴河江. 论通识教育的边界[J]. 江苏高教，2021，(1)：14-19.
② 易红郡. 英国大学通识教育的理念及路径[J]. 华东师范大学学报（教育科学版），2012，30（4）：89-95.

识教育的学习方式，如弗吉尼亚大学（University of Virginia）在 2016 年启动了基于课程的体验式学习新方案；南卡罗来纳大学（University of South Carolina）也开发了基于项目的体验式学习模式；加利福尼亚大学北岭分校（California State University，Northridge）推出了社区合作学习和服务、国际化、研究等体验式学习[①]。除美国外，英国、德国与日本等国家也在加强通识教育课程改革。英国牛津大学的博雅教育课程依然贯彻着博雅教育理念，为学生创造了学习的自由。法国的巴黎高等师范学院注重通才教育和自由发展的人才培养理念，学校重视营造学科交叉的学术氛围，鼓励跨学科的研究和通才的培养。日本东京大学也积极开展通识教育改革，规定本科阶段新生入学时只做文、理各六类（共六类，即文科一类、文科二类、文科三类、理科一类、理科二类、理科三类，六个大类被描述为人类认识世界各有侧重的六种门径）方向选择，所有本科新生在大学前两年接受不分专业的教育，后两年才接受全套的专业教育[②]。

　　我国诸多高校也在积极探索通识教育改革之路，并颇有成效。南京大学"悦读经典计划"为人们提供了一个多管齐下、"三慧（慧眼、慧识、慧心）并重"的成功的通识教育改革案例，在实践中不断打磨、修正，逐步发展成为以经典文本及课程体系为载体、以三大育人模块为内核、以"师生育人共同体"构建为支撑，融入育人全过程的"悦读经典计划"，成功走出一条"阅读兴趣激发—阅读思维训练—文化自觉启迪"的通识教育新路[③]。复旦大学通过设立基本课程单元、组建教学共同体、落实"以学为中心"的教学改革、建立"学术与行政紧密协作"的管理机制等举措，建设具有复旦大学特色的中国大学通识教育体系[④]。自 2012 年底以来，复旦大学针对核心课程建设中存在的问题，如通识教育理念未能完全有效落实、课程质量参差不齐、组织管理效率有待提高等，开展了核心课程新一轮建设（2.0 版本），以"建设好每一门课程"为目标，提升学生在通识教育中的获得感，真正有效地展开通识教育教学活动。

（二）通识教育实践中的问题

　　大学通识教育不仅重视提升学生学习的知识广度，而且强调通用能力的训练与培养。高校通过通识教育课程体系的建设，为学生提供了几乎涵盖人类全部知

①　付淑琼. 21 世纪美国州立大学通识教育发展趋向研究[J]. 比较教育研究，2019，41（6）：29-35.
②　陆一. 21 世纪日本大学通识教育再出发：东京大学与京都大学两种模式的比较[J]. 北京大学教育评论，2015，13（1）：166-178，192.
③　龚放. 提升智慧水平：当代大学通识教育理念与路径选择[J]. 高教发展与评估，2020，36（5）：19-30，115-116.
④　孙向晨，刘丽华. 如何让通识教育真正扎根中国大学：中国大学通识教育的挑战与应对[J]. 中国大学教学，2019，（Z1）：41-46.

识的通识课程，学生能够根据自身个性特征与专业成长需求灵活地进行多样化选择。但在实践中，通识教育课程体系的构建仍旧存在问题。

第一，师生对于通识教育课程的重视不足。虽然通识教育理念对于高校人才培养来说十分重要，但仍然有较多高校教师和学生不重视通识课程，认为其是无足轻重的"水课"，对自身未来职业发展或专业成长毫无裨益，甚至部分学生在期末时进行突击以完成考核获取学分。我国学者王海莹在伊利诺伊大学香槟分校访学期间，曾就"你是否喜欢通识课程？""你认为通识课程在教育中的贡献有多大？"这两个问题随机访谈本科生，令她惊奇的是，大多数学生竟然回答不喜欢，认为是无足轻重的课程。还有一位来自中国的国际生告诉她，学生普遍认为通识课程对就业或者发展没大用处，因此就会选择在社区学院来完成通识课程[①]。在我国高校同样存在这个问题。学生在进行课程选择时，更加偏向考核简单、得分高的通识课，以学分绩点为第一指标，而不是以兴趣爱好或专业成长需要为首要选择依据。此外，部分通识课程的任课教师对课程的重视程度也不容乐观。

第二，通识教育课程设置的合理性不足。相较于国外高校，我国大学的通识教育起步较晚、发展较缓，经过几十年的探索、改革，如今已逐步为大众所认可，且越来越受到重视。虽然我国大部分高校已经建立起了较为成熟的通识教育课程体系，但课程设置的合理性仍有待探讨。唐怀军通过对我国高校通识教育发展阶段的研究，指出虽然我国各种通识课涉及领域全面，但缺乏整体规划，课程设置不合理，教师开课和学生选课均具有较大盲目性，未充分与学生的兴趣、发展和需求相挂钩，未充分与时代发展特色和学校优势学科相结合[②]。在高校的通识课程设置中，以公共课程或选修课程为主，这些通识教育内容种类较多，课程较为丰富，但对学生所起到的效果并不明显。虽然大家都能意识到通识课程的意义和重要性，但通识课程往往以选修课或公共课的方式呈现，让学生自由选择，容易导致学生知识碎片化等问题。学生获取的知识相对割裂，降低了学生思考的深度性。

第三，通识教育的考核评价体系不完善、考核方式不全面。通识课程的大规模开设，亟须高校建设完善的通识课程评价体系以保障通识教育教学质量。虽然各高校越来越重视通识课程评价工作，但目前大多数高校并未完全形成专门的通识课程评价体系。冯惠敏和熊淦指出，改革开放40年来，我国高校的通识课程评价体系存在的问题主要包括评价目标不够明确具体、评价标准未突出通识教育的

① 王海莹. 21 世纪通识教育的新样态：伊恩·韦斯特伯里教授访谈录[J]. 江苏高教，2019，（8）：113-118.

② 唐怀军. 持续加强和完善大学通识教育[J]. 云南民族大学学报（自然科学版），2023，32（3）：371-376.

特色、评价方法单一①。虽然多数高校的通识课程设置了过程性评价与终结性评价结合的考核方式，但由于学生人数多、师生重视程度不高等现实问题，过程性评价形同虚设。此外，当前各类院校开展的通识课程评价多为院校内部评价，评价主体以教师、学生、教学督导人员为主，评价方式较为单一。

（三）通识教育的建设策略

第一，建设要适应本校人才培养目标、办学定位和发展特色的通识课程体系。通过研究国内外高校通识教育课程的实践与改革，阎光才归纳出四种通识课程体系建设的模式，即开放课程方案、核心课程方案、分布式选修方案、分层混合方案。他指出，如果纳入中国情境，核心课程方案或许更适合传统行业或工科特色明显的高校，分布式选修方案更适合文理综合特色突出的高校，分层混合方案则更适合大规模文理工农医等多科性大学②。

第二，高校需重视通识课程的教学评价的建设，需要依据人才培养目标综合考虑多方面的因素完善评价。秦静怡和李华认为，高校合理运用数字技术评价通识课程教学，不仅能够使评价体系内部各个系统相连，上通下达；而且能使评价系统外部各方跨行业、跨领域、跨专业的各个主体参与进来，形成横向与纵向、深度与广度、动态与持续并存的多维联动评价主体③。

第三，通识教育教学的有效实施需要大批高素质的教师，必须提升高校教师的通识教育能力。冯永刚和师欢欢认为，高校应重视对教师能力的培训和开发，及时更新高校教师的知识结构和理论体系；积极倡导高校教师在具备扎实的基础知识和理论功底的前提下对相近学科有一定的涉猎，使教师能够适应通识教育不断发展的需求；强化教师对通识教育教学的敬畏感，鼓励教师形成自己的教学艺术风格，不断提升教师整体的、综合的素养④。

第五节　相关研究述评

本书在梳理大量现有文献后发现，国内关于新文科建设与大类培养研究的数量在上升，内容在深入，学者系统梳理了相关研究主题的历史发展脉络、辩证地

① 冯惠敏，熊淦. 改革开放40年来我国大学通识教育发展现状及对策[J]. 教育理论与实践，2019，39（9）：3-5.
② 阎光才. 关于本科通识教育的林林总总[J]. 中国高教研究，2021，（12）：12-17，56.
③ 秦静怡，李华. 智慧型高等教育评价体系创新研究[J]. 中国高校科技，2019，（S1）：30-32.
④ 冯永刚，师欢欢. 英国高校通识教育的发展历程、经验及启示[J]. 河北师范大学学报（教育科学版），2021，23（1）：96-102.

概述了大类招生培养内涵和利弊、创造性地探索了大类培养模式的实践路径，值得借鉴。但是，目前关于新文科大类培养模式要素的相关研究仍存在不足，还有待补充和完善，高校新文科大类培养模式的研究困境主要有以下几个方面。

在研究内容方面，内涵研究多、现状研究少。关于高校大类培养的已有研究主要集中在背景、内涵特点、利弊分析及路径探索等领域，缺少对大类培养的现状与具体问题的研究，因此，本书选取了新的角度，从文科人才培养的角度切入去调查高校文科人才培养模式的现状。

在研究方法方面，质性研究多，量化研究少。现有研究缺少基于调研数据的科学分析，所得出的结论缺少科学支撑，应加强面向社会、师生、学校的调研与分析，从而得出客观科学的结论。

在研究路径方面，宏观意见多，微观研究少。现有关于大类培养的研究路径多为经验介绍与宏观质性分析，对于高校如何更好地改进大类培养模式，缺少客观、操作性较强的具体研究。

因此，本书拟从新文科建设背景下行业特色高校复合型人才大类培养的实践现状出发，通过对问卷调查数据进行量化分析，从而为行业特色高校在新文科建设背景下开展复合型人才大类培养的变革提供具体可操作的对策建议。

第三篇　新文科复合型人才大类培养模式的理论架构

第五章 新文科复合型人才大类培养模式的要素分析

"人才培养作为教育的一个功能定位，与人才定义、教育教学和因材施教等密切相关，直接关涉教育质量主题，关系到培养什么人、如何培养人、为谁培养人，是教育质量工作中根本性的问题"[1]。只有充分地将教育质量的相关工作纳入考量，才能更为清晰地理解人才培养的角色定位、价值取向、管理流程和预期成果。此外，也有部分学者将人才培养等同于教育，即通过教育使学生成为有知识、能力、品德并能够为国家所用的人。学者班秀萍和叶云龙指出，人才培养在国家层面是国家对学校教育活动的教书育人功能和价值的体现，在高校层面是管理、教学、评价等多环节的交互作用，在课堂环节则是教师对学生施加的教育、教学影响[2]。有关人才培养的结构，尚无定论，既有三要素说，也有三种以上的要素说。有关三要素说，学者魏所康，将人才培养的结构划分为目的、内容与方法要素[3]；学者郑群认为人才培养结构应包含培养目标、培养过程、培养制度与培养评价[4]；学者修朋月和张宝歌将其解析为五要素，即教育思想与教学观念、培养目标、专业设置、课程体系和培养方式[5]；有关六要素说，学者韩维仙和陈世瑛将其划分为教育思想、目标指向、教育和教学计划、内容和方式、教育和教学方法与手段、管理制度和运行机制[6]；学者龚怡祖将人才培养结构界定为七要素，分别是专业设置模式、课程体系状态、知识发展方式、教学计划模式、教学组织形式、非教学或跨教学培养形式和淘汰模式[7]；最后，有关八要素说，学者董泽芳将人才培养的结构概括为，"人才培养理念、专业设置模式、课程设置方式、教学制度体系、教学组织形式、隐性课程形式、教学管理模式与教育评价方式"[8]。本书将人才培养模式的构成要素界定为：人才培养理念、专业设置、课程设置、教学组织形式、教育评价方式、组织管理制度。

---

① 袁益民. 对人才培养、内涵发展和分类评估三个热词的冷思考[J]. 高教发展与评估，2023，39（5）：22-31，119-120.

② 班秀萍，叶云龙. 全面质量管理与高校人才培养[M]. 长春：东北师范大学出版社，2017.

③ 魏所康. 培养模式论：学生创新精神培养与人才培养模式改革[M]. 南京：东南大学出版社，2004.

④ 郑群. 关于人才培养模式的概念与构成[J]. 河南师范大学学报（哲学社会科学版），2004，（1）：187-188.

⑤ 修朋月，张宝歌. 新世纪高等院校人才培养模式研究与实践[J]. 黑龙江高教研究，2003，（4）：138-142.

⑥ 韩维仙，陈世瑛. 培养模式多样化的内涵、动因和特点[J]. 现代大学教育，2001，（5）：49-51.

⑦ 龚怡祖. 论大学人才培养模式[M]. 南京：江苏教育出版社，1999.

⑧ 董泽芳. 高校人才培养模式的概念界定与要素解析[J]. 大学教育科学，2012，（3）：30-36.

第一节　人才培养理念

一、人才培养理念的概念

人才培养理念注重回答"培养什么样的人""如何培养"等哲学层面的一些应然问题。从哲学层面上讲，人才培养理念的功能旨在揭示人才培养的内在逻辑与终极价值；从操作层面上讲，旨在指导人才培养过程，包括培养的程序与环节等的设计与构想[①]。具体而言，人才培养理念是指，中观（高校）层面与微观（教师）层面的教育理念，也就是培养主体关于人才培养的本质特征、目标价值、职能任务和活动原则等的理性认识，以及对人才培养的理想追求及其所形成的各种具体的教育观念。

依据我国高等教育发展的实际情况，学术界形成了诸多先进的人才培养理念。王卓然等聚焦国家医学发展，倡导实施人才培养"六才"理念，一是育才为先，为育才培植厚实的文化土壤；二是聚才为重，多措并举助力人才汇聚；三是选才为本，着眼评价指标体系建设；四是养才为基，需提升自身优势条件；五是用才为举，形成良性循环；六是成才为果[②]。吴翔宇通过对 36 所农林高校的文本分析发现，农林高校人才培养理念呈现出金字塔式的三层架构，高校发展定位是顶层要求，用以回答"为谁培养人"，是基于"四个面向"的农林高校未来发展目标及其在乡村振兴战略中所发挥的作用；农林高校多元化人才培养目标是农林高校人才培养的新要求，用以回答"培养什么人"，其根本是培养"知农爱农"的新农林人才，具体包括创新型农林人才、复合应用型农林人才、领军型职业农民；农林高校多样化人才培养模式是实现多元化人才培养目标的基石，用以回答"怎样培养人"，是基于"金专""金课""高地"要求的"三位一体"农林高校人才培养模式调整和改进的具体操作指南[③]。

中观层面上，人才培养理念是依据国家教育方针和教育目的，在教育理论的指导下，各个学校依据自身的办学定位、发展特色所提出的符合自身实际的发展理念。在实践中，各个高校形成了适合自身实际的人才培养理念。南京大学传承并发展学校在不同办学阶段中形成的"教学做三合一""三元结构""三个融为一体"教育思想，学校于 21 世纪初凝练"学科建设与本科教学融通、通识教育与个性化培养融通、

---

① 董泽芳. 高校人才培养模式的概念界定与要素解析[J]. 大学教育科学，2012，（3）：30-36.

② 王卓然，李明穗，蒋慧莉，等. 聚焦国家医学发展，实施人才培养"六才"理念[J]. 中国医学科学院学报，2022，44（5）：837-839.

③ 吴翔宇. 乡村振兴视域下农林高校人才培养的理念框架与现实审视[J]. 黑龙江高教研究，2021，39（7）：155-160.

拓宽基础与强化实践融通、学会学习与学会做人融通"的"四个融通"人才培养新理念①。哈尔滨工程大学推进"3＋2＋X"本硕博及"3＋X"本博贯通的创新人才培养模式，以"重数理、强基础、创新型、国际化"为人才培养基本理念，以培养数理基础深厚、专业创新能力突出、国际学术前沿认知能力强和科研潜质深厚的船舶动力领域创新型拔尖人才、行业领军人物和科学家为人才培养目标②。

二、新文科人才培养理念的新要求与新内涵

习近平总书记指出，"着力构建中国特色哲学社会科学，在指导思想、学科体系、学术体系、话语体系等方面充分体现中国特色、中国风格、中国气派"③。由此可见，新时代的新文科建设应当强调人才培养方案中的前瞻性与创新性，并在原有范式的基础之上，探寻新时代新文科建设的现实进路。在建设过程中，应从学科的本质出发，牢牢把握文科建设的基本规律与客观逻辑，"将'大''新''融''通''特'等突出特点融入新文科建设过程"④。同时，在超越文科原有的知识体系和分析范式基础之上，持续更新与完善并使其适应新时代全球化竞争的需要，继承并弘扬中国传统文化、打造中国话语体系，向世界发出中国之声。始终坚持以《新文科建设宣言》为方向标，开拓出中国文科人才培养的新路径。

首先，在建设目标上，高校文科人才培养理念创新应当服务于我国经济社会领域的全面深化改革，主动布局和发展新兴文科专业，培养新型文科领军人才。其次，所培养的文科人才应当能够适应并引领产业结构的转型升级，适应新科技革命对大数据技术的应用以及学科交叉融合的挑战。故而，新文科建设亟须深度剖析现状、围绕各高校的新文科建设开展充分的调研、进一步培养学生的社会适应能力和创新实践能力，使我国"人口红利"彻底转变为"人才红利"。高校应当对新文科建设给予高度的重视，积极培养具备卓越行业胜任力的文科人才，从而反哺行业发展。再次，在新文科建设方向上应当积极引领社会的发展方向，高校需要审时度势，及时预测未来社会对文科人才的新兴需求。依照办学定位，提前谋划、建设与调整文科人才的培养方案，铸魂育才、培养堪当时代大任的复合型

---

① 坚持立德树人、深耕内涵发展，建设一流人才培养体系[EB/OL]. http://www.moe.gov.cn/jyb_xwfb/moe_2082/zl_2018n/2018_zl56/201808/t20180824_346064.html [2018-08-27].

② 谭晓京. 哈尔滨工程大学船舶动力创新实验班培养模式的探索与实践[J]. 高等工程教育研究，2019，（S1）：162-163，169.

③ 习近平：在哲学社会科学工作座谈会上的讲话（全文）[EB/OL]. http://www.chinatoday.com.cn/chinese/sz/news/201605/t20160519_800057144-2.html [2016-05-19].

④ 段禹，崔延强. 新文科建设的理论内涵与实践路向[J]. 云南师范大学学报（哲学社会科学版），2020，52（2）：149-156.

人才。最后，高校作为新文科建设的主阵地，承担着促进高等教育内涵式发展的重任。同时，在高等教育由"规模扩张"转向"内涵发展"的道路上，高校新文科建设还肩负着开拓创新的使命。通过全面剖析与深度调研，淘汰与改造那些落后于时代需求的文科专业，"从而助力高校成为知识创新、技术创新、文化创新的重要发源地，显著提升高校支撑国家经济社会发展的能力"①。

第二节　专　业　设　置

一、专业设置的概念与结构

专业设置影响到高校立德树人的成效、直接影响高等教育服务经济社会高质量发展的能力②。在当前教育实践中，高校人才培养的主要模式之一是大类招生与大类培养，二者是目的与手段的关系，一般合称为"大类招生与培养"。其中，大类招生与培养的专业设置方式为大类设置，大类设置是否科学合理，关系到大类招生培养的成败。立足新时代，面向经济社会发展的现实需要，大类设置成为专业设置的主要方式之一。因此下文依据董泽芳教授关于专业设置模式的形态设计，从设置方式与设置口径、设置时间与空间两方面对大类设置这一专业设置方式进行分析③。

（一）设置方式与设置口径

大类设置方式体现了各高校大类培养的实际运作方式，设置口径是指划分专业时所规定的主干学科或主要学科基础及业务范围的覆盖面，大类设置口径就是指某一大类涵盖的学科门类或专业数量。根据相关研究，可以将大类招生与培养方式分为面向全校所有学科门类、面向部分学科门类与面向单一学科门类的三种方案，简称全学科方案、宽学科方案与窄学科方案④。全学科方案是指，新生在入学后统一培养，一段时间后可自由选择该校任意本科专业的大类招生与培养模式，是招生与专业分流范围最广的一种方案。宽学科方案是指包含两个及以上学科门类的跨学科大类招生与培养模式，可分为实验班类和跨学科门类两种类型。实验

① 段禹，崔延强. 新文科建设的理论内涵与实践路向[J]. 云南师范大学学报（哲学社会科学版），2020，52（2）：149-156.
② 教育部等五部门关于印发《普通高等教育学科专业设置调整优化改革方案》的通知[EB/OL]. http://www.moe.gov.cn/srcsite/A08/s7056/202304/t20230404_1054230.html [2023-03-02].
③ 董泽芳. 高校人才培养模式的概念界定与要素解析[J]. 大学教育科学，2012，（3）：30-36.
④ 谭颖芳，张悦. 大类招生与培养：历程、方案与走向[J]. 教育发展研究，2021，41（Z1）：81-91.

班类是将两个及以上相近学科门类整合成实验班的组织形式来进行大类招生与培养，其专业分流的范围是各实验班类所涵盖的多个学科门类中的某一级、二级学科专业。跨学科门类指除实验班类之外，将两个及以上学科门类合并成一个大类的组织形式来进行大类招生与培养，其命名方式主要以一级学科门类的结合为主，专业分流范围是跨学科大类所涵盖的一级、二级学科专业。窄学科方案是指以单个学科门类为单位来进行大类招生与培养的模式，跨学科范围不超过本学科门类的界限，窄学科方案主要包括按学科门类、按一级学科大类、按二级学科大类三种类型。

（二）设置时间与设置空间

设置时间是指大类设置的时间早晚，是一进校就定专业，还是学习到一定阶段之后再确定专业培养，可通过专业分流时间的早晚来体现。设置空间是指学生的专业确定之后，还有没有游移的空间和更改的可能，是否允许学生转专业、转系、转院或跨专业、跨系、跨院学习等。当前，大多数高校将专业分流的时间安排在第一学年的第二学期。对于专业分流的自由程度，各高校则存在较大的差异，如中国人民大学、中山大学两所高校的自由程度最高，完全尊重学生的选择意愿与权利，不设置专业条件和名额限制，而山东大学、南京大学、西安交通大学等都按照"志愿优先、成绩排序"的原则来进行专业分流。

二、新文科专业设置的新要求与新内涵

以往传统学科构建体系的特点主要是能够依据学科自身的内涵与属性来设置门类不同的专业。此外，课程设计可以密切围绕专业的培养方案制订，哪怕遇见学科内涵更新的情况，也只需要围绕培养方案做小范围的调整。由此可见，传统文科专业设置的形式有一个极其明显的优点，那就是一定的稳定性与支撑力，调整某一课程或专业对整个学科的影响较小。但是，这也意味着专业间、学科间的联系较少，壁垒较大。另外，传统的专业和学科教学体系是基于单一学科的教学发展需求而构建的，并在不断地进行优化和完善。然而，各学科资源的有限性，导致专业间无法实现资源共享和教学资源的相对分散，这也使得整体教育质量难以得到有效保障。纵观我国以往学科门类的划分，不仅学科外部泾渭分明，文科内部也都处于"各自为政"的形态。

从宏观角度看，学科是专业的基础，专业又支撑学科的发展。因而，各学科之间应当有交集。但长期以来，课程设计上的缺陷，专业间的交流与联系日益减弱，进一步导致了各学科间的交互与借鉴不足。目前，我国高校普遍开设有人文社科与自然科学两类性质不同的专业群，并且其下属专业都是依据单一学科或学科群设置

的。问题的核心在于，专业的划分过于细致，导致不同学科之间难以实现交叉融合，互为镜鉴。此外，我国高校较为普遍地存在"重理工轻人文，重理论轻实践"的现象，致使部分毕业生缺乏知识应用能力，难以适应社会发展需要。这说明，在新文科的建设理念中，高校应当打破传统的学科建设模式，不能仅仅局限于某一特定课程、某一专业或某一学科的培养。只有这样，高校才能培养出符合国家发展需求的新时代复合型人才。具体而言，应坚持课程-专业-学科建设的一体化发展路径；动态调整人才培养的内涵、课程体系及教学内容；贯彻"三全育人"，确保学科间的互动与借鉴，使得文科学生同样具备其他学科的基础素养与方法手段，从而培养出知中国、爱中国、堪当民族复兴大任的新时代文科人才。

第三节　课　程　设　置

一、课程设置的概念与结构

课程设置是指所有的教学科目和学生一切活动项目的设立与安排，包括各大高校规定的课程类型、课程内容、课程门类、学时分配与课时量等[①]。课程设置是进行大类培养模式的关键部分，关系着人才大类培养的质量。因此，本节将从课程类型和课程内容两方面来对课程设置这一要素进行分析。

（一）课程类型

当前高校主要以"通识通修课程""大类课程""专业课程"三种课程类型为主。各高校的通识通修课程可分为通修课程（公共必修课程）和通识教育课程两类。公共必修课程也称公共课，是由各大高校依据教育部文件的要求来统一设置，主要包括学习思想政治类、大学英语、大学体育、计算机、军事课等五类课程。通识教育课程是整个大类培养课程体系的起点，主要包括语言素养、公民素养、人文素养与科学素养四类课程。大类课程是指提供学科或专业大类通用知识的课程，即能反映大类所涵盖的各学科、专业中最基本的、原理性的知识的课程。大类课程是整个大类培养模式中的灵魂，是衔接通识教育阶段与专业教育阶段的桥梁，关系到大类培养质量的成败。专业课程是由各学院（系）立足特定专业的人才培养需要，根据专业知识的构成特点，为学生提供特定专业核心知识的课程。在内容上，专业课程具有鲜明的专业和学科特色，主要包括系统性的专业理论知识、专业技能以及专业实践能力等相关课程。

---

① 廖哲勋，田慧生. 课程新论[M]. 北京：教育科学出版社，2003：285.

（二）课程内容

合理的课程内容指课程的内容安排符合知识论的规律，课程的内容反映学科的主要知识、主要的方法论及时代的要求与前沿。由于传统知识观的影响，我国高校课程设置过于专门化，不利于创新型人才的培养，打造特色通识课程群成为各高校淡化专业教育，强化通识教育的重要举措。例如，北京大学建设"人类文明及其传统""现代社会及其问题""艺术与人文""数学、自然与技术"四个系列的北大特色通识课程群；中国人民大学明确重根、求理、力行、有我的通识教育理念，重点打造100余门通识核心课程，面向新理论、新技术、新需求，建设学科交叉及前沿课程100余门；西安交通大学新增设了300多门通识教育课程供全校所有专业的学生挑选等。

二、新文科课程设置的新要求与新内涵

对于新文科课程设置的方略与目标、方向，学界仍旧处于持续实践与探索中。但可以明晰的是，"新文科建设是试图开拓新生面，打破学科旧有的秩序，在坚持学科的专业特点的基础上，突破自身学科的窠臼而学习借鉴他者"[①]。新文科成功建设的关键在于打破校内外、学科间的壁垒，构建一个具有时代创新性、学科前沿性、战略全局性的课程体系。新文科课程设置必须充分体现出贯通、宽领域、厚基础、透彻的建设理念，注重引领与塑造学生的价值观念与情感，重视学生的全面发展、精通发展。此外，在教学手段方面，高校还需注重由传统单一手段向充分运用信息技术手段转变[②]。

课程目标设置方面，结合新文科人才培养的实际需要。课程培养目标是人才培养航向的指挥棒，是学生知识与能力塑造，素养与情操涵养，课程自证与开设的必要依据，也是充分保障课程体系发挥系统整体功能的关键。因而，高校在确立课程目标时，应尤其关注学生的全面发展、培养学生的创造性和批判性思维，深度结合时代背景、岗位与社会需求，构建具备适应性与前瞻性的课程目标。

课程开发设计方面，注重多元贯通与创新发展的理念。课程设置与课程目标应循序渐进、一脉相承。高校应基于课程目标，设计多样化的课程、课程群。将本专业或跨专业培养方案中若干门在知识、方法、问题方面有逻辑联系的课程加

---

① 周星，任晟姝. 新文科建设与一流课程建设思考[J]. 新美术，2020，41（10）：126-131.
② 夏文斌. 新文科背景下通识教育体系的创新实践[J]. 中国高等教育，2021，（12）：20-21.

以整合而形成课程集合。从分析课程与课程体系内在逻辑关系出发，打破不同课程、学科间的壁垒。突出课程的体系化和结构化，根据人才培养的总体目标设计课程群目标。根据课程群的目标设计某一具体课程目标，同时将课程目标与毕业要求有机结合起来。

课程计划安排方面，循序渐进，确保课程建设的质量。处理好理论由易到难，方法由简到繁，学术研究由浅至深的原则。此外，处理好实践与理论的关系。重视实践课程的建设，以新文科理念为引导，加强通识教育，促进学生的全面发展，开发学生发展潜力。高度重视并持续推动通识课程体系的建设和动态调整培养方案，尽可能地缩小教学过程中学科壁垒的影响，从而扩大学生的视野与提升实践能力。高度重视学生在校期间的实习实践经验，致力于培育学生的行业胜任力、国际化视野和创新创造能力[①]。

课程改革资源方面，完善资金投入与高质量师资建设。资金对于改革的成功实施起到了至关重要的作用，这需要政府、企业、学校以及其他相关利益方的齐心协力。在课程体系的改革过程中，涉及跨学科课程的设计、跨学科教师的引入、课程结构的进一步优化，以及将人工智能与教育相融合，还包括聘请知名教师举办讲座。在新文科的背景之下，课程内容包括了跨学科、跨视角、文理科的交融以及新兴技术的融合等方面，因而高校亟须构建一支适应新时代高水平需求的新文科教师团队。一方面，以高额薪酬聘请复合型人才担任文科教师、聘请权威学者与企业导师；另一方面，定期组织跨学科的讲座和学术沙龙活动，以营造一个积极的文科学术环境。为青年教师提供出国进修、培训的机会，使他们能够学习新的理论知识并提高教学质量。组织跨学院和跨学校的培训课程，以形成一个具有广阔学术视野和高教学及科研能力的综合教师团队。

第四节　教学组织形式

一、教学组织形式的概念与结构

教学组织形式指教师与学生为了完成某一教学任务而按照一定的要求结合在一起开展活动的构造。教学组织形式涵盖了教学过程中各要素之间的联系与统筹，尤其是教师通过教学设计有效地调控与运用有限的教学资源。教学组织形式反映了教学目的、教学内容与教学方法三者之间的密切联系，其组织形式与课堂教学过程和教师教学成效有关，在很大程度上制约着学生在认知活动过程中的积极主动程度与学生的学业成果。怎样理顺教学关系、师生关系、理论与实践的关系、

---

① 夏文斌. 新文科背景下通识教育体系的创新实践[J]. 中国高等教育，2021，（12）：20-21.

科研（服务地方）与教学的关系，怎样处理社会、生产、科技发展与个人教育教学要求的关系，这是创新教学组织形式的核心①。经济基础决定上层建筑，教学组织形式变革的主推力在于社会生活与生产技术对人才的新要求。教学组织形式既体现在教师、学生、教学内容和教学时空的结合上，又体现在多重结构叠加而成的网络联合体上。这些活动包括：为了实现教学目标，师生在教学活动过程中所结成的交往形式与互动结构；教学内容与方法展开步骤和顺序、教学主体与教学资源时空结合结构。三重结构在不同线索链条中互相嵌入，协同发挥作用，构成一种更加坚实的组织形式。同时，内部要素不断发生变化，为大学教学组织形式的发展既带来机遇，又带来挑战。一方面，内外部要素变革的结果使得传统的教学组织形式发生种种形变；另一方面，内外部要素变革又使得高校教学活动产生种种新的教学组织形式②。

二、新文科教学组织形式的新要求与新内涵

教学组织的关键是教师对教学目标以及学生学情的充分认识，为课程教学设计适当的教学组织形式，以便组织适当的教学活动，完成教学任务，实现教学目标。教师的教学设计应协调师生角色与互动，协调教学内容与管理，使整个教学过程衔接顺畅而生动，以达到更好的人才培养效果。此外，课堂与课外教学活动的组织间的关系并不是相互孤立的，而是联系紧密，不可分割的。教师在设计课堂教学组织形式时，应创造性地将第一课堂与第二课堂相互统筹，"做出一体化的考虑，使课内与课外相互融合、相互促进，以全面实现课程教学目标"③。

在新文科背景下，高校教师在组织教学时，应充分利用思政元素与现代技术手段。一方面，课程思政作为"三全育人"当中的重要一环，高校应全面利用好第一与第二课堂来陶冶学生。在第一课堂教学中，教师应以培养学生的创新思维和实践操作能力为出发点，强调学生学习的自主性，并积极采用启发式教学法、分层教学法和支架式教学法等多种教学改革手段。同时，结合当前快速发展的互联网＋教育模式，教师应积极尝试微课教学法、微信平台教学法和翻转课堂教学法等多种教学方法，以实质性地提升高等教育机构的教学质量，确保学科大类招生和人才培养的高质量。此外，改革高校传统的教育和教学方式还应包括建立一个动态的学生学习监控体系，通过评估学生在教学过程中的学习能力，来检验学生的学习投入程度和实际动手能力，并全面评估学生的学习成效。加速课程提质

① 沈小碚. 教学组织形式研究的发展及其问题[J]. 西南师范大学学报（人文社会科学版），2003，（1）：76-82.
② 李永刚，何云峰. 大学教学组织形式的内在机理及择用机制[J]. 教育理论与实践，2013，33（9）：12-14.
③ 别敦荣. 大学教学改革新思维和新方向[J]. 中国高教研究，2020，（5）：66-70.

进程，逐步淘汰"水课"，持续打造专业特色"金课"。此外，立足于发挥专业、院校、行业及地方特色，将原有专业课提质。引导学生厚植文化情怀，开阔专业视野。另一方面，高校可将校园文化建设作为第二课堂的主阵地，或以志愿服务进社区、搭建校企合作平台等形式不断延伸课堂的边界。此外，为创新教学组织形式，高校教师可多采取更丰富的信息技术手段来增强教学的创新性、趣味性和互动性。充分利用好自媒体、沉浸式场景影像、实景表演等教学形式，筛选出符合当代大学生认知发展规律的，利于生生、师生融合的课堂呈现方式。

第五节　教育评价方式

一、教育评价方式的概念与结构

教学质量评价是对高校教学质量进行分析和价值评定，对教学和人才培养具有诊断、调节、监督、管理和教育等功能，有利于反馈教学，促进教育质量的提升。当前各大高校纷纷推行教学质量评价的改革，其中，"数字化评价""分类评价""过程性评价"是各大高校人才教学质量评价改革的三大关键词，始终贯穿于各大高校评价改革的核心。

（一）注重数字化评价

当前各高校的大类培养模式在教学评价方面注重运用数字思维与技术来进行评价改革，强调以数据为依托推动评价要素数字化生存，显示出了鲜明的数字化特征。诸多高校借助《教育信息化 2.0 行动计划》的东风，坚持将数字要素广泛介入人才培养评价的全过程、全方面，一是构建了涉及评价主体、评价内容、评价效果与效率为主的高校人才培养数字化评价指标体系；二是建立健全了数字化评价系统，借助大数据与互联网资源进行智慧校园建设，基于对大数据信息的获取、挖掘与分析，分析数据背后的深层教育信息；三是完善了数字化评价制度的保障体系，强调数字信息安全是生命线，在人才培养评价数字化变革中时刻将数字信息安全放在首位。

（二）着力推动分类评价

"推进高校分类评价，引导不同类型高校科学定位"是《深化新时代教育评价改革总体方案》中关于改进高等学校评价的首项重要任务，体现了我国高等教育对分类评价的重视。各高校大类培养实践在教学评价改革中始终坚持将推动多元分类评价作为本校教学评价变革与突破的重点内容，部分高校在综合考虑本校办学定位、人才培养目标和质量保障体系等基础上，坚持实施分类评价，建立健全了优化成果分类评价标准体系，构建了强调教育教学成果和实绩的分类标准。分类评价充分考虑到了学科、专业的差异性，在制定指标体系时对于不同学科或专业采取差异化、个性化的评价标准，有利于保障教学评价的横纵向比较，提高教学评价的科学性和合理性。

（三）加强过程性评价

过程性评价是强调全面渗透于学生学习活动始终的一种评价方式，是促进学生学习投入和提高教学评价效果的一大关键因素[①]。过程性评价不仅是评价方式和手段的革新，更离不开评价理念的指导作用，当前，各高校纷纷提出要加强和完善过程性评价体系改革，建立了系统化、多层次的过程性评价办法，在评价理念上强调充分尊重学生的主体性地位，逐步由"注重教"转变为"注重学"；在评价手段上重视对现代信息技术的运用，建立健全了教学评教档案袋制度，将过程性评价运用到教学质量的检测与评估中，以便形成对人才培养成效进行全面、长效的评估的机制，从而较为全面、公开、客观地反映教学过程和教学成效。

二、新文科教育评价方式的新要求与新内涵

"科学的评价体系是加快推进新文科建设的重要保障，要切实改变文科类的学科评价、学术评价、教师评价等综合评价体系"[②]。一是学科评价，学科评价体系的重点是打破学科设置间过细过窄的壁垒，实现创新创造新文科专业的改革需要与学科发展态势。尤其应进一步完善学科、专业评估以及"双一流"建设绩效评估，从本质上建立起一套有利于推动新文科交叉融合专业创新发展的评价机制、体制。二是学术评价，从人文社科学术研究创新的视角，破除学术评价长期以来过度 KPI（key performance index，关键绩效指标）化的弊端，进一步完善同行评议制度、代表作制度以及专家库建设。评价方式的变革不可能一蹴而就，故而各高校不应当强求短期内评价成果的见效，而应当端正评价的导向，力求以评促教、以评促学。坚持将师德师风作为第一标准，着力构建面向理论和实践创新质量的评价标准和评价体系。三是教师评价，从知识生产者的角度而言，对文科学者的评价尤其需要破除"五唯"（唯论文、唯职称、唯学历、唯奖项、唯帽子）的顽瘴

---

① 何春梅. 过程性评价、成就目标定向与学习投入：机制与路径[J]. 高教探索，2020，（11）：36-46.

② 马骁，李雪，孙晓东. 新文科建设：瓶颈问题与破解之策[J]. 中国大学教学，2021（Z1）：21-25，34.

痼疾，创造一个更为开放的学术氛围，确保科研工作者能够坐在一个相对冷清的位置，进行更前沿、更具挑战性的基础研究，并努力缩小与先进国家在前沿科技领域的差异，从而为中国的未来发展打下更为稳固的基石。

具体而言，破旧立新，构建以文化综合素质为核心的人才评价机制。传统文科的评价机制往往更加倾向于评价学生的学业表现，如成绩、论文发表等。实践表明，传统的评价机制无法培育出胜任新时代社会需求的人才。为激发高校新文科复合型人才的培养活力，传统评价体系亟须变革。例如，坚持以增值评价为核心，重点关注学生在一段时间内文化综合素质的进步情况，并对此展开纵深比较。总而言之，评价标准不应忽略隐形的评价指标，片面地依赖学生论文或成绩的量化表现。此外，相较于传统的评价方式，新文科教育方式将突出两个方面的优势，一是帮助学生摆脱分数的束缚，将高校人才培养的重心转至综合素质；二是激励教师有意识地提炼中华优秀传统文化的精髓，并将其融入教学之中，增进学生传播中华优秀传统文化的积极性。

第六节　组织管理制度

一、组织管理理念

"在高等教育中，高校应顺应时代发展的客观需求，改革和创新人才培养模式。按大类招生模式对学生进行培养，是一种新颖的人才培养模式，是我国当前高等教育教学改革的有效成果"①。步入新时代的高校以学科大类的形式，来进行人才的招收与培养工作，将成为国内高等教育人才培养模式升级的主要态势。大类招生在为高等教育带来巨大发展机遇与潜力的同时，也给我国高等院校带来了诸多的挑战。高校按照大类模式进行招生与人才培养将成为一项系统性、全局性、长期性的工作。为了实现这一目标，高校需要对学科大类的专业建设进行科学和合理的规划。这包括统筹安排布置教学资源、打破传统高校内部院系间的隔离现象、提高教学资源的使用效率、加强师资队伍的建设、改革现有的教学管理模式、采用动态的人才评估方法、实施灵活的教学管理模式。这样做不仅能培养学生扎实的基础知识和基于大学科的学习意识，还能形成完整的知识体系，提升学生的整体素质，并为未来社会培养出"宽口径、厚基础、精专业"的综合型人才。目前我国大多数高校都在开展按门类招生和以学科群为依托的大类招生试点工作。通过大类的招生和培训，不仅可以提升高等教育机构的人才培养水平，同时也能增强学生的报名热情，这被视为未来高等教育人才培养模式改

---

① 吴铁峰，赵智超. 高校学科大类招生人才培养模式研究[J]. 中国管理信息化，2016，19（14）：241.

革的关键方向。目前我国大多数高校都已经开展了按大类招生,但是各种原因导致部分学校未能顺利地完成按大类招生任务。高等教育机构应该通过建立"大专业"课程体系、加强教学管理制度、提升教师素质、改革教育教学方法、创新考试评价机制,以及做好后期专业分流等措施,来推进高校按大类招生的人才培养改革。

二、组织管理主体

　　首先,相关管理主体,如高校的招生与教务机构,应严格遵守教学管理的规章制度,这关系着高校能否成功实施学科大类招生和人才培养模式改革能否成功。为了实现预期的教学效果,高校必须改变传统的教学管理体制,打破传统院系单一管理机制的壁垒,摒弃由学生、教师、班级、教研室、专业、系部组成的管理模式,按照学科大类来构建新的教学管理制度,彻底改变传统的教学管理思维。这意味着高等教育机构必须严格遵守教学管理规定,并确保对教师的教学效果和学生的学习收获进行及时、有效的评估。高校亟须在学科大类招生人才培养模式之下,创新出一套贯穿专业、课程、教学和毕业论文设计在内的严格评价体系。其次,高校可在过程性教学评估的基础上,加强随机性的专项检查,以确保教学质量得到精准、长效的监督。同时,为了确保在学科大类招生的体制机制下,人才培养模式改革能够顺利开展,高校应进一步加强教师队伍的建设,激发教学活力与提升教师能力。由此可见,教师在大类培养过程中的关键作用是显而易见的。教师不仅是高等教育人才培养模式改革的主要执行者,也是促进学生全面发展的核心要素。教师的教育观念、专业文化背景与出色的教学实施能力,制约着大类人才培养模式的实施。因而,组织管理的主体应是高校与高校教师,要想如愿进行大类招生的人才培养模式改革,则必须提升教师的整体素质,培养一支年龄结构合理、专业知识结构丰富,能够满足高校复合型大类人才建设目标的教师队伍。为进一步增强教师培养复合型人才的教学活力,改变目前过于重视科研而忽视教学的失之偏颇的评价导向,高校应对优秀青年教师进行专业培训,改革教师的考核和职称晋升制度,进一步优化教师在大学科领域下的综合素养与教学质量[①]。

---

① 巩曰光,梁广. 高校学科大类招生人才培养模式改革探析[J]. 吉首大学学报(社会科学版),2017,38(S2):168-170.

第六章　新文科复合型人才大类培养的组织管理制度

第一节　书院制组织管理制度

一、高校书院制的生成逻辑

2017 年 9 月，中共中央办公厅、国务院办公厅印发《关于深化教育体制机制改革的意见》（简称《意见》），《意见》指出"不同类型的高等学校要探索适应自身特点的培养模式，着重培养适应社会需要的创新型、复合型、应用型人才"。2021 年以来，教育部针对拔尖学生培养更是多次强调，要深入探索书院制、导师制、学分制"三制"交叉融通的创新育人模式。由此可见，书院教育符合新时代一流本科教育的内在需求和价值定位，有效回应了高等教育改革和创新人才培养的时代之问。

现代高校书院制改革成为一流本科教育和人才培养模式创新的重要探索，众多国内高校开展了书院制办学的探索实践。据不完全统计，从 2005 年 9 月到 2017 年 7 月，我国共有复旦大学、西安交通大学、华东师范大学等 47 所高校成立 137 家书院以及校园社区模式学院，每年都有新的书院成立，成立数量最多的 2016 年共有 17 所高校成立了 28 家书院。与此同时，探索书院制高校的类型也日趋多样化，从最初的重点本科院校逐渐扩展到普通院校、民办院校和职业院校。2015 年，第一所研究生书院清华大学苏世民书院正式成立，标志着书院制改革从本科教育层面开始向研究生教育层面拓展。书院制的出现是特定时代背景下社会需求的产物，有其自身的生成逻辑。

（一）倡行通识教育

随着现代高校规模的扩大，学科专业划分日益精细，高校教育的弊病也愈加凸显，师生关系日益疏离，高校过分关注知识和能力，忽视对学生社会责任感和人文精神的关照。高校教育图景越来越单维化。正是在这样的时代背景下，书院制改革异军突起，书院制改革旨在通过社区化管理模式，拉近师生关系，推进通识教育，建立"学问"和"人生"砥砺合一的教育，重塑高校教育的二维图景，促进学生的全面发展，使得高校不仅关注学生做事，更关注学生做人；不仅关注专业教育，更关注人格养成；不仅关注知识和能力，更关注意义和方向。

（二）促进全环境育人

现代学习理论认为，学习不是存在于人的生活之外的一种客观实在，而是人的生存方式、生活方式，学习活动应该是主体为了认识世界、体验生活、感悟生命而积极建构知识、实现自我不断发展与完善的活动。学习是学生在广泛的校园环境中，经由接触、经验、反思与体悟等产生的一连串带动生产力的实践过程，是学生与广义环境交互作用的结果，各种教室内外与校园内外的经验，都有助于学生的学习与发展。然而，现代高校已将学生的"学习"与"生活"完全分割开来，学生的学习主要发生在课堂上，学生的生活则发生在社区及宿舍中。对此，有学者批评指出，高校不能再忽视教室外经验对于促进学生发展的丰富潜能，而需要跨越教室、实验室和宿舍等教学空间和生活空间的人为界限，建构融合教室内与教室外、经验性与认知性的"无缝隙学习环境"，促进课程学习与学生生活的整合[①]。书院制改革依托学生社区，充分发挥社区、宿舍等场所的教育功能，使书院成为融通课堂与生活的交汇点，为课堂理论学习找到实践出口，真正实现全环境育人。

（三）加强学生自我教育

高校应给予学生选择的自由和探索的空间，让学生成为自我管理、自我教育的主体。一直以来，中国高校学生群体长期被排斥在高校治理体系之外，主要被看作高等教育管理的对象。随着高校自主意识的增强、学生个性化发展需要提升、社会治理模式的多元化，高校建设要以学生为中心，把学生从行政权力和学术权力的双重高压下解放出来，凸显"以学生为本"思想的价值中轴地位[②]，要把互相教育的任务交给学生，使学生从被教育的对象成为充满活力的主体[③]。书院制改革蕴含着对学生在高校治理中主体地位的确认，为学生实现自我管理、自我教育和自我发展提供了空间平台和制度保障。

二、我国高校书院制的发展现状与建设局限

（一）我国高校书院制的发展现状

1. 高校书院模式日益多元

随着高校书院数量的增多，书院的发展模式也日益多元化。按不同的书院制度建

---

① 刘海燕. 现代大学书院制的发展路径、现实困境及对策探讨[J]. 教育探索，2018，（1）：56-60.
② 王怀秀，杨扬. 学生组织参与现代大学内部治理的反思与重构[J]. 国家教育行政学院学报，2015，（5）：54-58.
③ 纳伊曼. 世界高等教育的探讨[M]. 令华，严南德，译. 北京：教育科学出版社，1982：34-36.

构要素，可大致将书院分为以下四种模式。第一，依据书院的人才培养目标定位以及学生进入书院的选拔性程度可将书院分为大众模式书院和精英模式书院。大众模式书院旨在提升学生的文化素养、加强思想品德教育及行为养成教育等，学生通常不需要经过选拔。精英模式书院以精英人才培养为目标，学生需要经过选拔才可进入书院。最近两年精英模式书院发展尤为迅速，越来越多的"双一流"建设高校将学校精英人才培养的特区（实验班）与书院制进行融合嫁接，如清华大学的新雅书院、厦门大学的博伊特勒书院、西安交通大学的钱学森书院、苏州大学的敬文书院等都属此类模式。第二，按书院是否承担学生管理职能可将书院划分为实体模式书院和虚体模式书院。实体模式书院是与学院并行的独立行政管理机构，承担学生管理功能和教育功能。虚体模式书院通常不承担学生管理功能，学生管理仍然在专业学院，书院主要负责学生的通识教育和开展系列文化活动等，如复旦大学、肇庆学院的书院即属于该类模式。第三，按书院覆盖的年级可将书院划分为全程模式书院和分阶段模式书院，全程模式书院是指学生整个大学四年都在书院学习生活，如南京审计大学的书院。分阶段模式书院则是指学生只在新生阶段或低年级入住书院，之后还是回到专业学院，如北京航空航天大学的书院。第四，依据书院的学生覆盖面可分为全员模式书院和非全员模式书院。全员模式书院覆盖全校（或分校区）所有学生，如西安交通大学、大连理工大学盘锦校区、河北大学工商学院等都属于全员模式书院。非全员模式书院通常只包括学校的部分学生或只针对某一特定群体的学生。

2. 高校书院发展差异逐步显现

随着高校书院建设的深入推进，重点院校书院和普通院校书院之间的发展差异开始逐渐显现，具体表现为：重点院校的书院更多定位于精英教育和通识教育，尤其是将书院定位于精英教育的高校，书院数量通常较少，每个书院规模不大，基本在千人以下，师资力量雄厚，导师指导学生人数较少，师生互动密切，一般有比较系统的书院教育方案，有纳入学分管理的书院正式课程，第一课堂和第二课堂衔接比较紧密，书院的人、财、物等资源较为充裕。相比而言，普通院校的书院更多定位于学生管理和生活教育。高校内书院数量通常较多，书院的学生人数也较多，一般单个书院学生承载量都在千人以上。书院教育主要以非形式化的课外教育活动为主，不太强调系统化，一般也没有纳入学分管理的正式书院课程。书院导师指导的学生人数通常较多，师生互动不够深入，书院的人、财、物等资源等也相对紧缺。

（二）我国高校书院制的建设局限

1. 传统育人模式影响根深蒂固，对书院制育人模式改革认识不到位

现阶段高校育人模式开始引入书院制模式，但人们仍然没有充分认识到书院

制改革的理论意义与应用价值，这对于书院制育人模式改革构成一定影响。引入书院制并非完全抛弃原有专业院系组织体制，而是谋求两者在结合中更好地发挥中国特色社会主义育人功能。"中国大学的书院是在高校已经高度分化的专业院系组织之上，由高校管理部门人为设计建构的产物。"①高校传统育人模式已经形成某种惯性，书院制改革会涉及机构、体制等一系列转变，这会造成一时阵痛。改革会触及一些利益群体之间的重新组合，改革中将不同年级学生安置到同一宿舍，学生会有一个从心理到生理上的适应过程，家长、学生暂时会出现一些负面情绪。但是，从长远看，书院制改革创新必然会在高校发展中起到积极作用，能让学生认可，让家长、社会满意，改善高校育人环境，提高育人成效。

2. 书院制的育人机制需要不断调整

从现阶段实施经验来看，书院制改革不仅要配套基础设施，更重要的是完善内在要素，调整相应的岗位职责、机制，这些职责、机制本身就不是一成不变的，应在改革进程中不断进行调整、完善。书院制改革需要在两个方面进行调整。一是育人职责需要进一步界定清晰。专业育人和书院育人的职责要进行明确细化，从目前改革经验上来说，"协同育人任务清单"不容易细化，会出现沟通不畅、信息不对称现象，这在一定程度上影响了整体协同育人成效。二是育人导师的管理、培训及发展通道需要进一步明确和畅通。社会在发展，人员在成长，适应时代发展节奏以更好完成育人任务，是实现书院制改革的初衷。有效监督、激励、反馈等管理机制尚未适应改革的发展和要求，还没有形成有效运作的良好机制，有了监督但未及时反馈运用，有了激励措施但未长期执行。要形成良好运作机制来适应改革发展的需求，促进人的全面发展，促进学生、教师共同成长，加快推进书院制改革。

3. 书院制育人模式改革的内涵建设不足

注重改革质量和内涵式发展是书院制建设和发展的核心，是凝聚师生力量的精神动力。每个书院应当有自己的文化特色，这些文化特色应成为师生成长的内生动力，成为师生引以为傲的符号。但是，从目前情况来看，一些进行书院制改革的高校往往只抓住了书院制的"形"而未究其"本"，从而失去了文化特色，偏离了内涵式发展的核心。这些高校在书院制文化构建和特色凝练过程中，编制与自己文化传统相关的活动较少，对师生进行书院文化的熏陶相对不足。"培养的人才既有广博的知识背景、扎实的专业知识、独立思考和解决问题的能力，又具有严谨科学精神、深厚人文素养、强烈社会责任和高尚道德情操，是现代高校书院

---

① 刘海燕. 我国现代大学书院制改革的现状、问题与对策[J]. 中国高教研究，2017，（11）：43-48，59.

制存在的价值体现。"①书院文化是书院赖以存续的灵魂,书院特色需要高校书院制改革中呈现出不同书院各具特色的文化内涵。

三、英美及我国高校书院制人才培养模式的比较

对博雅教育的系统阐述主要出自纽曼的《大学的理想》一书。针对当时高校教育开始出现的功利现象,纽曼认为高校的首要功能在于心智的培养。对于何为"博雅",纽曼给出的定义是,"学生们从一种思想传统中获益,这种思想传统独立于特定的教师,仅因学生选择科目并对已选科目做出恰当的解释。否则,学生将无法充分理解知识的总体轮廓及其基本原则和各组成部分的规模、光辉与色调,以及大小要点,正因如此,对学生的教育才被称为博雅"。这种定义强调了学生主动参与学习的重要性,指出了知识的整体性和相互关联性,使得学生在选择和解读科目时能够建立起全面的理解框架。简言之,博雅包含"博"和"雅"两方面,即培养学生既要拥有广博的知识,也要兼具高雅的绅士品格及能力素养,其益处在于获取"知识"及"知识之外令人幸福的东西"。综观英国、美国、中国三种模式,博雅教育所倡导的"心智培养"以及"绅士教育"或"全人教育理念"始终贯穿其中。②

(一)打破学科专业界限,拓展交叉学科意识

人才培养、科学研究、社会服务、文化传承是高校的基本职能,其中人才培养最为根本。只有培养出优秀的创新人才,才能推动科学研究、造福社会、传承文化。书院制将学生住宿管理与人才培养过程融会贯通,打破学科专业界限,使具有不同专业背景和文化背景的学生居住在一起,为彼此之间交流、探讨以及共同生活提供良好的环境与空间,从而使其在潜移默化中对各个学术领域有基本了解,这正体现了纽曼对博雅教育理想的阐述。当前,创新思维和交叉学科研究能力培养是我国高校人才培养的首要任务。只有以知识的"博"为基础,才能为之后的交叉学科研究做好知识与思维上的准备。三种模式的育人实践则都体现和延展了博雅教育理念,如牛津大学各书院汇聚不同专业、不同背景的优秀人才与杰出导师,促使其互相学习、共同生活;耶鲁大学各书院本科生不分专业,共同生活,与教师共聚,形成自我支持系统完整的"微型社会";香港中文大学书院的师生不分学科专业,而是通过密切交流、朋辈一同成长,形成紧密的小群体。由此

① 徐松伟,刘兵勇,许贝贝. 新时期我国高校书院制建设现状与思考[J]. 思想政治课研究,2018,(6):102-106.
② 刘阳,宋永华,伍宸. 再论书院制:英、美及我国香港顶尖大学书院制模式比较及其启示[J]. 高等教育研究,2018,39(8):103-109.

可见，博雅教育是各高校书院制所共同承载的人才培养理念，书院制为博雅教育理念的实践提供场所和制度保障。

（二）师生共同生活，言传身教与因材施教并重

　　教育实践的主体包括学生与教师，人才培养既包含学生学习与成长的过程，也包含教师进行教育实践的过程。博雅教育作为一种全人教育理念渗透在书院制的每个细微环节中，同时书院制也承载着博雅教育理念的实践，二者相辅相成。人才培养模式的创新要求教育者不仅要考虑学生在何种机制与模式中可以获得更好的成长，同时也要注重研究教师以何种教育实践方式可以达到培养目的。博雅教育理念的实施要求书院制在打破学生专业与文化界限的同时，也通过师生同住的形式为教师言传身教和因材施教提供条件。而要学生拥有广博的知识，就离不开导师在学习和学术上给予个性化指引；要学生具备"绅士般"的品格和能力素养，更离不开导师言传身教的榜样作用与引领。书院为学生提供与大师共同生活、面对面直接交流与学习的机会，对其今后成长有着重要影响。

　　博雅教育理念为新时代创新人才培养提供理论借鉴。广博的知识、高雅的品格及全面的能力素养成为新时代高等教育人才培养所关注的重点。我国高校在人才培养模式创新实践中，应以博雅教育理念作为理论基础，以书院制形式为人才培养平台，打破学科专业界限，拓展交叉学科意识，构建交叉学科基础知识与能力融合机制，为跨学科研究及复合型人才培养创造条件。

四、高校书院制人才培养的"双院协同"机制

（一）"双院协同"的三种模式

　　长期以来，我国高校已形成了非常完备和成熟的学生教育与管理体系，学院不仅是专业教学机构，也是学生管理部门。诚然这种教育体系有利于构建师生专业共同体，但因为教工团队与教工团队的割裂，学院重教学而轻指导，重管理而轻发展，忽视了学生个体独特性和综合素质的培养。为了应对这些问题，书院制应运而生。自21世纪初我国高校开始探索设立书院制之日起，教育者非常关注一个现实问题：书院和学院的关系如何？在我国，高校的建立早于书院，书院作为外生秩序性组织，是依据高校的要求和指示而建立的。然而，当前专业学院已经掌握了包括教师管理权在内的学术资源和教学事务的统筹能力，这使得多数书院在功能上受到限制，只能在学生工作领域寻求立足之地。反观西方住宿学院，尽管英美高校住宿学院制取得了巨大成就，但仍面临如何协调好双院并行的组织架

构问题，如内生秩序性英式住宿学院曾一度因强大的自治和管理权而严重压制了高校的学科分化进程；外生秩序性美式住宿学院则一直被学者们批评其有名无实。协同理论指出，构成宏观整体系统的各子系统发挥各自功能和优势、共同指向同一目标时，会产生协同效应，使产生的作用大于各种组分单独作用的总和。因此，我国借鉴英美高校住宿学院制基础上形成的高校书院学生管理体制，同样需要妥善处理书院与传统院系的关系，只有使"教务"与"学务"双线合一并协同运行，才能最终达到"1＋1＞2"的育人效果。从这个角度看，双院协同机制是书院运行的基础。

当前高校通过阶段性摸索，已逐步找准本校书院定位，厘清书院和学院的职能分工，但因历史渊源、社会背景、教育资源、培养目标的不同，其协同模式有着显著差异。从书院职能与定位看，双院协同机制可分为整合式协同模式、辅助式协同模式、交互式协同模式。

1）整合式协同模式

整合式协同模式指书院整合了包括教师管理权在内的学术资源和教学事务统筹能力，在教学、管理等方面具有高度独立性，属于二级教学机构。以暨南大学四海书院为例，该书院于2010年7月成立，负责该高校外招本科生通识教育阶段（第一年）的教学管理和学生管理工作，致力于培养德智体美全面发展、爱国爱港爱澳、拥护祖国统一的政治上有影响、社会上有地位、经济上有实力、学术上有造诣的"四有人才"。四海书院一方面协助教务处抓好第一课堂通识教育工作，另一方面加强归属感的思想建设，探索第二课堂中华文化教育活动，努力构建"乐于学、爱文化、重基础、求创新"的外招生培养摇篮基地。四海书院内设置有学院办公室和四个中心，即教学研究与改革中心、学生学习与发展中心、学生拓展与发展中心、学生文化与创作中心。第一学年结束后，书院学生有一次重新选择专业的机会，参加完四海书院结业典礼后，将进入新的学院学习生活。

2）辅助式协同模式

辅助式协同模式是指书院并非独立的功能性组织机构，而是主要负责学生的通识教育和第二课堂等，发挥校园文化的教育影响力辅助学院实行文化育人，属于文化组织。以广东省肇庆学院为例，该校于2009年成立力行书院，最初建设书院的初衷是为了使仅具有住宿和休息功能的学生宿舍区兼备文化育人功能，让学生生活社区成为高校教育教学系统的一部分，因此在运行中不强调书院的管理职能，而关注其潜移默化的渗透、濡染功能。基于此定位，针对双院协同运行出现的问题，该校通过深入探究书院制内涵，陆续提出了一些指导性观点，概括起来主要有四句话：反映现代高校制度建设导向的"学科专业学院制，生活社区书院制"；表达人才培养目标的"学院管智商，书院管情商"；界定教育内容的

"学院是骨骼，书院是血肉"；规约教育和管理方式的学院制度化，书院灵活化①。

3）交互式协同模式

交互式协同模式，指书院是与学院并行的独立行政机构，书院和学院同时承担学生教育及管理职责，二者交叉互补，形成矩阵式结构，书院属于二级行政机构。以某高校为例，学生拥有双重身份，不仅是某个学院的学生，同时也是某个书院的宿生，同时接受书院和学院的教育与管理。在书院与学院职能分工上，书院主要负责学生事务，具体包括党建、团学、奖助贷、就业指导、心理咨询与引导、学生组织建设、宿舍社区文化建设、学生活动等，而专业学院则负责教学事务，包括教学和科研。两院相互独立又彼此配合，分工育人，实现对学生横向和纵向两个维度的管理。

（二）促进"双院协同"育人的对策与建议

任何制度改革及其所带来的利益、习惯的调整都会面临各种阻力。"双院协同"育人的难题只是改革发展过程中的问题，需要系统性、整体性地推进改革来解决。我们要充分理解书院制改革的背景和意图，认识到构建"双院协同"育人机制的重要性和必要性，做好高校内部治理体系和育人系统的顶层设计。"双院协同"育人不是对人才培养职能进行简单割裂，而是书院、学院各自发挥优势，并推动学校整个育人系统的协同，其目标是更好地培养完整的人，是学术事务与学生事务的升级版融合。

1. 开展教育思想大讨论和有针对性的培训，促进人才培养理念的转变

书院制的争议和"双院"难以协同育人的关键从根本上说是人才培养理念的冲突。中国高校长期以来形成的专业教育理念已经成为"路径依赖"，高等教育思想与实践已经被打上专业至上的烙印。根据制度变迁理论分析，意识形态是降低交易成本的一种制度安排，如果集团的每个成员具有共同的意识形态，就容易组织起来实现集团的目标。为此，我们必须在高校深入开展教育思想大讨论，进一步明晰通识教育与专业教育的关系、学术与育人的关系、学术事务和学生事务的关系、科研与教书育人的关系，通过大讨论使各人才培养主体在教育思想与育人理念上达成妥协与共识，不失偏颇，改变人才培养上的"重知识学习和专业技能培养，忽视道德发展、人际沟通、身心健康、社会责任"的局面。这样才能为实现书院制改革"培养完人"的愿景奠定基础，从根本上厘清影响"双院协同"育人的关键因素与改进对策，循序渐进地推动人才培养理念的转型升级。

---

① 和飞. 现代大学书院制的内涵与发展目标[J]. 肇庆学院学报，2013，34（1）：1-4，12.

2. 强化顶层设计，为双院协同育人提供体制机制保障

影响"双院协同"育人的各种因素背后有一个相关者的利益链。根据利益相关者理论，高校治理需要通过权力设置和运行机制来平衡与实现高校利益相关者（包括政府、高校行政人员、教师、学生、学生家长、校友、社区、用人单位、媒体、纳税人等）的利益期望与要求。从促进"双院协同"育人的微观层面来说，书院制改革是高校治理制度的变革，需要从顶层设计和体制机制上，平衡和实现教务、学务、总务等职能部门以及书院、学院、教师、学生等利益相关者的利益诉求。

其一，做好系统性的制度设计与机制保障。书院制改革是系统工程，涉及机构设置、职责划分、干部配备、经费划拨、绩效考核等高校治理的诸多方面，必须做好系统性的顶层制度设计。首先，学院应对学校内部治理的各项制度进行调整和衔接，理顺工作机制，优化工作流程。其次，学院应改革教学管理制度。依托信息化平台向扁平化的学术事务管理过渡，教务人员直接面对学生提供个性化的指导服务。再次，学院应改革教师的评价机制。实施与本科生导师制相配套的教师分类考核制度，导师配备以教学型和教辅型教师为主，将学业指导、考研就业全过程等纳入导师责任制，导师工作量计入课时，同时增加导师工作在职称评定中的权重。最后，学院应改革学生评价机制。从总结性评价向多元化评价、过程性评价、增值性评价过渡，重视学生道德品行及知识视野、表达能力、批判性思维能力的考核与评价，注重学生单项奖学金的激励作用，让每一个学生都能有出彩的机会。

其二，形成统一的育人目标与分工协作的责任制。"双院"在人才培养上的目标必须是一致的，各自的责、权、利应相对清晰，共同构建以学生为中心的矩阵式培养模式。书院"以学生为本"，承担专业教学之外的学生党建与思想教育、学业辅导、学生事务管理（奖贷助勤补免）、心理健康教育、就业指导以及书院文化建设等职责，重在品行养成教育、提供成长指导、提升综合素质。学院"以学科为本"，集中精力抓好专业教育和就业指导，重在课程开发、培养专业技能、指导就业准备。学院要强化责任制与工作绩效评估，细化人才培养目标的评价指标体系，建立"双院协同"的考核机制，如在学生就业率、升学率指标上学院权重占70%、书院占30%，而学生安全稳定等指标则主要由书院承担，同时，对书院的绩效考核要将学生的参与度、受益度、满意度作为重要评价指标。

其三，强化"双院"之间的沟通与支持机制。学院制定旨在解决问题的"双院"联席会议制度以及细化的学生事务和学业指导分工协作手册，实现双院中层干部间的交叉任职，链接"双院"在学生培养上的分工与协作，促进学院的各专业人才培养方案与书院的各类能力提升计划的融合。学院做好以专业为纽带的高低年级学生的传帮带工作，成立专业协会，增强学生对专业的归属感，支持学术性社团建设。"双院"共同营造师生互动机制，坚持师生双向选择、项目化运行和

多途径交流，提供固定的指导场所和充足的资金支持。学院建立统一的学生信息管理平台，运用信息化手段服务"双院协同"育人，降低学生事务的协调成本，调动学生参与各类学术竞赛、文体活动的积极性。

3. 重视学生整体就读经历的建构，增强学生学习的主体性

"双院协同"育人的有效抓手在于共同建构学生整体就读经历。整体就读经历指高校生在富有目的性、支持性、结构化的教育环境中投入学习的全过程。从时间跨度来说，整体就读经历包括学生录取、在校教育、毕业反馈。从空间上来说，整体就读经历包括课堂内外，如教室、宿舍、食堂、学生活动中心、图书馆等学生可能接触到的环境，这些都具有或都可以被赋予教育的意义。学院应从构建学生整体就读经历的角度全面修订学校人才培养方案，把培养学生社会责任感、诚信品质、创新精神和实践能力，促进学生知识、素质、能力的全面发展作为逻辑起点，调整二级学院的课程教学计划，规划书院的课外教育项目，建立课程体系、课外体系与学校教育目标、学生能力之间的关联表。

此外，提升学生学习的主体性也是"双院协同"育人的重点环节。学院可采取以下措施：按照促进学生学习的七大原则，提升对学生的期望值；创新现代高校书院制下的学生评价制度，从总结性评价向多元化、过程性、增值性评价过渡，引导学生改变功利性学习的习惯；引导学生走多样化的成长成才路径，逐步向完全学分制过渡，给学生更多的转专业机会，避免学生因不喜欢所学专业而无学习兴趣；实施适度的学业审核制度，淘汰不合格学生，给学生适度的学业压力；鼓励学生在党的领导下充分自治，开发"三自教育"的渠道，提升学生自我管理的意识和能力；持之以恒地培育优良的校风学风，为学生营造主动成长的优良环境。

4. 改进高校评价导向，增加高校办学自主权

高校评价一般包括政府教育行政部门各类专项评估、国内外各类高校排行评级、第三方教育服务机构专项调查评价（如麦可思公司的《中国大学生就业报告》）、用人单位评价、社会声誉等。高校评价导向和办学自主权从外部对书院制改革及"双院协同"育人产生间接影响。高校评价要体现以学生为中心的思想，适度增加"教育质量"指标的比重，在指标体系中加入毕业生对母校的满意度、校友对社会的贡献度，强调对学生培养质量的评价，可以推广由清华大学等高校推出的中国大学生学习与发展追踪研究（China College Student Survey，CCSS）项目，从学生学习成果的增值评价角度评估人才培养成效，引入毕业后 5 年、10 年的学生发展状况第三方评价机制，更加科学地评价书院制改革的绩效。

教育行政主管部门要简政放权，鼓励高校走特色发展之路。高校自主确定书

院机构、性质、职能以及协同育人运行机制，因校而异，百花齐放。无论是作为学生社区教育管理模式，还是作为高校文化组织或通识教育组织，或兼而有之，都可以大胆探索。2017 年 4 月，教育部等五部门联合印发《关于深化高等教育领域简政放权放管结合优化服务改革的若干意见》，从学科专业设置、编制与岗位设置、进人用人、职称评审、薪酬分配、经费管理等方面，给高校松绑减负；2017 年 10 月，教育部会同人力资源社会保障部印发《高校教师职称评审监管暂行办法》，进一步落实高校办学自主权。这一系列的简政放权举措必将进一步促进现代高校书院制的蓬勃发展。

第二节　完全学分制组织管理制度

一、完全学分制的内涵与特征

"学分制起源于 19 世纪末期，这种新型教学管理模式首创于美国的哈佛大学。自改革开放以来，我国部分高校逐渐开始效仿与试行学分制"[①]。为造就一批能够适应美国社会发展的实用型人才，哈佛大学开创了学分制度，其初衷在于将实用主义引入自美国殖民地时期便沿袭下来的、陈旧的古典教育之中。这一学分管理模式的应用，不仅迎合了大量由美国社会发展衍生出来的用人需求，与此同时，也加速了高校培养具有时代性的创新型、复合型人才的进程，完全学分制更是成为目前世界范围内普遍采用的教学管理模式。这种依据学分计算来判断学生毕业顺利与否的衡量标准，其最大的优势在于既能够满足日益发达的社会对于实用型、专业型人才的迫切需求，又能够适应信息社会人才技能多样性、全面发展的需要。回首学分制，它作为一种传统的教学管理制度，将选课与学分数量相结合，将累计平均学分绩点作为评价学生学业成绩的标准。学分制在高效管理的优势下，也有其弊端，如严格的修业年限和选课要求，限制了学生的全面发展。伴随着高等教育改革的步伐，全国各大高校都对完全学分制展开了深度的探索。完全学分制作为一种新的教学管理制度，它对修业年限无严格规定，完全尊重学生的选课自主权。各大高校将完全学分制作为测算与评估学生学习工作量是否达标的一种手段，将学分是否达到数量作为衡量学生学业是否达到某一对应成绩的尺度，以此作为衡量学生是否获得毕业资格的关键依据。

完全学分制尊重学生的独立选择和兴趣，学生有权自主决定毕业的时间，只要学生能够达到毕业所需的学分要求，就可以在任何一个阶段顺利毕业。这一教学模式弥合了学科之间泾渭分明的边界，也突破了学生毕业年限的严格限制，年

---

① 王李婕. 学分制的发展历程及其对我国高校的影响[J]. 中国校外教育，2013，（22）：23.

级与班级间的界限在学生间日益模糊。这将有利于大学生个性的发展，加速高等教育内涵式发展的进程。较之传统的"学年学分制"，其初衷是各大高校为了尝试扭转我国目前较为僵化的人才培养形势，然而在实践过程中，由于以学年、学科、学院和课堂为一体的学术精英模式仍然占据主导地位，"学年学分制"的执行的效果并没有那么理想。故而，在学分制前冠以"完全"二字，便充分体现了我国学术界对于"选修课"和"弹性学制"的思考与重视，尝试将完全学分制与学年学分制进行区别。

二、完全学分制的运行机理

完全学分制以学生为主体，以学生自主选课为基础，以学分计量制和学分绩点制为核心，囊括了一系列的教学管理制度，如弹性学制、主辅修（含双学位）制度、学分互认制、学业导师制、免修免听制、补考重修制等。此外，完全学分制还采用学年注册、自主选课，依学分毕业、依绩点授予学位等教学管理模式。实行完全学分制，需要以丰富的教学资源与高水平的师资团队为基本保障，尽可能多地扩展学生自主选专业、课程、授课教师、学习进度等的范围。同时，高校还应以健全与完全学分制管理相适应的规章制度为保障，如选课、学籍、教学、收费、成绩管理、教学管理、考试管理、学生管理、实验室管理等条例。完全学分制集中展现了学分制的精髓，即用学分管理课程及其教学，由学生自己选择课程和任课教师、自己安排学习进程、自己决定毕业时间，在一定年限内修完规定课程学分并累计达到毕业要求即获得毕业证书的教学和学籍管理制度。完全学分制的运行机理较为清晰，即以学分为主线，将其贯穿于学生教学管理的整个过程。无论是学生的学还是教师的教，均应将学分的取得作为外部的手段，将掌握学分下蕴藏的学科专业课程知识与技能作为内在的目的。另外，完全学分制的成功施行，应辅以选课制和导师制。一方面，选课制是完全学分制的基础，它能够赋予学生独立地选择感兴趣的课程与授课教师的机会；另一方面，导师制是完全学分制的实施保障，一旦师生确认了双向选择关系，导师对学生的学业便负有重要责任，这能够对学生学习与发展起到较好的引导和监督作用。此外，学生修业年限上的弹性，也赋予了学生进行更多自我学业规划的权利。

三、完全学分制的发展现状与瓶颈

完全学分制较之传统的学年制相对固定的教学计划，具有较灵活、较全面、较为个性化等特点。但是，高校在改革和实行完全学分制的过程中，也面临着课程数量与质量难以保证、教学管理与评价较为滞后、学生自我管理能力较为逊色、师资能力要求较为严苛等多方面的现实困境。

一是课程数量与质量难以保证。完全学分制发展的核心和基础是选课制，但就目前国内各高校的课程设置来看，可供学生选择的课程依旧较为单一，课程数量和质量均显不足。较之选修课建设，各高校更加重视必修类课程，选修课的发展受到了一定的影响。集中表现如下。首先，选课表上数量更为庞大的必修课程以及数量较少的选修课程。其次，高校课程建设缺乏开放性和创新性，受长期以来学年学分制的影响，课堂上教师"满堂灌""照本宣科"的现象较为普遍。严密的课程结构设置，导致部分教师往往按照专业课程事先修订好的课程目标开展教学，极易忽视对学生个性和创新性的培养。此外，高校课程体系当中时常忽略实践课程的设置，因其较为烦琐，且缺乏较完善的测评标准。最后，人才培养过于专门化、学科面过窄、专业划分过细、学科界限过严，故而课程设置往往都将重心过于集中于某一院校或专业的特色，进一步加剧了课程覆盖面的狭小，复合型人才的紧缺。

二是教学管理与评价较为滞后。完全学分制的管理体系主要由学籍管理、课程管理和保障体系三部分所构成。传统的高校教学管理制度通常是统一制定教学规划，教学过程较少进行变动、更改，具有一定的稳定性和持续性。但是与传统高校管理模式不同的是，完全学分制强调目标的达成度，即终结性评价，属于经营管理模式。这在很大程度上降低了对教学过程的关注度，尤其是学生的学业年限不再整齐划一，这就很有可能导致部分学生由于学业规划不到位错失毕业机会的情况。因而，高校实行完全学分制对于其管理模式而言，是一次关键性的挑战。打破按专业、年级选课的限制后，改选、退选情况可能会迎来爆发，这些现实情况均对高校的管理手段和能力提出了更高的要求。此外，传统学分制下全校学生均依照固定的行政班级进行管理，这有利于学校统一安排和管理。但在完全学分制下，行政班级的概念迅速弱化与模糊，取而代之的是自由度较高的教学班级。在这样的选课模式下，学生极易倾向于"钻空子"：选择课程以及考试难度更小的课程，这导致了部分学生选择教师和课程时，价值判断的扭曲。此外，完全学分制也给师生的评估带来了很大的挑战。一方面，在完全学分制下，教师的教学内容也收获了更大的自主性，这也意味着对其考核标准的制定和实施难度大大增加；另一方面学生的毕业年限不再受到统一的时间限制，分批次毕业的学生越来越多，这也将致使高校围绕毕业生的教学评估、就业去向调查工作越来越难。

三是学生自我管理能力较为逊色。长期以来，大部分学生都是在应试教育的制约以及父母的严格约束下完成学业的，这导致了大部分学生在很大程度上自我规划与约束能力相对较差。故而，当高校给予学生选课自主权时，学生很有可能感到非常迷茫，甚至可能出现随波逐流的情况。完全学分制所带来的自由，很可能成为部分规划能力较差的学生未来职业道路上的噩梦。课程选择与职业生涯规划、兴趣爱好脱节的现象，将导致凑学分、知识结构零散、考核不合格、积极性受挫等现象。同时，自由选课打乱了传统按行政班上课的模式，同学之间、同学与老师之间的关系不再固定，变动松散疏离，学习效果靠自觉自律难以保证，教学管理作用变弱。此外，由于教学班级的不固定，集体活动也将难以得到数量和质量上的保证，部分学生的集体荣誉感与团队合作能力可能大幅退化。

四是师资能力要求较为严苛。传统高等教育体制下，学科间泾渭分明，教师聘任要求当中也强调对口的专业。在这样的培养模式以及评价机制的影响下，部分高校教师知识面较为狭窄、人文素养参差不齐，缺乏专业的教育学知识，难以胜任新兴课程的更高标准。加之高水平教师的数量有限、精力有限，学生对知识的渴求和教师所能传授知识之间呈现出较为突出的矛盾。在传统的教学观念里，教师通常是作为课堂的主导者和管理者，其授课的形式主要是为了实现预设的教学目标，采用的是一种粗暴的、灌输式的教学方法。这种教学方法形式单调，很难激发学生的学习兴趣，也常常忽略学生的个性化发展需求，严重限制了课堂教学质量的提高，不利于培养高素质创新型人才。此外，目前高校教师队伍的教学能力常常呈现出橄榄形状，核心力量相对较强，但在整体上呈现出一种外强中干的形象。同时，高校教师的数量配置也面临着专业教师匮乏的困境，如通识课程与新兴专业的专职教师短缺，这些通识课程时常得不到高校应有的重视，甚至大多数教授通识课程的教师学历和职称偏低，而且有时还会出现助教担任专职教师的情况[①]。

四、完全学分制的突破

一是加强课程建设的数量与质量。首先，高校可通过全面实施完全学分制度，丰富课程的多样性，保障学生可以从课程库中做出最满意的选择。此外，完全学分制实施成功与否的关键在于高校是否具备数量庞大的精品课程。同时，高校还应分门别类，依据专业类型设置与之相匹配的选修课程，使之既能适应人才培养目标的需要，又能符合学校发展规划，并与国际化接轨。为了满足学生选课的多元化需求，高校应持续地优化和建立庞大的精品课程库。其次，高校应建立一个合适的课程体系，选修课与必修课的比例应符合实际情况，恰到好处，避免部分课程"过冷"，较少学生选择，导致难以开课。同时，也应避免部分课程"过热"，导致一课难求的现象。高校确定必修课和选修课比例时，应广泛调研与搜集学生

① 朱雪波. 高校实施完全学分制的困境与对策研究[J]. 高等工程教育研究，2015，（1）：113-118.

对于选修课程的看法与需求，有针对性地开设类型多样的选修课程，赋予学生更自由地选择和安排自己课程的权利。最后，高校应充分利用网络资源为课堂教学服务。通过更为广泛地开发与利用网络信息技术，创建一个网络课程平台，确保高质量的在线课程被纳入学生可修读的学分体系中。允许学生通过学习网络平台课程、慕课课程和资源共享课程来获得学分，并且这些学分将被计算在总学分中。完全学分制下，为了改变传统的灌输式教学形式，高校教师还可采用问题导向和主题教学法等，使学生成为课堂真正的主体，而不是客体。

二是构建与学分制相匹配的管理机制。结合信息化手段，实现有效管理的目标和要求。首先，利用大数据精简学生的办事流程。高校可探索将学分相关的流程与校园卡、学生证绑定在一起，丰富一卡通的职能，集选课、注册、转学、缴费等程序于一体。其次，组建一支专门的教务系统管理团队。高效的学分管理体系需要有一套适配度极高的高校内部管理系统，故而需要一支专业的校园网络管理团队进行开发和日常维护。同时，高校还应定期对这批"网管团队"开展技术培训以更新其知识和能力，保障其管理过程的专业化和效率，以为学分制改革和教务管理工作提供技术支持。最后，构建一套精准严密的教学质量监控体系。质量是高等学校的生命线，实施完全学分制的初衷便是培养一批高素质的拔尖人才。一方面，高校可针对学生实施学业预警制度，对于未达到学期或学年学分修读标准的学生给予学业预警或警告。这样的预警制度，让学生在学习过程中保持一定的学习压力与主动性。另一方面，高校可针对教师展开全过程的考核制度，督促教师敬畏课堂，此外辅以一对一的帮扶措施，鼓励教师改进教学方式。

三是完善教学管理制度。实施本科生导师制。为适当地约束完全学分制体系下学生的选课自主权，实行本科生导师制非常有必要。本科生导师制历史悠久，迄今依旧流行于各大欧美高校，其最早可追溯至 14 世纪的英国，当时的英国高校导师平均指导 4～10 名学生。导师制的优越性在于，被高校确定为导师的教师通常源自卓越的教学人才、管理人员和科研人员，这些人才往往能够较好地指导学生课内外学习与科研实践，并辅以良好的师德师风对学生产生潜移默化的积极影响。此外，作为国际高等教育的另一大趋势，弹性学制能够进一步明晰学生的主体地位，学生能够结合自身的学习特点、需求和节奏来自行安排学业。在弹性学制下，四年制本科生学习的年限为 3～6 年，五年制本科学生学习的年限为 4～7 年。在这个时间范围内，学生只需修满规定的学分即可毕业。实施高效的弹性学制的关键在于高校的顶层设计，高校应统筹各相关部门对弹性学制展开系统的决策和合作，仅仅由教学部门或者学院推动是无法充分发挥弹性学制的积极效果的。尤其是由于学生的毕业时间不同，弹性学制下的考试制度、宿舍安排、离校派遣、电子注册、学位授予等各个环节均需要系统地设计与安排。

四是加强师资队伍建设。首先，增强师资队伍建设的核心任务是提升教师的教学能力。究其本质而言，课程数量的多少、质量的好坏在很大程度上有赖于教师的教学能力。教师的教学能力在很大程度上将制约高校完全学分制的实施效果。因此，应加强教师技能的培训。此外，变革传统的 KPI 式的评价理念，采取以评促教的形式，创造高校反馈文化，使教师能够在同行或学生的反馈下取得长足的进步。其次，高校还应鼓励教师"实战"，积极开设新兴课程，并对表现优秀的教师予以一定的奖励。同时，将教师课堂教学的时长和质量视作职称评定的指标之一。再次，进一步转变教师的教学观念，要求教师树立"以学生为中心"的教学理念，鼓励教师在课堂中转变自身的角色，从课堂的主导者转变为引导者。要求教师摒弃掉过于依赖书本的知识传授形式，注重点面结合，生动教学。最后，完善人才引进制度，吸纳更多的优秀教师尤其是教学能力卓越的教师，"不拘一格降人才"，不应"唯论文"，将其科研表现作为唯一评判标准。除了上述措施，高校还应当组织周期性的教学技能竞赛，并表彰那些在竞赛或创新课程当中有所贡献的教师。

第三节　导师制组织管理制度

一、导师制的概念界定

导师最早是指在大学学习与生活的过程中大学生的监护者，随着高校组织管理制度的几经变革，如今，导师主要是指为学生提供学业、未来职业生涯规划等各方面的咨询服务和学生学习活动规划的教师或指导者。关于导师制的内涵概念界定，在多年的实践和探索中，产生了丰富的研究成果。

本科生导师制起源于牛津大学，导师采取一对一指导，布置相关主题的论文，学生自行阅读，最后与导师交流讨论，在这个过程中注重训练学生的思维和表达能力，属于一种智力训练教学，导师具有学术指导和道德培养的双重职能[①]。因此，部分学者认为导师制是一种制度，是对学生的科研、学习、道德、心理等各方面进行指导的教学制度。例如，《中国百科大辞典》认为导师制是"英国高等学校的一种教学制度。每位导师负责指导一名或数名学生，主要辅导学生的教学活动，大学中也有专门负责学生生活的导师"[②]。顾明远主编的《教育大辞典》中将导师制界定为：高等学校实行的由教师对学生的学习、道德及生活等多方面进行个别指导的教学制度[③]。

另有部分观点将"导师制"定位为一种教学管理制度，如美国式的本科生导

---

① 杜智萍. 今日牛津大学本科导师制的特点及启示[J]. 现代大学教育，2006，（6）：85-88.

② 中国百科大辞典编委会. 中国百科大辞典[M]. 北京：华夏出版社，1990.

③ 顾明远. 教育大辞典 11[M]. 上海：上海教育出版社，1991：19.

师制属于一种"辅助机制"，哈佛大学最早将导师制引入本科教学管理中①。《教育辞典》分别从研究生教育和本科生教育的角度出发，认为导师制是高等学校和科研机构对研究生进行教育培养与管理的制度，也是高等学校指定教师对本科生学习、生活与思想进行指导的教学管理制度②。

　　综合来看，较多观点认同导师制是属于高校组织管理层面的一种制度，并认为导师制与高校的教育教学息息相关，无论是作为一种教学制度还是一种教学管理制度，导师制都具有其重要意义。本书将导师制界定为一种教学组织管理制度，导师制是使高校本科生获得良好的成长和发展的重要制度保障，导师必须根据学生的身心发展特点、兴趣爱好和个人成长经验对学生进行个性化指导，其中包括学业、思想、生活、道德等各个方面，突出导师对学生的启发诱导，有助于培养适应时代发展的新文科复合型人才。

二、导师制组织管理模式的职能

　　学术界及高校实践无不体现了导师制的重要教育意义，诸多学者达成了共识，认为导师的教育过程就是培养学生的理性思考和批判能力、在思考论证中启发学生的智慧的过程。综合来看，导师制组织管理模式的职能主要包括教学辅导、科研指导、思想品德引导、身心健康关怀等四大方面。

（一）教学辅导职能

　　教学是学校的主要职能之一，教学辅导自然而然成为导师制的首要职责。经过长期的实践和教育评估发现，成熟的导师制组织管理模式能够显著提升学校的教育教学质量。在本科教育中，导师进行教学辅导通常是基于密切的师生关系与学生探讨学业问题，评估或协助评估学生的学习成果（如作业或测试），以及在课堂教学之外，与学生探讨问题、解惑答疑。这种模式十分有效地提高了学生的学习参与度，促进学生深度参与到学习中来，可以说是提高学生学业成绩和制定职业目标的有效策略，也是高校、学术机构的重要组成部分。曾任牛津大学校长的科林·卢卡斯（Colin Lucas）认为本科生导师制的独特之处在于它可以引导学生在所学知识融会贯通的基础上加深对问题的理解和推广，导师的辅导课不是提供答案的示范课，而是为讨论出这样或那样的可能性。

　　① 魏志荣，吴胜，任伟伟. 英美中三国本科生导师制模式的比较与实施[J]. 黑龙江高教研究，2019，37（1）：139-143.

　　② 张焕庭. 教育辞典[M]. 南京：江苏教育出版社，1989：383.

（二）科研指导职能

导师制组织管理模式还具有科研指导职能，这一职能有助于学生在本科阶段接触科学研究，熟悉科学研究的基础流程，进行最基本的科研训练，以便为有志于学术科研的学生做好后续深造的准备。导师制组织管理模式的科研指导职能不仅有助于学生的学习，而且也能够助力导师科研水平的提升。导师对学生进行单独的教学辅导，能够快速、有效地了解他们现有的知识能力水平，与学生一同研讨学术问题，能够向学生传递自己的专业热情和科研热情，在这种"共同研习"的氛围中，学生能逐渐提升自身的科研判断能力、创新能力以及合作交流能力。

（三）思想品德引导职能

学术界普遍的观念是，本科生导师制是自由教育的实践产物，与课堂教学单纯追求知识传授、智育培养不同，导师制组织管理模式的另一重要目标是为了学生良好道德品质的养成和人格的完善，最终培养出心智健全、品德高尚等德智体美各方面全面发展的人才。因此，导师不仅仅是学生学习的指导者、科研的领路人，更是学生思想品德的引导人；导师不仅仅要关注学生的学业成绩、科研成就，更需要关注学生的思想变化，使之成长为拥有良好品德、善良正直的人。

（四）身心健康关怀职能

杨琴指出，普渡大学统计学专业的本科生导师拥有许多统计学家没有的特有属性，如宽容、耐心和倾听，他们乐于与学生交流，愿意花时间与学生讨论，及时回复学生信息，诚心诚意地帮助学生[①]。基于这种亲密的师生关系，学生获得了更为良好的成长和发展。学生的身心健康也应当是导师所关注的内容，基于这种深度了解，才能真正实现因材施教。

三、导师制的实施模式

关于导师制的实施模式研究，结合我国众多定位不同、特色各异的本科院校，综合相关论文的多样化研究视角[②]，可以将导师制的实施模式分为以下几类。

---

① 杨琴. "双一流"高校本科生导师制实施现状研究：基于 L 大学的调查[D]. 兰州：兰州大学，2022.
② 付轶. 我国大学本科生导师制研究：以华中师范大学为例[D]. 武汉：华中师范大学，2013.

　　按照高校类型分类①，可以分为全方位导师制、科研型导师制、课程型导师制、双导师制。一是全方位导师制，即学生进校后，通过"双向选择"确定自己的导师，低年级阶段导师主要指导学生的思想、学业，高年级阶段学生则通过参与导师的科研项目，提高学生的实践能力。二是科研型导师制，适用于关系国计民生的国家重点理工科高校、学术型高校，即大一学生先按照大类学习学校所规定的课程，大学二年级之后实行导师制，学生在导师的指导下，根据自己的兴趣、爱好和未来的职业生涯规划选择主修专业，参与科研实验，实行个性化教育。三是课程型导师制，适用于人文社会科学类综合性大学，此类学科专业无须进行大量的实验项目。四是双导师制，是指由校企共建双导师队伍、协同完成学徒培养任务的一项新机制，双导师团队是学徒培养直接执行者，其素质和能力等因素高低对学徒培养质量起着决定性作用②。

　　按照年级划分类型③，诸多学者都将导师制划分为三种类型，即全程导师制、半程导师制和阶梯式导师制，其中，半程导师制又可以分为低年级导师制和高年级导师制。一是全程导师制，学生入校即双向选择或单向分配一位或数位导师负责指导学生本科期间的学习、生活等，贯穿学生本科生活的全过程。二是半程导师制，可分为低年级和高年级导师。低年级导师制一般针对大一、大二的新生，入校时就分配导师，导师负责在学习、生活等方面引导学生实现从中学生向大学生的角色转换，帮助学生了解及熟悉专业课程结构，制订初步学习计划等。高年级导师制一般是针对大三、大四学生，由学生根据自己的兴趣特长或未来的学习工作目标而选择导师指导其科研、实践及毕业论文的撰写设计等。三是阶梯式导师制，由半程导师制演化而来。阶梯式导师制指的是，在学生的不同学习阶段设置不同导师制，一般包括生活导师、学习导师、科研导师和论文导师等，导师身份和职能相对固定。董卓宁等基于北京航空航天大学经济管理学院实行本科生导师制的现状进行的研究，提出应建立多层次本科生导师制培养模式：大一实行本科生顾问制度、大二实行科研助手制度、大三实行导师制实验班，这样能增强老师与学生间、不同年级学生间的交流和联系，提升本科生的科研兴趣和能力，促进学生的身心健康发展④。

四、导师制组织管理模式存在的问题

　　对于导师制组织管理模式的实施，高校往往持有积极态度，认可导师制的教

　　① 石达次仁，罗爱军. 本科生导师制的实践与创新[J]. 黑龙江高教研究，2016，（4）：77-80.
　　② 单文周，李忠. 现代学徒制试点中双导师制：内涵、瓶颈及路径[J]. 社会科学家，2019，（8）：143-148.
　　③ 石荣传. 本科生导师制：类型、实施现状及完善对策[J]. 大学教育科学，2016，（3）：70-73.
　　④ 董卓宁，宋晓东，贾国柱. 高校"本科生导师制"培养模式的创新研究：基于北京航空航天大学经济管理学院的探索实践[J]. 内蒙古师范大学学报（教育科学版），2013，26（5）：84-86.

育意义和教育价值，乐于践行导师制组织管理模式，然而实践中的评价却不容乐观，这显示导师制组织管理模式在实践中存在一些困境。

一是在高等教育普及化背景下，高校规模不断扩大，招生过多，而教师数量有限，以一对一或一对多的小规模指导为核心特征的导师制组织管理模式显得力不从心。王颖和王笑宇指出，高校扩招，而师资队伍建设存在明显的滞后性，导师不仅承担繁杂的教学科研任务，有的导师还是硕导或博导，指导的学生较多，精力有限，无法关注到每一个人，尤其是本科生[①]。

二是就本科生而言，导师的指导内容不甚明确。贾绘泽认为，高校对导师的职责定位不明确、"全而空"，要求导师对学生进行个性化指导，既包括学业，还有生活、心理、思想等方面的指导，但没有明确规定指导方式和要求达到的结果，操作性不强。一些导师甚至将一学期一次的见面聊天视为指导工作的完成[②]。

三是本科导师制的管理机制、激励机制、考核机制不健全。吴仁明等使用自制问卷，采取非概率随机抽样的方法对成都理工大学的思想政治教育专业在校大学生进行问卷调查，发现我国许多高校采用的本科导师制，还达不到制度的高度，仅仅是教学改革探索的一种创新形式，由于没有具体、详细的导师制度，一些导师对于学生的指导工作便流于形式或是敷衍了事，导师制的实施实效很难得到有效评估[③]。

此外，部分学者基于具体的学科、专业等研究视角，深入分析了导师制组织管理模式所面临的现实困境。房广顺等从共同体视域出发对本科生导师制的基本属性予以全面审视，剖析当前本科生导师制的实施困境，如思想共识缺乏使师生共同体欠缺建构基础、配套制度不足使学术共同体难以切实建立、客观条件限制使学习共同体不易发挥效用、文化环境缺失使文化共同体失去培育土壤、师生关系异化使情感共同体无法充分凝聚等[④]。张海霞基于新制度主义视角，分析了应用型院校导师制的实施困境，一是制度本身不完善，如制度目标过于全面、主导组织较为多元、制度文本与配套规章欠缺；二是个体内化较为困难；三是导师制组织管理模式缺乏良好的实施环境，整体认同度较低[⑤]。王晓芳认为，实施成长导师制是促进学生发展的必然要求、学校未来发展的现实需求、适应高考改革的必然选择，但在现实教育实践中，成长导师制的实施面临诸多困境，如导师功能定位不够清晰、教师的指导积极性有待提高、未能满足全体学生发展需求、教师未能

① 王颖，王笑宇. 本科新生导师制对大学生的影响路径及实施效果研究[J]. 教育研究，2016，37（1）：26-34.

② 贾绘泽. 高校推行本科导师制的几个主要问题[J]. 教育探索，2016，（10）：44-47.

③ 吴仁明，徐荣，吴周阳. 本科导师制实施现状、问题与对策建议：以成都理工大学思想政治教育专业为例[J]. 教育观察，2019，8（31）：3-8，12.

④ 房广顺，赵楷夫，刘振宇. 共同体视域下本科生导师制实施困境探赜与应对[J]. 天津师范大学学报（社会科学版），2023，（4）：64-71.

⑤ 张海霞. 新制度主义视角下应用型院校导师制的实施困境及消解路径[J]. 教育与职业，2019，（15）：71-74.

充分调动多方力量、成长导师制度体系有待完善①。骆秉全等运用问卷调查法、数理统计法、文献资料法，以首都体育学院本科生问卷调查结果为基础，深入分析了首都体育学院现行本科生导师制存在的问题，发现导师制实施体系不健全、影响面小；本科生导师指导水平有待提高，本科生导师制缺乏约束力；本科生导师作用缺失；本科生导师制工作内容不明确；本科生导师制缺乏激励机制②。

五、导师制组织管理模式的优化策略

为解决导师制组织管理模式在高校的教育实践中所存在的问题，不少学者进行了理论研究和实践探索，提出了优化策略和改进建议。

王静等提出，可以通过专业课教师和思政课教师组建"多成员导师制"，共同提炼专业理论中蕴含的马克思主义哲学原理，制定课程设计和毕业设计大纲，指导学生完成设计类实践环节的训练，推动工程类本科生通过专业实践掌握科学合理的哲学观和方法论，并较好地适应就业岗位③。吴仁明等为保障制度的实施，建议可以从本科生导师制的设置和实施出发：在大一第二学期设置导师，"聚焦主业"，专注学生学业的引领；实施保障机制，成立本科生导师管理小组和导师团队；建立有效的评价机制，院系两级综合考评学生，对导师进行绩效考核；落实奖励机制，以鼓励为主，让师生获得更多的激励④。深化"三全育人"综合改革的教育背景下，北京科技大学基于"全覆盖""全过程""强投入"的三大思路，发展了"3＋3"六位一体本科生全程导师制模式，正式开启了国际化创新型人才培养以及本硕、本博贯通培养模式⑤。基于我国高校在"双导师制"的实践中面临的遴选与激励机制不明确，落实不到位、流于形式，缺乏效果评估与监督等问题，提出要在学生与校外导师、校内导师与校外导师、学校管理层与校外导师之间建立起科学、稳定和良性的互动机制：一是依托联合培养基地建设，建立稳定的导师选拔合作机制；二是校外导师全面融入教学实践，促进导师身份从虚到实的转变；三是推进校内导师走进媒体，加强校内校外双师互动⑥。

① 王晓芳. 成长导师制的内涵、困境及超越[J]. 教学与管理，2018，（22）：19-22.

② 骆秉全，李骁天，高天. 高等体育院校实施本科生导师制的实践探索：以首都体育学院为例[J]. 首都体育学院学报，2018，30（1）：47-54，77.

③ 王静，张云龙，钟春玲，等. 导师制在应用型本科实践教学中的应用[J]. 职业技术教育，2018，39（29）：39-42.

④ 吴仁明，徐荣，吴周阳. 本科导师制实施现状、问题与对策建议：以成都理工大学思想政治教育专业为例[J]. 教育观察，2019，8（31）：3-8，12.

⑤ 朱玉洁，杨仁树，韩学周. "三全育人"背景下"3＋3"六位一体本科生全程导师制探索[J]. 中国高等教育，2023，（18）：32-35.

⑥ 潘亚楠，张淑华. 新闻与传播专业硕士学位"双导师制"构建的困境与创新路径[J]. 青年记者，2023，（14）：116-118.

第四篇　新文科复合型人才大类培养模式的现实分析

第七章　新文科复合型人才大类培养模式的现状调研

第一节　调　查　设　计

一、调查目的

调查目的主要有以下三个方面。其一是为了获取当前新文科背景下，我国高校开展大类培养的一手资料，了解当前行业特色高校新文科复合型人才大类培养改革的实践现状，具体包括主要举措、推进情况以及成效与经验等方面。其二是为了更深入认识行业特色高校新文科复合型人才大类培养实践存在何种困境。通过深入的问卷调查和访谈调查来摸清当前行业特色高校新文科复合型人才大类培养模式的缺陷和不足，进一步精准聚焦问题。其三是为了深入挖掘问题背后的原因和探究改革的发展路径。通过对调查数据的统计与分析，进一步探究行业特色高校新文科复合型人才大类培养模式现有问题的深层原因，从而进一步提出合理、有效的改进建议与方法对策。

二、调查对象

调查对象分为两个部分，一部分是以西北工业大学为代表的国防特色高校、以西北农林科技大学为代表的农林类行业特色高校、以西安电子科技大学为代表的电子类行业特色高校、以西安交通大学为代表的交通类行业特色高校；一部分是以西北大学、陕西师范大学为代表的综合类和文科类高校；问卷调查的对象是本科生，访谈调查的对象是教师和管理部门人员。陕西省内高校在类型上涵盖了军工类、农业类、电子类、交通类等行业特色高校；同时纳入了综合类和文科类高校，以期为行业特色高校新文科复合型人才大类培养模式提供借鉴意义。

三、调查内容

本书通过问卷和访谈两种调查方式，旨在调查新文科复合型人才大类培养模式的现状。主要包括六个方面的内容。一是新文科复合型人才大类培养模式的人才培养理念现状及培养目标的达成度；二是新文科复合型人才大类培养模式中专业设置的灵活度；三是新文科复合型人才大类培养模式中课程设置的现状及课程效果情况；四是新文科复合型人才大类培养模式中教学组织形式现状；五是新文科复合型人才大类培养模式中教育评价方式的现实情况；六是新文科复合型人才大类培养模式中组织管理制度的情况。

四、调查思路

本书采取问卷调查与访谈调查相结合的方法。对大类培养模式的调查需要见微知著，只有深入、全面探析大类培养模式各个构成要素的具体实践现状，才能深刻了解和掌握大类培养存在何种困境。问卷调查虽然覆盖面广，便于发放与回收，但获取的信息相对比较浅层，无法深入探究问题背后的深层原因。因此，本书不仅设计了专门针对学生的问卷调查，还有针对教师和职能部门管理者的访谈，从不同的角度了解新文科背景下大类培养的成效与问题。

第二节　问卷设计与调查

一、问卷设计

本书的研究主题是"行业特色高校新文科复合型人才大类培养模式的创新与实践"。在问卷设计的过程中，首先，系统整理出大量有关人才培养要素的文献内容，对现有大类培养模式的研究成果进行总结和归纳后，将培养理念、专业设置、课程设置、教学组织形式、教育评价方式和组织管理制度作为贯穿本书研究始终的六个维度，并将其作为问卷的一级指标。其次，结合新文科育人特色要求以及本书研究特点，进一步对六大要素的内部进行划分，从而确定问卷的二级和三级指标。再次，将新文科建设的育人理念和内容特色与大类培养的育人要素进行有机结合，对六大要素的具体题目和选项进行了多次考量，并根据本书研究的目的和内容，编制了初步的调查问卷。最后，对问卷中的具体内容进行了删除、添加和修改，制定并最终确定了本调查问卷。

调查问卷由学生基本信息、要素现状两部分构成。第一部分是个人基本信息，包括所属学校、所在年级、所属大类、所在专业。第二部分以量表的形式为主，以选择题和填空题为辅，调查了高校大类培养模式在人才培养理念、专业设置、课程设置、教学组织形式、教育评价方式、组织管理制度六个要素方面的实施现状。

（一）人才培养理念分量表

人才培养理念是高校在培养人才时所提出的具体规格和标准，其中，人才培养目标是有关大学培养什么人的一种价值主张和具体要求[①]。人才培养理念指导着人才培养活动的方向，是人才培养模式中最重要的要素，对人才培养模式涵盖的所有要素均有着价值引领性[②]。本书将人才培养理念进行分解与量化，以便进行调研。问卷主要依据眭依凡教授人才培养目标的更新或重构原则，即制定人才培养目标时必须具有知识、能力与素质要素的结构分解，结合布鲁姆的教育目标分类法及其他学者的研究成果，将人才培养理念作为一级指标，以知识、能力与素质作为二级指标，并在参考已有研究与被调查高校特色的基础上，进一步细化出量表的三级指标，知识包括通识知识掌握程度和专业知识掌握程度，能力包括问题解决能力、批判创新能力、合作沟通能力，品德包括情感（公民意识）、态度、价值观，最终编制出人才培养理念分量表，具体内容如表 7-1 所示。

表 7-1　人才培养理念分量表

一级指标	二级指标	三级指标
人才培养理念	知识	专业知识掌握程度
		通识知识掌握程度
	能力	问题解决能力
		批判创新能力
		合作沟通能力
	素质	情感（公民意识）
		态度
		价值观

（二）专业设置分量表

专业设置是大类培养模式的重要组成部分，关系到人才大类培养的质量。参照董泽芳教授关于专业设置模式的形态设计，本书将重点讨论的大类设置这种专

[①] 眭依凡. 素质教育：高校人才培养体系的重构[J]. 中国高等教育，2010，（9）：10-13.

[②] 项璐，眭依凡. 培养目标：人才培养模式改革的价值引领：基于斯坦福大学"开环大学"计划的启示[J]. 现代大学教育，2018，（4）：103-111.

业设置方式划分为设置方式、设置口径、设置时间与设置空间四个部分。设置方式是指在专业口径之内是否分化专攻方向以及分化多少，以刚化或活化专业；设置口径是指划分专业时所规定的主干学科或主要学科基础及业务范围的覆盖面；设置时间是指专业确定时间的早晚，是一进校就确定专业，还是先模糊专业身份到一定阶段之后再分流培养；设置空间是指学生的专业确定之后，还有没有游移的空间和更改的可能①。其中，大类设置方式与设置口径的实际方案在第五章已进行深入分析，因此，本问卷仅需要调查行业特色高校专业设置中大类设置时间与设置空间的实际情况。具体而言，本问卷编制的专业设置分量表的具体内容如表7-2所示。

表 7-2　专业设置分量表

一级指标	二级指标	三级指标
大类设置	设置时间	专业分流时间
	设置空间	专业变更空间

（三）课程设置分量表

课程内容是课程的核心要素，是根据课程目标从人类的经验体系中选择出来，并按照一定的逻辑序列组织编排而成的知识体系和经验体系②；课程效果则是课程目标的达成程度，即课程实施是否达到了学生身心素质发展的预期结果。为了解新文科背景下行业特色高校大类课程设置的现状，本书在参考已有学术成果的基础上，从课程内容与课程效果两维度出发，对行业特色高校人文社科大类的课程设置现状进行问卷设计。从已有研究来看，学习效果影响机制研究多将学习投入理论作为研究的理论基础③。学习投入是指学习者投入课业相关活动中的"身体能量和心理能量的总和"④，已有研究表明，学习投入是衡量高质量学习效果的关键指标⑤。依据前述理论成果和本书的调查目的，最终编制的"课程设置分量表"如表7-3所示。

---

① 龚怡祖. 大学专业设置模式探析[J]. 教育发展研究，2001，（11）：72-73.
② 王道俊，郭文安. 教育学[M]. 6版. 北京：人民教育出版社，2009.
③ 魏署光，陈敏. 本科生学习效果影响机制研究：基于华中科技大学SSLD的分析[J]. 高等工程教育研究，2016，（2）：167-173.
④ Astin A W. Student involvement: a development theory for higher educations[J]. Journal of College Student Development，40：518-529.
⑤ Krause K L, Coates H. Students' engagement in first-year university[J]. Assessment & Evaluation in Higher Education，2008，33（5）：493-505.

表 7-3　课程设置分量表

一级指标	二级指标	三级指标
课程设置	课程内容	学科交叉课程
		实验课程
	课程效果	学生投入
		课程感受

（四）教学组织形式分量表

教学是在特定条件下，以课程内容为中介，由教师的教与学生的学共同组成的统一活动，教学过程是在教师指导下的一种认识过程，或者是认识过程的一种特殊形式，是教师的教与学生的学相结合共同参与的双边活动，是一个动态的发展过程[①]，涵盖了教师、学生、教学内容、教学组织形式、教学方法、教学手段等多个方面。在新科技革命背景下，新兴技术改变着教学方式，数字媒介的教学互动有利于增加课堂的趣味性，激发学生学习的积极性。新文科强调将现代信息技术引入教育教学中来，故而数字化、技术化的教学资源是教学方式的重要方面。因此，为了解行业特色高校教学媒介数字化、技术化程度，本书问卷主要从教学方法、教学资源两个维度出发设计了教学组织形式分量表，具体内容如表 7-4 所示。

表 7-4　教学组织形式分量表

一级指标	二级指标	三级指标
教学组织形式	教学方法	课堂教学
	教学资源	图书馆及计算机信息技术

（五）教育评价方式分量表

人才培养评价是指高校按照一定标准对人才培养的过程和质量进行价值判断，为提高教育决策提供一定依据的过程，具有监控、反馈和激励人才培养模式的重要作用。教育评价方式包括对学生学业成绩的评价、对教师教学质量的评价

---

① 田建荣. 高等教育学基础[M]. 西安：陕西师范大学出版总社，2018.

以及对课程的评价，本书中的评价方式仅指对学生的评价。根据评价在教学过程中的作用，可分为诊断性评价、形成性评价和总结性评价；根据评价所运用的方法和标准不同，可分为相对性评价和绝对性评价；根据评价的主体不同，可分为教师评价与学生自我评价。本书主要从评价方法和评价效果出发，调查行业特色高校通常使用哪些方式来进行学业评价，以及了解学生们对该评价方式效果的感受。具体的教育评价方式分量表如表 7-5 所示。值得注意的是，行业特色高校本科人才培养的过程中，教师教学环节对学生的学习投入与学习效果有直接影响。因此，除调研学生角度外，本书在后续还将以访谈的形式来调查教师对教育评价方式的看法和意见。

表 7-5　教育评价方式分量表

一级指标	二级指标	三级指标
教育评价方式	评价方法	学业评价方法
	评价效果	学习效果评价

（六）组织管理制度分量表

管理制度是人才培养模式中较为活跃的因素，常见的管理制度有学分制、学位制、分流制、导师制等，这些制度又自成一定的体系，进行变化和发展。新文科建设旨在突破常规培养，进一步深化书院制、导师制、学分制改革，积极推进交叉融合类双学士学位项目、实验班、微专业等，让具有发展潜力的拔尖学生成长成才。导师制在本硕博贯通式人才培养中发挥着重要的作用，是学生成长成才过程中的重要他人，在导师制上更加强调对学生的全方位指导，涉及思想、学业、科研、生活等各个方面。因此，本书问卷主要从导师制角度对组织管理制度进行调查，具体情况如表 7-6 所示。

表 7-6　组织管理制度分量表

一级指标	二级指标	三级指标
组织管理制度	导师制	指导频率
		指导内容

基于上述分析与被调查高校大类培养的实践现状，最终编制了新文科背景下行业特色高校大类培养实践现状的调查问卷。具体内容如表 7-7 所示。

表 7-7　大类培养实践现状的调查问卷

一级指标	二级指标	三级指标	问题设计
人才培养理念	知识	专业知识掌握程度	1. 对专业知识掌握与运用情况
		通识知识掌握程度	2. 对通识课程所学知识掌握与运用情况
	能力	问题解决能力	3. 针对一个问题，能够设计多种解决方案 4. 可以利用交叉学科的思维与能力解决一些问题
		批判创新能力	5. 在学习中敢于批判和质疑、善于思考 6. 在研究和实践中，善于观察和联想，发现知识间的新联系，能将某门课堂的所学应用到其他课程或领域
		合作沟通能力	7. 与不同大类或专业背景的同学共同完成任务
	素质	情感（公民意识）	8. 努力提高自身修养、知识技术水平，实现自身价值，奉献社会
		态度	9. 对复杂情况有自己的价值观和道德判断
		价值观	10. 有强烈的责任感并努力成为积极担当责任的公民
大类设置	设置时间	专业分流时间	11. 请问您所在高校进行专业确定或分流的时间是
	设置空间	专业变更空间	12. 专业分流后，您所在高校是否允许转专业、院系
课程设置	课程内容	学科交叉课程	13. 学校是否开设了跨学科的课程 14. 在课堂学习中运用其他学科的知识和经验解决问题 15. 比较不同的科学方法，增进知识的获得和理解
		实验课程	16. 练习用实验室设备提升自己的技能
	课程效果	学生投入	17. 课前完成指定的学习和预习任务 18. 课堂上主动提问、积极参与讨论 19. 对所学的课程总体上有兴趣，愿意主动开展课外探索
		课程感受	20. 能够掌握课程所学内容 21. 你觉得收获最大的课程是哪一门
教学组织形式	教学方法	课堂教学	22. 教师运用以下教学方法开展课堂教学
	教学资源	图书馆及计算机信息技术	23. 为学期论文或其他报告列出参考书目并利用数据库查找 24. 利用计算机制作直观展现的信息（图表、电子数据）
教育评价方式	评价方法	学业评价方法	25. 通常，老师会通过哪些方式对你们进行学业评价
	评价效果	学习效果评价	26. 您认为学校现行的学业评价方式能多大程度上反映出学生的学习效果
组织管理制度	导师制	指导频率	27. 您与导师沟通的频率
		指导内容	28. 导师对您的学习、生活、思想品德和人生等各方面进行指导

二、问卷发放与回收

本书调研以"问卷星"的形式发放电子问卷给目标高校，共发放调查问卷897 份，最终回收问卷 897 份，其中有效问卷 744 份，有效回收率为 82.94%。问卷回收后，将问卷数据按照统一标准进行审核、编码与整理，并利用专业的社会科学统计软件 SPSS26.0 对数据进行统计与分析。

三、问卷信效度检验

（一）效度分析

效度是指量表达到测量指标的准确程度分析，即测量量表的有效性。一般而言，当 KMO（Kaiser-Meyer-Olkin）值大于 0.6 时，则表示该问卷效度为一般，大于 0.8 时效度良好，超过 0.9 时则量表的有效性最高。如表 7-8 所示，本书编制的问卷整体的 KMO 值达到了 0.961，说明本书问卷结构效度较好。

表 7-8　KMO 值与巴特利特检验结果表

检验		测度值
KMO 值		0.961
巴特利特球形检验	近似卡方	10 798.145
	自由度	190
	显著性	0.000

（二）信度分析

信度是指测量工具所测得结果的一致性，即采取相同方法对同一对象进行重复测量时，所得结果相一致的程度。通常，信度系数越高则表示该检测结果的信度越大，可靠程度越高。本书问卷采用克龙巴赫所提出的 α 系数来进行信度的测量，一般来说，当 α 系数的值大于 0.7 时则表示该问卷的信度较好。如表 7-9 所示，此处 $\alpha = 0.927$，标准化的 $\alpha = 0.895$，均大于 0.7，说明问卷研究数据的信度质量较高，测量结果的一致性较强。

表 7-9　调查问卷的信度统计表

可靠性统计		
克龙巴赫 α 系数	基于标准化项的克龙巴赫 α	项数
0.927	0.895	37

四、样本的基本情况

为了解本书调查对象分布的基本情况，对 744 份有效问卷数据进行描述性统计分析。本调查共选取了 6 所高校，分别为西北工业大学、西安交通大学、西安电子科技大学、西北农林科技大学、西北大学、陕西师范大学。在年级分布上，被调查对象主要集中在大一、大二年级，其中大一年级占比 54.2%，大二年级占比 24.3%，大三占比 9.5%，大四占比 4.7%，其他占比 7.3%；在所属大类上，文学类（中国语言文学类、外国语言文学类）占比最高，达到了 33.9%，其次是管理类占比 17.6%，经济学类占比 9.1%，法学类、哲学类和历史学类分别占比 7.0%、5.9% 和 8.9%，其他占比 13.8%。具体内容如表 7-10 所示。

表 7-10　高校大类本科生基本信息分析结果表

基本信息	分类	频数	百分比
您所在高校名称是？	西安电子科技大学	78	10.5%
	西北工业大学	75	10.1%
	陕西师范大学	129	17.3%
	西安交通大学	101	13.6%
	西北农林科技大学	130	17.5%
	西北大学	231	31.0%
您的年级是？	大一	403	54.2%
	大二	181	24.3%
	大三	71	9.5%
	大四	35	4.7%
	其他（延毕的情况）	54	7.3%
您所属大类是？	哲学类	44	5.9%
	管理类	131	17.6%
	经济学类	68	9.1%
	文学类（中国语言文学类、外国语言文学类）	252	33.9%
	法学类	52	7.0%
	历史学类	66	8.9%
	交叉学科类	28	3.8%
	其他（有学校有其他大类说法）	103	13.8%

第三节　访谈设计与调查

仅从学生群体的角度并不能够全面地评价和衡量新文科背景下行业特色高校大类培养模式存在的问题及成因。鉴于此，本书在收集学生群体的问卷数据后，还对教师与学校管理部门的相关负责人进行访谈，其目的在于进一步探究教师和管理人员对本校大类培养实践中存在具体问题的相关看法，以便更深入地去分析新文科背景下一流高校大类培养实践存在的问题及相应成因。

一、访谈提纲的编制

本书研究分别邀请了七位教师和八位学校管理部门（如教务处、学生处等相关部门）的相关负责人进行了访谈，具体的访谈对象信息如表 7-11 所示。

表 7-11　访谈对象信息

人员代码	职称/职务	学历	性别	年龄/岁	访谈时长
T1	副教授	博士	男	35	45min
T2	副教授	博士	女	37	30min
T3	副教授	博士	男	39	30min
T4	教授	博士	男	39	40min
T5	教授	博士	男	47	30min
T6	教授	博士	女	42	45min
T7	教授	博士	男	51	50min
M1	教务处主任	博士	男	53	60min
M2	教务处科员	硕士	女	28	60min
M3	学生处处长	博士	男	48	35min
M4	文学院院长	博士	男	57	50min
M5	文科建设处处长	博士	男	55	50min
M6	文科建设处科员	硕士	女	29	50min
M7	辅导员	硕士	女	26	40min
M8	辅导员	硕士	男	25	30min

注：T（teacher）代表教师，M（manager）代表学校管理部门人员

二、访谈调查的实施

本书研究在参考第七章编制的调查问卷的基础上，以问题为导向去进行半结构化问题的设计，通过面对面的方式开展实地访谈，并在取得访谈对象同意的前提下，对访谈过程进行全程录音，以便后续对访谈结果的数据进行分析。访谈主要围绕以下三个关键问题展开：第一，访谈对象的基本信息。第二，访谈对象对本校本科生大类培养质量现状尽可能多的认识与看法；第三，了解访谈对象认为本校本科生大类培养实践环节存在的问题及其原因。

三、访谈资料的编码

访谈结束后，通过对访谈过程中的文字和录音资料进行详细的梳理和分析，初步凝练了访谈对象所表述的有关新文科背景下大类培养实践中存在的问题和原因。本书研究按照伯克·约翰逊（Burke Johnson）与拉里·克里斯滕森（Larry Christensen）提出的三级编码方式来进行编码，并对访谈录音的文字材料进行整理和分析（表 7-12）。

表 7-12　三级编码情况

开放编码	主轴编码	选择编码
培养目标过于宽泛、指导性不强、忽视学科差异、忽略校际差异、缺乏特色、同质化严重	人才培养	人才培养理念
专业冷热不均、跨学科程度低、设置不够科学	设置方式	专业设置
学生选专业标准单一、盲目填报、专业分流满意度低、资源分配不均、缺乏了解	专业分流	
课程安排冗余、总学分过多、选修课较少、课时安排不合理	课程结构	课程设置
课程类型变化大、学分认定复杂、缺乏制度保障	课程管理	
跨学科程度低、交叉学科课程较少、重理论轻实践、缺乏创新	课程内容	
重讲解、轻实验、以讲授法与讨论法为主、互动性弱、教学资源紧张	教学方法	教学组织形式
师资数量不足、缺乏专门的大类教师、科研绩效与行政任务占据教师精力	师资队伍	
重科研轻教学、忽视学科差异、缺乏专门的大类评价体系、交叉学科评价指标不足、唯论文	评价标准	教育评价方式
强调数量、考核频繁、考核周期较短	评价周期	

其中，一级编码为开放编码，即整理访谈中的重要信息并比较异同，将资料按自身属性进行概念分类。本书在尽可能保留访谈对象使用的概念和关键词的基础

上，对所凝练结果进行横向交叉对比，将各访谈对象表述的共性问题进行提炼与归类。在反复研读访谈资料后，本书研究初步得到了 196 个概念标签，由于存在大量重复的标签，经分析、合并和筛选后，最终得到了 41 个概念标签。

二级编码为主轴编码，即通过厘清不同概念之间的关系来确定更高层次的范畴和维度。在得到 41 个概念标签的基础上，本书研究通过比较不同概念之间的异同、厘清其相互关系提炼归纳了 10 个更高层次的范畴和维度，它们分别是人才培养、设置方式、专业分流、课程结构、课程管理、课程内容、教学方法、师资队伍、评价标准、评价周期。

三级编码为选择编码，即在主轴编码的基础上进一步提炼核心类别或范畴，以将其他类别或范畴统一在这个核心类别或范畴之内。在得到 10 个范畴的基础上，本书研究进一步将访谈资料提炼为培养目标、大类设置、课程设置、教学方式、教学质量评价五大核心类别。

经过对访谈数据的分析，可以了解到来自学校管理人员和教师的反馈，在一定程度上弥补了仅从学生角度进行问卷调查的不足，有利于多视角、多层次探究行业特色高校新文科复合型人才大类培养模式的实践现状。

第四节　调查结果与分析

通过对所回收的问卷数据和访谈资料进行统计处理与分析，可以较为全面、深入地了解高校大类培养的实践现状。本书问卷部分问题以量表的形式呈现，其中量表题目的选项分别为"很不满意""不满意""一般""满意""很满意"，分别计分为 1 分、2 分、3 分、4 分、5 分。为了深入分析各分数段的频数，本问卷将选项中"很不满意"和"不满意"归为"偏低"一类，将"一般"仍归为"一般"一类，将"满意"与"很满意"归为"偏高"一类，从而较为清晰地了解到调查结果的基本情况。通过对问卷数据进行描述性统计、差异性分析以及对访谈资料的整理归纳来分析高校大类培养的实践现状。

一、描述性统计

大类培养模式由人才培养理念、专业设置、课程设置、教学组织形式、教育评价方式、组织管理制度六个指标构成。对六个指标的内容分别进行描述性统计分析。

（一）人才培养理念的描述性统计

人才培养理念是大学要培养什么人的一种价值主张，对高校开展人才培养实践具有导向和调节作用。本书问卷主要从学生的知识、能力与素质三个维度出发，基于大类培养育人特色，在内容上重点关注"跨学科"与"复合型"两大关键特色，最终设计了 10 项题目来了解行业特色高校大类培养目标的完成质量现状。结合问卷调查数据，可以了解到当前高校大类培养目标的完成质量较高，培养目标契合复合型人才培养特色，注重通识教育和价值塑造，但同时需要加强对学生的能力培养，注重个性化教育。

　　培养目标的完成质量较高。通过表 7-13 可知，被调查学生对大类培养目标的完成质量评分较高，各项题目的均分都在 3.5 分以上，远超原始均分 2.5 分，说明绝大多数学生对大类培养质量现状的认可度、满意度较高，高校大类培养的质量较高。从进一步细分的二、三级指标来看，学生素质维度的发展质量均值最高，三道题平均分为 4.05 分；学生能力维度的平均得分为 3.65 分，学生知识维度的平均得分为 3.63 分。由数据可以清晰知晓学生们对自身掌握知识程度、合作能力、分析问题与解决问题能力、公民道德意识等方面均有较高评价，这说明了高校大类培养目标的总体完成质量较为良好。

表 7-13　人才培养理念维度的描述性统计表

因子	题项	N	最小值	最大值	均值	标准偏差
知识	对专业知识掌握与运用情况	744	1	5	3.54	0.856
	对通识课程所学知识掌握与运用情况	744	1	5	3.72	0.857
能力	针对一个问题，能够设计多种解决方案	744	1	5	3.52	0.897
	可以利用交叉学科的思维与能力解决一些问题	744	1	5	3.65	0.849
	在学习中敢于批判和质疑、善于思考	744	1	5	3.75	0.849
	在研究和实践中，善于观察和联想，发现知识间的新联系，能将某门课堂的所学应用到其他课程或领域	744	1	5	3.65	0.838
	与不同大类或专业背景的同学共同完成任务	744	1	5	3.69	0.935
素质	努力提高自身修养、知识技术水平，实现自身价值，奉献社会	744	1	5	3.95	0.829
	对复杂情况有自己的价值观和道德判断	744	1	5	4.06	0.816
	有强烈的责任感并努力成为积极担当责任的公民	744	1	5	4.15	0.810

　　注重通识教育和价值塑造，契合复合型人才培养特色。如表 7-13 所示，学生素质方面的得分均高于知识和能力维度方面的得分，说明在学生素质培养上取得了良好的效果；学生对通识课程所学知识掌握与运用情况一题均值为 3.72 分，大

于对专业知识掌握与运用情况一题的均值 3.54 分，说明通识教育取得了一定的成效。大类培养旨在培养"通才"，即培养知识面广、综合素质高以及创新能力强的复合型人才。高校大类培养实践在培养目标的设计上应突出"复合型"的特点，即培养德智体美劳全面发展、综合能力较强的高素质人才和拥有跨学科背景、拥有广博知识的人才。

加强对学生的能力培养，注重个性化教育。通过对人才培养理念的 10 道题项进行描述性统计，如表 7-13 所示，可以发现"针对一个问题，能够设计多种解决方案"一题均值最低，为 3.52 分，这说明学生对自己的问题解决能力的满意度较低，也从侧面反映出学校对于学生问题解决能力的培养有待进一步加强。此外，10 道题项的最小值均为 1 分，最大值均为 5 分，说明有学生对培养效果很满意，也有学生很不满意，那么对于很不满意的这部分学生，也反映出来学校需要进一步加强个性化教育，针对学生的特点因材施教，针对不同特点的学生制定出不同的培养目标和培养方案。

（二）专业设置的描述性统计

专业设置是大类培养的核心与关键，其设置的合理性和科学性对大类培养质量具有显著影响。通过调查可知，当前高校大类培养整体而言设置空间较大，但是大类分流时间仍待进一步商榷。

具体而言，大类设置空间较大，充分尊重学生个性。大类设置空间是指学生专业分流的自由程度，以及在专业分流之后，还有没有游移的空间和更改的可能，是否允许学生转大类或专业。目前各一流高校大类分流的自由程度较高，在大类分流后学生们变更专业或大类的可能性较大。大类培养的一大重要优势在于它能规避学生专业选择的盲目性，通过前期大类培养阶段让学生能够更全面、深入地了解到不同专业的特色，有利于学生结合自身特点来进行专业选择。此外，对于转专业还有同学在意见建议中表示"转专业限制不要太多""不建议在大三才能转专业""希望可以降级转专业"等。

大类分流时间有待进一步商榷。大类设置时间是指高校大类培养阶段的长短，可通过专业分流时间来体现。大类培养阶段的时长并不是越久越好，不同学科间大类培养阶段的长短应有所不同。高校应根据自身定位、学科发展规律与特点来合理设计专业分流时间。在大类分流的设置时间方面，大二学年确定专业或分流的占比最多，其次是大一下学期。对于大类分流的时间有多种，此外，在意见建议中，也有同学指出"建议提前专业分流时间，专业核心课集中于大三学年会影响学习效果""建议大二即可细分专业""分流较晚，专业课学习晚""建议统一分流时间，统一为 1＋3 或 2＋2"等，因此，何时进行大类分流最为科学仍是值得商榷的问题。

（三）课程设置的描述性统计

课程质量是人才培养质量的决定因素，一流的课程造就了一流的人才。学生问卷主要从课程内容与课程效果两大维度出发，聚焦课程的跨学科性，以深入了解和掌握当前高校的大类培养课程是否较好地体现了大类培养的育人特色。通过问卷调查数据可以了解到当前高校大类培养的课程设置总体满意度较高，课程的跨学科程度较高，但是课程形式需要更加丰富，开设出更多"金课"。

课程的总体满意度较高。如表 7-14 所示，高校大类培养在课程设置维度的评分均值都在 3.0 分以上，远超于原始均值 2.5 分。这说明无论是课程内容还是课程教学实践方面，学生对当前的大类培养模式的满意度均持有较高评价。学生在"对所学的课程总体上有兴趣，愿意主动开展课外探索"及"能够掌握课程所学内容"的评分均值高达 3.70 分以上，这表明课程实施的总体效果较好。在课程效果方面，"能够掌握课程所学内容"的均值为 3.71 分，说明当前高校大类课程的效果较为良好。但仍存在学生对自身课程内容的掌握情况不满意或认为一般的现象，后续课程实践需要更加关注这些学生的需求。"对所学的课程总体上有兴趣，愿意主动开展课外探索"的平均得分也高达 3.78 分，说明学生对当前大类培养课程的总体满意度较高，课程效果较好。

表 7-14　课程设置维度的描述性统计结果

因子	题项	N	最小值	最大值	均值	标准偏差
课程内容	比较不同的科学方法，增进知识的获得和理解	744	1	5	3.66	0.853
	在课堂学习中运用其他学科的知识和经验解决问题	744	1	5	3.68	0.839
	练习用实验室设备提升自己的技能	744	1	5	3.18	1.053
课程效果	课前完成指定的学习和预习任务	744	1	5	3.60	0.903
	课堂上主动提问、积极参与讨论	744	1	5	3.47	0.949
	对所学的课程总体上有兴趣，愿意主动开展课外探索	744	1	5	3.78	0.857
	能够掌握课程所学内容	744	1	5	3.71	0.818

课程内容的跨学科程度较高。在课程内容上，大类培养强调开设多学科课程，推动多学科课程体系建设，加强对相邻及相关学科知识的学习。据统计，95.56%的调查对象表示其所在学校开设了跨学科的课程内容（图 7-1）。这说明当前我国"双一流"建设高校对跨学科课程的建设重视程度非常高，不仅积极设置相关的跨学科课程，而且也十分重视从课程内容角度挖掘学科的内在关联，强调学生的跨

学科能力培养。"比较不同的科学方法，增进知识的获得和理解"均值为 3.66 分，这表明大多数学生具备较强的跨学科学习能力，善于运用不同领域的科学研究方法，从不同角度深入理解学科知识。"在课堂学习中运用其他学科的知识和经验解决问题"均值为 3.68 分，这不仅反映了学生具备一定的跨学科知识和能力，而且表明当前的课堂教学亦十分关注学科知识间的融合与渗透。以上数据说明当前行业特色高校大类培养的课程内容充分体现了"融合性"的课程特色，也进一步反映当前高校大类培养课程设置强调学科交叉与融合，强化大类课程内容的跨学科性，这也有利于更好地实现大类培养"复合型"人才的培养目标。

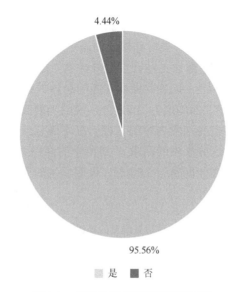

图 7-1　学校是否开设跨学科课程图

　　课程形式需要更加丰富，开设出更多"金课"。调查显示，"练习用实验室设备提升自己的技能"均值为 3.18 分，如表 7-14 所示，此题的平均得分低于课程设置维度中其他题项的平均得分，说明当前大类培养课程内容在"将现代科学技术内容融入课程中"方面还有待加强，这也为今后大类培养课程的优化提供了建设方向。学生们表示，"收获最大的一门课程"主要集中在高等数学、英语一些公共课程，这也间接说明课程对学生的吸引程度仍需进一步提升，需要通过提升课程质量来增加学生的课程收获。此外，还有部分同学在意见建议中提出"开设更多实际有用的跨学科课程""专业课程设置要更完善""希望再优化一下课程方案设计，去掉一些不太有用的课""希望少一些水课""大类平台课和通识课，感觉学到的东西不多"，这些建议也说明需要进一步提升课程质量。

（四）教学组织形式的描述性统计

教学是开展人才培养的主渠道，是落实人才培养目标和课程的最核心载体。本书问卷重点关注了教学资源的技术化和数字化程度。通过对调查问卷数据的分析，可以了解到当前高校大类培养教学资源的数字化程度较高，但是教学方法仍然较为传统。

教学资源的数字化程度较高。调查显示，"为学期论文或其他报告列出参考书目并利用数据库查找"均值为 3.54 分，高于平均值 2.5 分，这表明，随着互联网技术的飞速发展，数字化教学资源已经成为学生学习、教师教学的重要载体。如表 7-15 所示，"为学期论文或其他报告列出参考书目并利用数据库查找""利用计算机制作直观展现的信息（图表、电子数据）"两个题项的平均得分均在 3.0 分以上，分别为 3.54 分和 3.25 分，均高于 2.5 分，说明学生对自己利用数据库查找参考文献，以及利用计算机制作图表、电子数据等直观信息的能力还是较为满意的，这也从侧面说明了数字化教学资源日益丰富，学生的数字素养的培养质量较高。

表 7-15 教学组织形式维度的描述性统计结果

因子	题项	N	最小值	最大值	均值	标准偏差
教学资源	为学期论文或其他报告列出参考书目并利用数据库查找	744	1	5	3.54	0.957
	利用计算机制作直观展现的信息（图表、电子数据）	744	1	5	3.25	0.998

教学方法较为传统。通过对响应个案数的统计可以发现，讲授法、小组讨论法以及直观演示法是被调查对象所属高校在课堂教学中最常用的三大教学方法，而项目教学法和翻转课堂则是比较少用的两种教学方法。如表 7-16 所示，讲授法的个案百分比高达 91.3%，响应百分比为 19.9%；小组讨论法的个案百分比也达到了 73.1%，其响应百分比为 16.0%；直观演示法的个案百分比为 60.1%，响应百分比为 13.1%。这些数据都表明讲授法、小组讨论法和直观演示法等传统教学方法是教师在开展课堂教学时最常用的方法。反之，运用翻转课堂和项目教学法等教学方法的频率则较低。此外，诸多同学表示在课堂教学中教师过于注重讲解书本内容，与学生的互动性较弱。

表 7-16　教学方法频率统计表

教学方法	响应		个案百分比
	个案数	百分比	
讲授法	679	19.9%	91.3%
小组讨论法	544	16.0%	73.1%
直观演示法	447	13.1%	60.1%
任务驱动法	404	11.9%	54.3%
参观教学法	225	6.6%	30.2%
自主学习法	405	11.9%	54.4%
实践法	316	9.3%	42.5%
项目教学法	196	5.8%	26.3%
翻转课堂	190	5.6%	25.5%
总计	3406	100.0%	457.8%

注：本表数据进行了四舍五入，存在比例合计不等于100%的情况

（五）教育评价方式的描述性统计

教育评价是教育过程中的关键环节，直接影响到了人才培养质量的效果。通过对调查问卷进行数据分析，可以了解到当前高校大类培养的教育评价整体效果较好，注重过程性评价，但是教育评价标准有待进一步创新。

评价效果整体较好。在关于"您认为学校现行的学业评价方式能多大程度上反映出学生的学习效果"这一问题上，如表 7-17 所示，此题项的平均得分为3.69 分，高于 2.5 分的标准，这说明从学生角度来说，被调查高校现行的学业评价方式能发挥出较好的评价效果。多位管理人员在访谈中表示"人才培养是一项系统的工程，本校在教学评价上重点增加了'跨学科知识储备'与'基本人文科学素养'等相关的评价指标和内容"。

表 7-17　评价效果维度的描述性统计结果表

因子	题项	N	最小值	最大值	均值	标准偏差
评价效果	您认为学校现行的学业评价方式能多大程度上反映出学生的学习效果	744	1	5	3.69	0.893

注重过程性评价，评价标准有待创新。通过对学业评价方法进行频率统计可以发现（表7-18），考试的个案数为717，个案百分比为96.4%，响应百分比为29.7%；论文的个案数为585，个案百分比为78.6%，响应百分比为24.2%；平时作业的个

案数为 698，个案百分比为 93.8%，响应百分比为 28.9%；同学互评的个案数仅有 195，个案百分比为 26.2%，响应百分比为 8.1%；综合评语的个案数为 212，个案百分比为 28.5%，响应百分比为 8.8%。由此可见，考试、论文与平时作业是三种最主要的学业评价方式，说明当前一流高校倾向于将考试成绩作为衡量人才培养质量的首要评价标准，同学互评和综合评语等方面所占权重较低。教学评价过度重视考试成绩将导致学生将全部精力放在期末测试上，在平时学习过程中也更侧重对知识的学习，忽视对其他综合能力素质的提升，不利于调动学生参与创新的积极性，最终阻碍了复合型人才培养目标的实现。因此，当前高校在进行大类培养改革时，应避免唯成绩论，注重对学生各方面素质进行评价，将学生合作沟通能力、创新成果、分析问题与解决问题能力等纳入评估标准。

表 7-18　评价方法频率统计表

评价方法	响应		个案百分比
	个案数	百分比	
考试	717	29.7%	96.4%
论文	585	24.2%	78.6%
平时作业	698	28.9%	93.8%
同学互评	195	8.1%	26.2%
综合评语	212	8.8%	28.5%
其他	6	0.2%	0.8%
总计	2413	100.0%	324.3%

注：本表数据进行了四舍五入，存在比例合计不等于100%的情况

（六）组织管理制度的描述性统计

在访谈中有教师表示"导师制让学生在本科阶段就能够得到好的科研指引，快速融入科研，效果很好"，但在调查中也有学生表示"导师的作用非同一般，如有可能，可以给学生谨慎选择的权利"，说明目前导师制整体而言取得了较好的效果，但同时也存在着一些问题。通过调查（表 7-19），18.8%的学生表示从来没有单独和导师沟通过，34.7%的学生表示一学期和导师沟通 1～3 次，是占比最高的一个沟通频率，在占比 6.8%的其他中，大部分都是还没有确定导师。这也反映出来目前的导师制度下学生和导师的沟通有待进一步加强。在调查中同学们较多反映希望"建立学生和荣誉导师专门的联系渠道，加强和导师的交流""希望学校能为我们配置点对点的导师，了解学生发展情况，制订属于个人的培养方案"。

表 7-19　与导师沟通频率统计表

沟通频率	百分比	有效百分比	累计百分比
从来没有单独沟通过	18.8%	18.8%	18.8%
1～3 次/学期	34.7%	34.7%	53.5%
1～3 次/月	27.5%	27.5%	81.0%
1～3 次/周	10.9%	10.9%	91.9%
每天都沟通	1.2%	1.2%	93.2%
其他	6.8%	6.8%	100.0%
总计	100.0%	100.0%	

注：数据之和不为 100%是数据修约所致

"导师对您的学习、生活、思想品德和人生等各方面进行指导"题项中，最小值为 1，最大值为 5，平均分为 3.91 分（表 7-20），说明导师对于学生的指导存在着较大差异，部分同学认为导师能够对自己的学习、生活等各方面进行指导，也有部分同学认为导师对自己各方面的指导无法满足自己的需求。部分同学在调查中提出"导师制的建立还不够完善，没有给到期望的帮助""缺少用心的导师指导科研活动""我认为导师应加强与对应学生的交流，更多地解答科研与学习相关问题""我觉得书院导师的作用并没有发挥出来，老师自己也不太了解它的作用，希望老师能带着学生跟进项目学到更多"。

表 7-20　导师指导内容描述性统计

选项	最小值	最大值	均值	标准偏差
导师对您的学习、生活、思想品德和人生等各方面进行指导	1	5	3.91	0.903

二、差异性分析

基于学校、年级、是否开设跨学科课程三个方面分别对大类培养模式现状进行差异性分析。此处需要说明的是，管理制度是宏观层面的设计，前面已经对完全学分制、导师制、书院制进行了详尽的论述，所以此部分不再分析。

（一）基于学校的差异性分析

调查问卷的样本学校有西安电子科技大学、西北工业大学、陕西师范大学、西安交通大学、西北农林科技大学和西北大学六所高校。如表 7-21 所示，方差齐性检验中，只有人才培养理念的齐性检验 p 为 0.189，大于 0.05，符合方差分析的假定。对不同高校在人才培养理念上的差异进行单因素方差分析，不同高校在人才培养理念上的 F 统计量为 2.471，p 值为 0.031，小于 0.05，表明在 95% 置信区间的显著性水平下，不同高校在人才培养理念上存在显著差异。

表 7-21　基于学校在人才培养理念上的单因素方差分析表

检验变量	学校	N	均值	标准偏差	方差齐性检验		方差分析	
					F	p	F	p
人才培养理念	西安电子科技大学	78	3.789 7	0.631 14	1.495	0.189	2.471	0.031
	西北工业大学	75	3.969 3	0.793 72				
	陕西师范大学	129	3.774 4	0.729 76				
	西安交通大学	101	3.676 2	0.659 42				
	西北农林科技大学	130	3.826 2	0.615 25				
	西北大学	231	3.697 0	0.635 84				

如表 7-22 所示，在方差齐性检验中，课程设置、教学组织形式、教育评价方式的齐性检验 p 分别为 0.046、0.010、0.000，均小于 0.05，表明方差不齐，不符合方差分析的假定，因此使用 Kruskal-Wallis（克鲁斯卡尔-沃利斯）检验替代单因素方差分析过程，来考察不同学校在课程设置、教学组织形式、教育评价方式上的差异。此处，p 值分别为 0.009、0.007 和 0.000，均小于 0.05，表明不同高校在课程设置、教学组织形式和教育评价方式上的得分差异具有统计学意义，即不同高校在课程设置、教学组织形式和教育评价方式上具有显著差异。综上所述，不同高校在人才培养理念、课程设置、教学组织形式、教育评价方式上存在显著差异。

表 7-22　基于学校在课程设置、教学组织形式、教育评价方式上的 Kruskal-Wallis 检验

检验变量	学校	N	均值	标准偏差	方差齐性检验		Kruskal-Wallis 检验	
					F	p	H	P
课程设置	西安电子科技大学	78	3.659 3	0.688 49	2.266	0.046	15.402	0.009
	西北工业大学	75	3.744 8	0.875 07				
	陕西师范大学	129	3.541 5	0.791 51				
	西安交通大学	101	3.471 0	0.667 48				
	西北农林科技大学	130	3.729 7	0.675 99				
	西北大学	231	3.496 0	0.681 71				

续表

检验变量	学校	N	均值	标准偏差	方差齐性检验		Kruskal-Wallis 检验	
					F	p	H	p
教学组织形式	西安电子科技大学	78	3.647 4	0.794 09	3.064	0.010	15.924	0.007
	西北工业大学	75	3.573 3	0.975 00				
	陕西师范大学	129	3.251 9	0.994 37				
	西安交通大学	101	3.247 5	0.853 30				
	西北农林科技大学	130	3.507 7	0.792 37				
	西北大学	231	3.331 2	0.811 37				
教育评价方式	西安电子科技大学	78	3.743 6	0.931 91	6.966	0.000	35.739	0.000
	西北工业大学	75	3.813 3	0.783 16				
	陕西师范大学	129	3.232 6	1.057 06				
	西安交通大学	101	3.861 4	0.837 01				
	西北农林科技大学	130	3.869 2	0.719 48				
	西北大学	231	3.718 6	0.846 24				

（二）基于年级的差异性分析

采用单因素方差分析对年级在大类培养模式各要素上的差异进行分析。年级设置了大一、大二、大三、大四和其他共计 5 个选项，其中 2021 级代表大一，2020 级代表大二，2019 级代表大三，2018 级代表大四。如表 7-23 所示，方差齐性检验中，人才培养理念、课程设置、教学组织形式、教育评价方式的 Levene 检验结果分别为 $F = 0.714, p = 0.582 > 0.05$；$F = 0.618, p = 0.650 > 0.05$；$F = 0.847$，$p = 0.495 > 0.05$；$F = 1.551$，$p = 0.186 > 0.05$；表明四个组别的方差是相等的，符合方差分析的假定。年级在人才培养理念和课程设置上的 F 统计量分别为 0.027 和 0.748，p 值分别为 0.999 和 0.559，均大于 0.05，表明在 95%置信区间的显著性水平下，不同年级在人才培养理念和课程设置上不存在显著差异。年级在教学组织形式上的 F 统计量为 2.378，p 值为 0.050，年级在教学组织形式上可能显著也可能是不显著，需要在以后的研究中扩大样本量进一步求证；年级在教育评价方式上的 F 统计量为 4.713，p 值为 0.001，小于 0.05，表明在 95%置信区间的显著性水平下，不同年级在教育评价方式上存在显著差异。

表 7-23　基于年级在大类培养模式上的单因素方差分析表

检验变量	年级	N	均值	标准偏差	方差齐性检验		方差分析	
					F	p	F	p
人才培养理念	大一	403	3.767 5	0.685 46	0.714	0.582	0.027	0.999
	大二	181	3.763 0	0.654 48				
	大三	71	3.757 7	0.686 74				
	大四	35	3.765 7	0.685 54				
	其他	54	3.794 4	0.633 47				
课程设置	大一	403	3.600 1	0.734 49	0.618	0.650	0.748	0.559
	大二	181	3.524 1	0.744 76				
	大三	71	3.666 0	0.669 16				
	大四	35	3.489 8	0.716 20				
	其他	54	3.611 1	0.688 44				
教学组织形式	大一	403	3.390 8	0.864 15	0.847	0.495	2.378	0.050
	大二	181	3.356 4	0.881 18				
	大三	71	3.570 4	0.803 10				
	大四	35	3.628 6	1.002 52				
	其他	54	3.166 7	0.857 82				
教育评价方式	大一	403	3.732 0	0.901 98	1.551	0.186	4.713	0.001
	大二	181	3.535 9	0.928 01				
	大三	71	3.633 8	0.760 44				
	大四	35	3.542 9	0.816 84				
	其他	54	4.092 6	0.783 52				

（三）基于是否开设跨学科课程的差异性分析

通过独立样本 t 检验对是否开设跨学科课程在大类培养模式各指标上的差异进行分析，如表 7-24 所示。表中人才培养理念、课程设置、教学组织形式、教育评价方式 Levene 检验结果分别为 $F = 2.361$，$p = 0.125 > 0.05$；$F = 0.010$，$p = 0.920 > 0.05$；$F = 0.081$，$p = 0.776 > 0.05$；$F = 0.394$，$p = 0.530 > 0.05$；满足方差齐性，所以用"假定方差相等"组的数据观察独立样本检验情况。是否开设跨学科课程在人才培养理念、课程设置、教学组织形式上的显著性概率值分别为 0.021、0.028、0.032，均小于 0.05，说明开设跨学科课程和未开设跨学科课程在人才培养理念、课程设置、教学组织形式上具有显著性差异，且开设跨学科课程在人才培养理念、课程设置、教学组织形式上的平均得分均高于未开设跨学科课程在人才培养理念、课程设置、教学组织形式上的平均得分，说明开设跨学科课程的效果较好。但值得注意的是，是否开设跨学科课程在教育评价方式上的显著性概率值为 0.667，大于0.05，说明开设跨学科课程和未开设跨学科课程在教育评价方式上不具有显著性差异，且未开设跨学科课程在教育评价方式上的平均得分高于开设跨学科课程在教育评价方式上的平均得分。

表 7-24　基于是否开设跨学科课程在大类培养模式上的差异分析表

检验变量	学校是否开设了跨学科的课程	N	均值	标准偏差	方差齐性检验		独立样本 t 检验	
					F	p	t	p
人才培养理念	是	711	3.779 6	0.662 85	2.361	0.125	2.315	0.021
	否	33	3.503 0	0.827 83				
课程设置	是	711	3.596 1	0.723 20	0.010	0.920	2.204	0.028
	否	33	3.311 7	0.756 31				
教学组织形式	是	711	3.409 3	0.866 76	0.081	0.776	2.152	0.032
	否	33	3.075 8	0.944 73				
教育评价方式	是	711	3.689 2	0.893 09	0.394	0.530	−0.430	0.667
	否	33	3.757 6	0.902 44				

第八章　新文科复合型人才大类培养模式的培养方案分析

对于行业特色高校而言，新文科建设一方面要求通过文理、文工交叉等促进行业特色高校学科发展，培养新型文科人才；另一方面，又要为赋予理、工、农、医等其他学科人才新的人文与社会科学素养服务。在第 57 届中国高等教育博览会"新文科"论坛中，山东大学校长樊丽明作了"新文科建设实践中的重点难点问题"报告，新文科建设要遵循不同学科专业学生的培养规律，探索不同的人才培养模式，对于文史哲等基础学科人才培养提出了宽口径、厚基础、长学制的本硕博贯通式的培养模式①。各综合高校借助强基计划对文史哲拔尖人才培养形成了较为成熟的机制，行业特色高校的新文科复合型人才培养需要充分借鉴吸收各综合高校文史哲拔尖人才培养机制。在众多行业特色高校中，国防特色高校具有鲜明的行业特色，聚焦于引领国防科技事业发展和服务国家重大战略需求，其人才培养工作承载着国家使命，具有鲜明的育人特色，旨在培养一批能够适应国防事业需要的创新型卓越人才和行业领军人才。西北工业大学作为国防特色高校之一，在新文科背景下积极开展关于拔尖创新人才培养的探索与实践，依托教育实验学院和各二级教学单位，形成了包括强基计划、拔尖基地班、"三航"特色班、本研衔接班等在内的多种拔尖创新人才培养模式，为国防科技事业发展和国民经济建设输送了大批人才，在人才培养领域形成了独有的"西工大现象"，被社会誉为"总师摇篮"。

因此，本章对于培养方案的分析分为两个部分，一是对北京大学、清华大学、复旦大学、山东大学、武汉大学、中山大学六所综合类高校哲学专业的人才培养方案进行分析，为新文科背景下行业特色高校复合型人才培养提供借鉴意义；二是聚焦西北工业大学，对应用物理学强基班、化学类强基班、力学拔尖基地班、计算机科学拔尖基地班、柔性电子学本研衔接班、材料类本研衔接班、陈士橹飞天班、黄玉珊航空班、黄震中海洋班九个班级的人才培养方案（2022 版）展开分析，从而剖析行业特色高校新文科复合型人才大类培养现实情况。

---

① 樊丽明. 新文科建设：走深走实 行稳致远[EB/OL]. 中国教育报，https://theory.gmw.cn/2021-05/10/ content_34831619.htm [2021-05-10].

第一节　培养目标分析

一、西北工业大学培养目标分析

西北工业大学始终坚持价值塑造、能力培养、知识传授"三位一体"的人才培养理念。通过对人才培养目标进行分析，可以发现其具有以下四个方面的特点。

第一，将人才培养总目标定位于领军人才。如表 8-1 所示，西北工业大学拔尖创新人才培养将目标定位于各类领军人才，从类型上看，包括科学家、总师等不同的类型；从特点来看，要具备高素质、具有战略科学家潜质、能够引领未来；从特质来看，领军人才一定是拔尖创新型人才。

表 8-1　培养目标分析表（2022 版）

班级	总目标	知识	能力	素质
应用物理学强基班	科学家、总师等各类领军人才	深厚宽广的数理基础知识	独立科学精神和创新能力、独立领导团队与国际合作的能力、工程创新能力	具有为国家复兴富强建设服务的事业心和责任感、具有与能力相匹配的心理和身体素质及科学伦理和职业道德
化学类强基班	引领未来的领军人才	扎实的数理基础、深厚的化学专业知识和技能	科学研究能力、全球视野、持久竞争力、团队合作能力、创新实践能力	健康体魄、高尚品格、追求卓越的精神、高度的社会责任感及家国情怀
力学拔尖基地班	具有战略科学家潜质的行业领军人才	广博学识	创新精神、全球视野、持久竞争力	健康体魄、高尚品格、家国情怀、追求卓越、堪当大任、引领未来
计算机科学拔尖基地班	拔尖创新人才和行业领军人才	扎实的数理基础、系统的专业知识	批判精神、前瞻交叉思维、全球视野	强烈社会责任感和使命感、品德高尚、家国情怀
柔性电子学本研衔接班	领军人才	广博学识	创新精神、全球视野与持久竞争力	健康体魄、高尚品格、家国情怀、追求卓越、堪当大任、引领未来
材料类本研衔接班	领军人才	广博学识	创新精神、全球视野、持久竞争力	健康体魄、高尚品格、家国情怀、追求卓越、堪当大任、引领未来
陈士橹飞天班	高素质领军人才	广博学识	创新精神、全球视野、持久竞争力	健康体魄、高尚品格、家国情怀
黄玉珊航空班	拔尖型创新领军人才	数理基础知识、航空专业知识、广博学识	全球视野、持久竞争力、创新精神	健康体魄、高尚品格、胸怀理想信念、传承航空文化精神
黄震中海洋班	行业卓越领军人才	专业知识	综合应用能力、创新意识突出、国际化视野	家国情怀

第二，强调学生要兼具基础知识、专业知识和通识知识。如表 8-1 所示，九份拔尖创新人才的培养方案中四份提到了数理基础知识，四份提到了专业知识，五份提到了广博学识。高等教育进入普及化阶段之后，本科阶段的教育越来越成为研究生教育的"基础教育"，因此，在知识方面强调学生要具备扎实的数理基础知识和广博学识。

第三，注重对学生创新精神、全球视野、持久竞争力的培养。在对学生的能力要求中，创新、全球视野、竞争力是出现频率最高的词语；此外，部分培养方案中还强调团队合作与领导能力、前瞻性思维和批判精神。拔尖创新型人才首先应当是具备创新能力的人，是具有竞争力的人；此外，拔尖创新人才要能够对专业领域未来发展的趋势做出预测，这也就是我们所说的前瞻性思维和国际化视野。

第四，坚持塑造和培养学生的家国情怀。我们的教育要培养德智体美劳全面发展的社会主义建设者和接班人，而其中最重要的则是培养思想政治素质。国防特色高校具有特殊的使命，服务于国家国防事业建设，因此，在人才培养中尤其强调对学生价值观的培养、对学生思想政治素质的塑造，而"家国情怀"则是其具体体现。

但同时，九个班级的培养目标均存在一定的改进空间。一是培养目标中忽视了对于学生人文素养的要求。培养目标中部分缺乏了对于人文精神和人文素养的要求，仅有力学拔尖基地班、柔性电子学本研衔接班、材料类本研衔接班、陈士橹飞天班、黄玉珊航空班五个班级的培养目标中提出"广博学识"这一要求；无论是强基计划班还是拔尖基地班等，都是对人的培养，而人文精神和人文素养是在人才培养中不可缺少的一项。二是培养目标中共性因素多，个性因素少，忽视了高阶能力的培养。整体而言，九个班级的培养目标共性因素多，个性因素少，培养目标是极为相似的，新文科复合型人才大类培养旨在培养拔尖创新人才，其人才培养目标设计应该更富有个性特色。

二、综合类高校哲学专业培养目标分析

在培养目标表述的形式上，《山东大学强基计划哲学专业培养方案（2023版）》[①]和《武汉大学哲学专业强基计划培养方案》[②]采用了分阶段表述的形式，分别表述了本科阶段、硕士阶段、博士阶段的培养目标。《中山大学哲学专业

---

① 山东大学强基计划招生专业培养方案（2023 版）[EB/OL]. https://www.bkzs.sdu. edu.cn/info/1036/2165.htm [2024-03-20].

② 哲学强基班培养方案[EB/OL]. https://philosophy.whu.edu.cn/info/1043/14706.htm [2024-03-20].

强基计划培养方案》①和《北京大学强基计划培养方案》（哲学类，2023 版）②则分别表述了总目标和具体阶段目标，但是北京大学的阶段目标只涉及了对本科阶段的描述，而中山大学则是将硕士和博士两阶段统筹为研究生教育，并分别对本科生阶段和研究生阶段的具体培养目标进行了描述。以清华大学《日新书院培养方案》（哲学方向，2023 版）③和复旦大学哲学专业"2 + X"教学培养方案（强基班适用，2023 版）④为代表的单一性描述则是只涉及了对本科阶段人才培养目标的描述。

各高校哲学类专业强基计划的培养目标都是培养杰出的哲学人才，这样的人是能够创造性地构建新的思想方法的人，是能够应对人类社会发展面临的时代问题并且引领人类未来发展的人。简而言之就是要培养具有服务国家战略意识的研究型拔尖人才和复合型卓越人才。

通过分析培养目标（表 8-2）可以发现：对于本硕博三阶段有不同的培养要求，本科阶段侧重于对专业基础知识的掌握、对理性思维和思辨能力的培养，对综合人文素养的培养，要求学生具备进一步深造的潜质；硕士阶段在重视基础知识的基础上，更强调对研究方法的掌握，同时重视对学术研究能力的培养；博士阶段则在前二者的基础上强调开展学科前沿研究、做出创造性的研究成果，从而培养具有卓越的创新能力的人。

表 8-2　哲学类专业培养目标表

学校	本科阶段	硕士阶段	博士阶段
	旨在选拔和培养未来的哲学家		
北京大学	使学生通过本科学习，深入了解多元文明传统中的哲学智慧，初步掌握哲学研究能力。致力于通过哲学理论的探索与创新，应对个人及人类社会面临的时代问题，引领人类未来的发展		
清华大学	哲学专业本科侧重培养具备扎实的哲学专业知识，能够传承"独立之精神、自由之思想"品格的哲学通才和哲学专才，能够系统掌握哲学学科的经典与前沿，大幅提升逻辑推理能力和理性论证能力，陶冶发展阅读哲学原著、写作哲学论文和开展哲学交流的素养，具备在哲学学科或其他学科进一步深造的潜质		

① 中山大学 2022 年强基计划专业培养方案[EB/OL]. https://admission.sysu.edu.cn/f/newsCenter/article/1401571 [2024-03-20].

② 北京大学 2023 年强基计划招生专业培养方案[EB/OL]. https://www.gotopku.cn/index/detail/1336.html [2024-03-20].

③ 日新书院培养方案[EB/OL]. https://www.rxc.tsinghua.edu.cn/syjx/pyfa.htm [2024-03-20].

④ 复旦大学2023年本科教学培养方案[EB/OL]. https://jwc.fudan.edu.cn/cd/e4/c39655a511460/page.htm [2024-03-20].

续表

学校	本科阶段	硕士阶段	博士阶段
复旦大学	哲学类专业以马克思主义理论与方法为指导，培养德、智、体、美、劳全面发展，具有一定的哲学理论素养和系统的专业基础知识，有进一步培养潜质的哲学专门人才，以及能在国家机关、文教事业、新闻出版、企业等部门从事实际工作的应用型、复合型通用人才		
山东大学	坚持以马克思主义为指导，培养具有坚定正确的政治方向，崇德向善的道德品质，中西融汇的专业基础知识，良好的人文基础和自然科学素养，强烈的社会责任感和宽广国际视野，出色的理论思维和批判思维能力，清晰而有说服力的书面和口头表达能力，良好的人际沟通和社会交往能力，善于合作的团队精神和一定的创新、创业能力，初步具备跻身一流哲学家队伍的基础和潜质的研究型拔尖人才和复合型卓越人才	培养具有服务国家战略意识的哲学人才，具有较为厚实的中外哲学专业知识、相关科学和人文历史知识以及某个具体研究方向的系统知识，能够开展规范的学术研究和写作，拥有独立从事哲学学术研究、专业教学或其他专业工作的能力	培养具有服务国家战略意识的哲学高级人才，全面扎实地掌握哲学基础理论和系统的哲学专业知识，在所从事的研究方向上做出创造性的成果，能与其他学科融会贯通，发挥哲学的基础作用，具备开展哲学研究和教学的素质和能力
武汉大学	具备马克思主义世界观与方法论，掌握扎实的哲学基础知识，熟悉基本哲学经典，具备哲学外文文献的阅读能力，有中国情怀、国际视野和学术创新意识	熟练运用马克思主义世界观与方法论，通晓哲学经典文本，掌握哲学研究方法，具备一定的哲学创新能力	灵活运用马克思主义世界观与方法论，能够从事哲学研究与创新工作，在基础理论和重要现实问题上产出有原创意义的成果
中山大学	以中山大学哲学学科"双一流"建设为契机，积极面对国家重大战略需求，追求真理、传承知识，推动形成中国特色、世界一流的哲学学科拔尖人才培养体系，并致力于实现以下目标：第一，着力培养支撑新文科、新工科、新农科、新医科交融发展的拔尖哲学人才，为人类未来发展培养在哲学社会科学基础理论层面取得突破性进展的杰出哲学家、思想家和战略家。第二，着力培养社会主义先进文化的践行者和传承者，助力中华优秀哲学传统和社会主义先进文化重回世界文明中心，以中国学者的哲学智慧，创造性地构建新的思想方法和未来哲学图景		
	坚持"尊德、问学、笃行"的办学理念，培养德才兼备、具有家国情怀、掌握丰富哲学理论知识和较高哲学思维能力，以精确理性思维与分析思辨能力为核心竞争力，具备跨学科背景和文理交叉视野，服务国家和人类社会发展的哲学精英人才	以扎根中国、面向世界为理念，服务于国家重大战略需求，培养多学科交叉、具有广博的知识背景、深厚的人文素养、以推动人类文明的创造性转化和创新性发展为己任，富有领袖气质的文明担纲者	

第二节　课程体系分析

一、西北工业大学课程体系分析

西北工业大学拔尖创新人才培养的课程体系主要由通识教育、学科专业、个性发展、素质拓展四个部分构成，而陈士橹飞天班的课程体系在四者的基础上增加了"本研衔接"。拔尖创新人才培养的课程体系具有以下四个方面的特点。

第一，总学分数分布较为集中，通识教育课程学分普遍高于学科专业课程学分。如表 8-3 所示，总学分数位于 150～174 学分，普遍位于 150～160 学分，只有应用物理学强基班和计算机科学拔尖基地班超过了 160 学分，分别为 162.5 学分和 173.5 学分。除了化学类强基班和计算机科学拔尖基地班，剩下 7 个班级的通识教育学分均高于学科专业学分，其中力学拔尖基地班的通识教育学分与学科专业的学分差值最大，为 28 学分。

表 8-3　学分构成表（2022 版）

班级	总学分	通识教育	学科专业	个性发展和素质拓展（X）
应用物理学强基班	$162.5 + X$	82.5	80	建议修读 40 学分
化学类强基班	$157.5 + X$	77	80.5	建议修读 25 学分以上
力学拔尖基地班	$152 + X$	90	62	建议修读 15～30 学分
计算机科学拔尖基地班	$173.5 + 20$	82.5	91	个性发展模块建议≥15 学分；素质拓展模块建议≥5 学分
柔性电子学本研衔接班	$159 + X$	81.5	77.5	建议各修读 6 学分以上
材料类本研衔接班	$157.5 + X$	81	76.5	建议各修读 6 学分以上
陈士橹飞天班	$153 + X$	81	72	建议修读 30～40 学分
黄玉珊航空班	$158 + X$	81.5	76.5	建议修读 20 学分及以上
黄震中海洋班	$150 + X$	81.5	68.5	个性发展模块建议选修 20 学分；素质拓展模块建议选修 10 学分

第二，通识教育课程仍以传统的公共基础课程为主，以特色的通识课程为辅。通识教育课程中，思想政治理论类课程、军事类课程、体育与健康类课程、信息类课程、安全教育类课程等传统公共基础课程仍占据主导地位，新生研讨类课程、创新创业类/文明与经典类/管理与领导力类/全球视野类/伦理与可持续发展类/写作与沟通类课程等特色课程所占比例较少。以陈士橹飞天班为例，新生研讨类课程由 5 门飞天逐梦系列课程组成，该系列课程充分体现了学校的办学特色和文化特色，但是该类课程仅有 1 学分，要求学生在 5 门课程中选修 1 门；在 81 分的通识教育课程中，只有 6.5 学分可以选修，剩下的全为必修学分。

第三，学科专业课程仍然遵循学科基础课程—专业方向课程—专业选修课程的逻辑，大类平台课程在培养方案中还未达成共识。化学类强基班、应用物理学强基班、陈士橹飞天班的学科专业课程由学科基础课程、专业方向课程、专业选修课程、实践实训课程、毕业设计/论文五部分组成；黄玉珊航空班、黄震中海洋班、计算机科学拔尖基地班、力学拔尖基地班、柔性电子学本研衔接班、材料类本研衔接班的学科专业课程由大类平台课程、学科基础课程、专业方向课程、专业选修课程、实践实训、毕业设计/论文六部分组成。

专业课程中留给学生选修的学分依然较少。以陈士橹飞天班为例,23 学分的学科基础课程中,规定的必修课程学分就达到了 23 学分,尽管学科基础课程中给学生开设了选修的课程,但是当必修课程学分已经能够满足学分要求时,大部分学生不会再选择额外的课程进行修读。

个性发展课程和素质拓展课程采用单独计算学分、学生自由选择的方式鼓励学生个性化发展。个性发展课程部分鼓励学生修读综合素养类课程、学科拓展类课程、辅修/双学位专业课程、学术深造类课程、国际化视野与能力类课程;素质拓展课程则是学生参加由思想教育活动、公益活动、创新创业活动、文体活动、社会实践活动等各类活动转化之后的课程。对于该部分课程,不计入总学分内,学生根据个人发展志愿进行修读,培养方案中给出该部分建议修读学分。

第四,注重本科课程与研究生课程的贯通,陈士橹飞天班专设了本研衔接这一课程结构,将部分研究生课程下放至本科阶段,允许学有余力的学生提前修读研究生课程。众多行业特色高校,也纷纷进行了本研衔接的尝试,例如,北京理工大学的徐特立英才班网络空间安全专业则是设置了专业贯通式核心课,将专业课程纵横两维贯通;南京理工大学的鼎新创新人才班则设置学科融合课程,开设未来专业方向的交叉融合课程;南京航空航天大学的长空创新班则在专业教育中设立了本硕贯通课程模块;哈尔滨工业大学的应用物理学强基班则是将研究生课程放在了个性发展课程这一结构中进行本研贯通。

二、综合类高校哲学专业课程体系分析

在课程的结构上,《北京大学强基计划培养方案》(哲学类,2023 版)、复旦大学哲学专业"2＋X"教学培养方案(强基班适用,2023 版)、清华大学《日新书院培养方案》(哲学方向,2023 版)的课程设置中只涉及了本科阶段的课程;《山东大学强基计划哲学专业培养方案(2023 版)》《中山大学哲学专业强基计划培养方案》《武汉大学哲学专业强基计划培养方案》的课程设置中涉及了本研衔接或者研究生阶段的课程;大体上可分为通识教育课程、专业教育课程、特色课程三类。对于毕业论文和实践实习,有的高校将其纳入前三个模块之中,有的则是单独设置了模块。

对于通识课程,除了必修的大学英语、体育、军事理论与训练、思政课程外,各高校的通识教育选修课程有所不同。《山东大学强基计划哲学专业培养方案(2023 版)》的通识教育核心课程包含国学修养、艺术审美、人文学科、社会科学、自然科学、工程技术、信息社会七个模块;《中山大学哲学专业强基计划培养方案》

则要求学生人文社会科学类通识课和自然科学类通识课都要修读不低于 6 学分；复旦大学哲学专业"2 + X"本科教学培养方案（2023 版）的通识教育核心课程分为文史经典与文化传承、哲学智慧与批判性思维、文明对话与世界视野、社会研究与当代中国、科学探索与技术创新、生态环境与生命关怀、艺术创作与审美体验七个模块；清华大学的通识选修课包括人文、社科、艺术、科学四大类型；武汉大学哲学学院培养方案（2022 版）通识必修课程有人文社科经典导引、自然科学经典导引、创新与思维方法、逻辑与批判性思维、宇宙新概念，通识课程选修需至少跨三个模块，其中"科学精神与生命关怀""中华文化与世界文明""艺术体验与审美鉴赏"为指定必选模块。可以发现：各高校的通识教育课程涵盖了人文科学、社会科学、自然科学等多个领域。

对于本科阶段的专业教育课程，清华大学《日新书院培养方案》（哲学方向，2023 版）除了专业主修课程外，还有三类人文基础课程，要求学生要选修够 27 学分；专业主修课程中规定学生有 9 学分可以从哲学专业主修课程中选，也可以从历史学专业主修课程、汉语言文学专业主修课程或古文字学方向专设主修课程中选。复旦大学哲学专业"2 + X"教学培养方案（强基班适用，2023 版）的专业培养课程中包含了大类基础课程和专业核心教育课程两类，其中大类基础课程要求学生在人文类基础课程中修读。武汉大学哲学学院培养方案（2022 版）的专业教育课程中方法论类课程单独为一个模块，学分数占到专业教育课程学分数的将近 1/3，包括历史唯物主义和历史哲学、数理逻辑、分析哲学、现象学与解释学等多个课程，由此也可以看出其对于方法类课程的重视。可以发现，课程设置普遍还没有打破文理、文工大类，仅仅是文史哲间的大类贯通。

对于本科阶段的特色课程，各高校有所不同，大致可以分为三类。第一种是对于专业课程的延伸，以北京大学、中山大学为例，《北京大学强基计划培养方案》（哲学类，2023 版）设置了哲学史与哲学经典研读课程、哲学理论与哲学问题研究课程、专业前沿与交叉学科课程、英文专业课程与专业外语课程四组；《中山大学哲学专业强基计划培养方案》的课程则是中国哲学与美学、外国哲学与科学哲学、马克思主义哲学、逻辑学、伦理学与宗教学五个模块。第二种则是以武汉大学为例的学术训练和海外交流，如《武汉大学哲学专业强基计划培养方案》的特色课程是学术训练与论文写作、第三学期海外交流课程、暑期学校课程。第三种则是以《山东大学强基计划哲学专业培养方案（2023 版）》为例的重点提升计划，涉及思政、心理健康等方面。

在本研衔接方面，《山东大学强基计划哲学专业培养方案（2023 版）》则是由五个学院共同开设了马克思主义哲学、中国哲学、西方哲学、伦理学、科技哲学与逻辑学、政治学、社会学、宗教学、中国史、中国语言文学十个课程组，此外毕业论文与实习也在本研衔接阶段进行；这十个课程组涵盖了研究生阶段专业课程的六个模块。《中山大学哲学专业强基计划培养方案》的研究生阶段专业课程主要是基本问题与方法论课程，与本科阶段有明显的区别；此外《中山大学哲学专业强基计划培养方案》的研究生特色课程分为马克思主义哲学、中国哲学、外国哲学、逻辑学与科学、伦理学、美学与宗教学五个模块，与本科特色课程相比，课程更加具有深度，但是同时也存在与本科相同的特色课程。

第三节　培养方式分析

一、西北工业大学培养方式分析

对于拔尖创新型人才的培养，学校独立招生、独立设班，实行导师制、小班化、探究式教学，实行完全学分制，3 年修完规定学分可以毕业，特殊情况最多延至 6 年。在横向上实行"通识＋专业"大类人才培养模式；在纵向上实行本研贯通的人才培养模式。本科一年级主要进行通识教育，本科二年级确定专业，以陈士橹飞天班为例，本科一年级的课程中，主要以通识教育为主，在本科一年级的所有课程中，通识教育以外的课程只有"电路基础 I"。纵向上，强基计划班、拔尖基地班、本研衔接班和"三航"特色班全部采用本研衔接的培养方式。强基计划的学生，实行"3 + 1 + N"的"本硕"或"本博"衔接人才培养模式，鼓励选择"本博"模式，"3 + 1"为本科强基学习和本科阶段本博或本硕衔接学习年限，"N"为所在学科的博士或硕士学习年限；陈士橹飞天班实行"3 + X + 1"培养模式，贯通本科和研究生培养过程；黄玉珊航空班实行本研贯通培养，鼓励在相关学科深造的优秀学生在本科生导师及未来研究生导师指导下修读部分研究生课程；力学拔尖基地班采取"3 + 1 + X"本硕博连读培养，建议前 3 年修完本科规定学分，选择校内攻读硕博的学生在第 4 学年可提前攻读研究生课程。此外，拔尖人才培养实行动态分流补入机制。以强基计划为例，本科每学年结束后进行一次考核，未达到要求的学生分流出强基计划，转至录取强基计划专业对应的普通类专业进行后续培养，学生转出后留置的空缺名额，根据实际需要，通过在普通类专业遴选优秀学生进行补充，转入学生需补修相关课程。

二、综合类高校哲学专业培养方式分析

在对于培养方式的分析中，剔除了《中山大学哲学专业强基计划培养方案》的"综合育人与使命教育措施""质量保障机制和措施"、《北京大学强基计划培养方案》（哲学类，2023 版）的研究生推免政策倾斜和《山东大学强基计划哲学专业培养方案（2023 版）》的专项经费支持，重点对目标高校的专业培养机制和措施进

行分析。此外,清华大学《日新书院培养方案》(哲学方向,2023 版)和复旦大学哲学专业"2 + X"教学培养方案(强基班适用,2023 版)中不涉及培养方式部分。

　　导师制、小班式教学、个性化培养、国际化培养是采用较为广泛的方式,除此之外,还出现了跨学科培养、研究式学习、科教协同育人、理论与实践相结合等。对于跨学科学习,《北京大学强基计划培养方案》(哲学类,2023 版)鼓励学生依托"古典语文学""思想与社会"等成熟运行的交叉学科项目,开展跨学科学习;《中山大学哲学专业强基计划培养方案》则在本科一、二年级注重进行文理融合的大类培养。跨学科学习是培养复合型人才必不可少的一环,新文科建设中很重要的一项内容就是学科交叉培养,不仅是人文社科内部交叉融合,更要进行文理交叉、文工交叉等。总体来看,在培养的形式上,通过导师制、小班式教学、个性化培养等多种方式进行;在培养媒介的依托上,通过项目制、教学与科研相结合、理论与实践相结合等多种形式,实现项目育人、科研育人、实践育人;此外,通过跨学科交叉培养和国际化培养等方式进一步提升学生的知识广度和拓宽国际视野,如表 8-4 所示。

表 8-4　部分高校强基计划哲学类专业培养方式表

学校	具体内容	内容总结
北京大学	设立工作委员会与导师团队;为学生制订动态的个性化培养方案;由指导教师根据学生的学习与科研方向,开设具有针对性的小班课程;依托国际化的教学团队,开设英语授课的专业课程;为学生定制各类学术交流平台及暑期课程项目;鼓励学生依托"古典语文学""思想与社会"等成熟运行的交叉学科项目,开展跨学科学习	导师团队制;个性化培养;小班式课程;国际化培养;注重学术交流;依托项目进行跨学科培养
山东大学	哲学专业为强基生单独编班,配备一流的师资,提供一流的学习条件,创造一流的学习环境与氛围,全方位的导师体系,小班化教学,拓宽学生成长发展道路。哲学专业专门为强基生设置丰富的课外学术活动,如导师见面会、学年论文竞赛、文化游学活动、哲学本科生学术研究基金申报,以及与兄弟院校哲学专业强基计划共同举办的本科生联合论坛等	导师制;小班化教学;设置学术活动
武汉大学	主干课程全部采用小班教学,每班不超过 15 人;课前布置阅读材料,课堂组织问题讨论,强化学生的研究式学习能力;学生入学后,根据自身兴趣选择学业导师,原则上每位导师每届指导不超过 3 名学生;强调教学与科研的深度融合,鼓励学生参与国家级重大科研项目,培养学生的问题意识以及把握重大现实问题的敏锐度和能力;充分利用外教资源和国际化师资力量,1/3 以上课程使用全英文或双语教学,每位学生在本科阶段至少有一次出国(境)学习机会	小班化教学;研究式学习;学业导师制;科教协同育人;国际化培养
中山大学	结合"书院制"培养模式,哲学强基计划生单独编班,推行导师制、小班化、个性化和国际化培养方式。构建面向"四新"、文理交叉、中西融汇、古今贯通、知行合一的基础学科支撑引领型人才培养机制和措施	书院制;导师制;小班化教学;个性化培养;国际化培养;交叉培养;理论与实践相结合

第四节　培养方案总结

一、以培养研究型拔尖人才和复合型卓越人才为主，具有递进性，但是培养目标空泛化，培养理念陈旧

本科重视理论知识的学习，重视对学生素养、视野、潜质的培养；而研究生阶段的培养目标则与总目标具有相似性，重视研究能力的培养，培养能够服务于国家发展战略的人才。本科阶段与研究生阶段的培养目标呈现出一定的递进性，以武汉大学为例：对于马克思主义世界观与方法论，从本科阶段"具备"到硕士阶段"熟练运用"再到博士阶段"灵活运用"；对于学术创新，从本科阶段"有学术创新意识"到硕士阶段"具备一定的哲学创新能力"再到博士阶段"在基础理论和重要现实问题上产出有原创意义的成果"，逐层深入，环环相扣。

对培养目标进行分析，可以发现培养目标大部分遵循着"面向国家和国防战略需求，培养具有家国情怀的领军人才，使学生具有健康体魄、高尚品格、广博学识、创新精神、全球视野与持久竞争力，德智体美劳全面发展"这一逻辑。这种表述虽然涵盖了知识、能力、素质三方面，但是我们却发现该种表述的培养目标缺乏可操作性，难以实施、落实和评估，且难以支撑拔尖人才培养。举例而言，培养目标中出现的"高尚品格、追求卓越、堪当大任、引领未来"等素质概念都是较为笼统的概念，缺乏具体的衡量标准。

此外，培养目标缺乏国际视野和高要求。拔尖创新人才培养目标与普通人才培养目标相比应更具特色，应提出更高要求，拔尖创新人才培养实质上是一种"精英教育"，从这个角度来审视我们的培养目标，可以发现我们的培养目标显然无法与拔尖人才这一总目标相匹配。培养目标中缺乏对公民素养和人文素养的重视，"将培养学生作为合格社会公民和世界公民的责任感和使命感，以及具有全球公民意识的未来人作为人才培养目标的重要内容"[1]，这要求学生能够理解不同群体的文化和价值观，强调学生能够关注人类、关注社会，能够运用国际视角进行认知。

二、课程类型丰富，但是课程质量不高，课程设计逻辑陈旧

课程是人才培养最直接、最具体的体现，课程质量对人才培养质量有着重要

---

① 张应强，王平祥."双一流"建设背景下我国本科教育人才培养目标的思考[J]. 湖南科技大学学报（社会科学版），2019，22（6）：148-154.

的影响。通过对培养方案的分析可以发现，尽管学校开设了大量的特色通识课程，但是由于学分数的限制，每位学生真正选择的特色通识课程较少，且由于通识课程班级人数较多、课程考核难度较低、学生重视程度不高，通识课程的质量也无法令人满意，在针对西北工业大学课程的一项相关调查中，有同学表示"第一学年大部分都是大类平台课和通识课，感觉学到的东西不多"，希望能够"丰富人文类课程内容"，这也说明了我们的通识课程不够丰富，且课程质量是有待进一步提升的。

从传统学科到跨学科再到超学科，除了知识的生产，更强调通过知识的整合与创新，解决复杂的社会问题。我们现有的培养方案中学科专业课程遵循着"大类平台课程—学科基础课程—专业方向课程—专业选修课程"的逻辑，其实质仍然是按学科知识逻辑组成的课程体系，尽管有大类平台课程，却未能真正突破文理、文工大类界限，难以适应拔尖创新人才培养的需要。在针对西北工业大学课程的一项相关调查中，对于"在课堂学习中运用其他学科的知识和经验解决问题"这一题项，仅有 28%的人对自己在该方面的表现表示很满意。这也说明现有的课程体系缺乏知识的交叉贯通，课程开发者忽略了将多学科交叉思维渗入各类课程和实践活动中，不利于学生将不同学科的知识并联交叉拓宽自身知识面[①]。

三、本硕博贯通不流畅，大类培养仍需进一步优化

大类培养、本硕博贯通越来越成为各高校探索拔尖创新人才培养采用的模式。大类培养在横向上打通专业限制，同时也为本科阶段进行通识教育提供了更多的机会，本硕博贯通通过将本科、硕士、博士三阶段打通，为大类培养提供了更大的空间，同时也为培养拔尖创新人才提供了更多的可能。但是通过分析，可以发现我们现行的培养方式多以大类培养和本研衔接为主，还未真正走向本硕博贯通。

目前的本研衔接多将本科第四年设置为本研衔接阶段，在校内攻读硕博的学生在第四学年可提前攻读研究生课程。将研究生课程提前下放至本科第四年是目前采用最广泛的本研衔接的方式，但是下放课程的设计逻辑是否科学是值得思考的，此外，本研衔接也不能局限于前置研究生课程，需要采用更多、更广泛的方式加强两阶段的衔接，真正做到贯通。此外，在调查中有学生表示"大一一学年需要修很多之后不是本专业的课程，对大一新生来讲压力比较大""目前进行的大类培养导致大四课业压力仍较大"，这也说明我们目前的大类培养仍需进一步探索和改革。

---

① 李北群. 行业特色高校拔尖创新人才培养研究——基于南京信息工程大学的探索[J]. 江苏高教，2022（4）：52-56.

四、培养方式多样化和个性化相结合，但在具体实施过程中缺乏可操作性的指导

培养方式中存在项目制、国际化、导师制、小班化、交叉培养、个性化、跨学科培养等多种方式，其中导师制是出现频数最多的一种方式。但是，部分高校对于培养方式的表述多为宏观描述，缺乏可操作性的指导，导师制如何运行、项目制的具体实施措施、交叉培养的具体方法、个性化培养的具体落实方案都未在培养方案中清晰地体现出来。以北京大学为例，北京大学的课程内容中体现出了跨学科学习和国际化培养，如借助英文专业课程与专业外语课程等培养学生的国际化能力与素养；但是对于团队导师、制订个性化培养方案、小班课程等的实施未找到更为详细的操作性内容。以山东大学为例，全程导师制的"全程"如何界定、每位导师负责多少名学生、导师具体负责的内容有哪些等都未在培养方案中体现，因此，也就为导师制的实施带来了很大的不确定性。武汉大学则是对小班教学的人数、导师指导的学生人数、全英文或双语教学的课程占比等做出了具体的规定。

五、通过阶段性考核和动态进出办法进行分流管理，但是具体的考核内容仍存在着不完善的地方

动态分流和考核制度是各高校普遍采用的一种制度，但是在具体的设置中各高校又有所差异。无论是"3+X""3+1+X"学制还是"4+2+4""4+4"学制，从一定程度上而言，没有优劣之分，不同的学制对应的是不同的课程内容与培养方式，更为重要的是学制年限与培养目标、课程设置等的匹配度。此外，阶段考核中，考核内容的实质其实还是成绩和科研两项，以武汉大学为例，三次考核均是主要考核学生的思想状况、日常表现和学习成绩，但是三阶段的侧重点有所不同，第一次考核要求学生成绩绩点在 3.5 及以上且必修课无不及格情况；第二次考核则为学生的学习成绩和学术特长两项，对于成绩的要求依然为成绩绩点在 3.5 及以上且必修课无不及格情况；第三次考核为学生的成绩以及导师推荐意见，对于成绩方面要求学生的必修课成绩要处于 A 档。三次考核均只对成绩做出了详细的要求和规定，对于思想状况、日常表现、学术特长均未给出具体的规定。

第九章　新文科复合型人才大类培养模式的问题及成因

本章基于前文的研究，总结出大类培养模式在人才培养理念、专业设置、课程设置、教学组织形式、教育评价方式、组织管理制度等方面存在的问题，并对这些问题产生的原因进行分析和梳理。

第一节　新文科复合型人才大类培养模式现存的问题

基于对大类培养相关调研资料以及案例的综合整理与分析，可以发现行业特色高校大类培养实践中存在着培养目标普泛化、缺乏特色，大类设置理念亟待变革、涵盖专业冷热不均以及分流原则较为固化，课程结构需要优化、课程内容有待更新以及课程管理有待制度化，教学理念亟待更新、方法较为传统，指标制定过程中学生参与度低、缺乏专门的大类教学评价体系、数字化水平低，导师制落实不到位等问题。

一、人才培养理念方面

（一）培养目标普泛化

大类培养的背景下，各高校都提出要培养"宽口径""复合型"等德才兼备、全面发展的创新人才，然而，高校并没有对"宽口径""复合型"人才的具体规格做出详细的解释，致使学生甚至是教师都不清楚"复合型"究竟具有何种特征，培养目标较为普泛化，对教育教学的指导性不强。具体而言，过于普泛化的培养目标对大类培养的实践过程中的指导性较弱，执行的难度较大，难以具体去指导和调整课程、教学以及教学评价体系，进而不利于检验预期培养目标的完成效果，最终影响到大类培养的质量。

（二）培养目标缺乏特色

经调研，不同类型高校的大类培养目标缺乏自身特色，区分度较弱，"同质化"现象严重，这不利于某些高校"取长补短"，即发挥自身所具备的优势培养人才，最终导致教育教学资源得不到合理利用，造成事倍功半的人才培养效果。例如，诸多理工类一流建设高校人文社科大类的培养目标忽略了自身文科建设的水平，盲目借鉴高水平文科院校的大类培养目标，导致理工类高校的培养目标在执行和落实的过程中存在"水土不服"的问题，即培养目标对课程设置与教学等人才培养关键环节的指导性较弱，或是培养目标与课程设置和教学等培养环节完全脱节，培养目标形同虚设。

二、专业设置方面

（一）大类设置理念亟待变革

大类设置理念直接影响到大类设置的口径，即大类所覆盖的专业面。在窄学科方案的大类设置方案下，各行业特色高校大类的跨学科范围与培养口径较为窄小，可供学生选择的分流专业数量较少，最终一定程度上阻碍了大类培养实现复合型的培养目标。高校大类的设置方式仍然是以"窄学科方案"为主，跨学科程度不高，存在"形式上的大类培养，实际上的专业化培养"的质疑声。究其原因主要在于"重专业轻通识"的教育理念导致各一流高校在大类设置理念上仍然存在过于重专业的特点。大类培养核心特色在于学科交叉与融合，强调学科内部，甚至学科外部间的跨界融合，因此，各行业特色高校亟须对大类设置的方式进行改革，科学、合理地拓宽当前大类设置范围，进一步体现"跨界""融合""共享"的特色。

（二）大类涵盖专业冷热不均

当前，各高校大类设置所涵盖专业的种类繁多，同一专业在不同高校的大类归属具有差异性，缺少较为普遍的标准，有些高校为了提高大类培养的生源质量，热衷于将"冷热专业打包"。大类所涵盖专业的"冷热不均"会误导考生和家长对志愿填报的判断。大类所涵盖专业冷热差距过大，一定程度上误导了大批想要报考热门专业的考生和家长，而如果学生不能分流至其心仪的"热门专业"，势必会影响该生的学习兴趣与学习投入，不利于提高大类培养的质量和成效，而且会造成马太效应，加剧专业的冷热不均。高校如果不加强对专业的宣传和引导，而是将"冷门"学科打包带进"热门"专业中，只会导致专业间的资源分配更加不平衡，让"冷门"专业更加处于弱势地位，最终阻碍学科建设和人才培养的发展。因此，高校必须严格按照教育部《学位授予和人才培养学科目录》中的标准来构建大类所涵盖专业的组成方式，加强对专业的引导和宣传，减少学生在大类分流时的盲目性。

（三）大类分流原则较为固化

大类分流是大类培养的一个至关重要的环节，关系着大类培养的质量与效果。本书通过对高校大类的分流政策进行梳理后发现，各大高校实施大类分流的政策方案几乎都遵循"志愿优先、成绩排序"的原则来进行专业分流。在这一较为固化的分流原则下，高校过于注重考查学生的学业成绩，而忽略了其他的相关能力，导致大类分流制度逐渐成为成绩优秀的学生的主场，一些成绩平平的学生面临着被调剂到其他不感兴趣的专业的困境。已有研究发现，学生的学习兴趣直接影响到学生的学习投入，进而影响学生的学习效果①。总之，成绩导向的分流原则势必导致以下两方面的问题。一方面，对于学业成绩不具备优势的同学来说，大类培养并没有体现出其"避免高考志愿填报盲目性"这一优势，他们并没有选到自己心仪的专业。另一方面，成绩为王的分流准入标准将导致学生仅关注知识维度，而忽视能力、品德维度，以及增加二次竞争压力，背离了大类培养的初心。

三、课程设置方面

（一）课程结构需要优化

在调查中，学生们对课程的"抱怨"是最多的，其中以课程结构部分最为严重。本书通过梳理和分析学生问卷中的意见和建议部分发现，大类培养的课程结构存在的主要矛盾是"厚基础、宽口径"知识目标的要求背景下，"过高的总学分要求"与"有限的课程时间"之间的矛盾。具体而言，第一，学分安排不合理。学分安排不合理主要包括以下两方面，一方面是必修课程学分过多，而选修课程学分较少，不利于实现大类培养的目标。此外，通识课程是高校培养综合型人才的重要手段，而通过调查发现，许多高校的通识课程虽然种类多样、数量繁多，但是仍然要求学生们必修一部分规定的通识课程，学生真正能自主选修的通识课程较少。另一方面是总学分要求过多，学生压力过大，学生们表示希望学校可以

---

① 朱亮，顾柏平. 人本主义理论视阈下大学生专业兴趣、深度学习与学习效果的关系研究：基于 N 校学习投入度调查结果分析[J]. 中国成人教育，2018，（16）：66-70.

适当压缩专业总学分。第二，课程安排不科学。课程安排不科学体现在时间安排不科学。许多同学表示，在进行大类分流之前学校并没有开设专业课程，导致在大三大四时仍需要集中学习许多课程，课业压力非常大，不利于升学与就业。此外，还体现在内容安排不科学，课程的整体安排略显冗余，课堂学习的时间过多，无暇顾及其他课堂之外的学习内容。因此，大部分学生建议学校应该结合不同专业、不同年级学生的反馈，对课程的安排做出调整，让各年级的课程学时得到平衡，避免出现某个年级课程太多的状况。

（二）课程内容有待更新

第一，交叉课程较少。多数高校的大类课程仅围绕本大类的课程出发，对所涵盖专业的一些基础课程进行简单叠加，有关交叉学科的课程较少，学科交叉融合的程度较低，有待进一步更新和完善学科交叉的课程内容。例如，西北工业大学哲学社会科学类主要涵盖经济学类、法学类、公共管理类、外国语言文学类四个大类，其大类平台课程除了政治经济学课程之外，主要是宪法学原理、刑法原理、欧美文化、外国礼仪文化等基础课程的简单叠加，缺少深度交叉融合的课程内容。第二，理论课程多，实践课程少。大部分学生表示理论课程与实践课程的分布比例较为失衡，即理论课程的占比较大，缺少实践课程，以及一些课程的实用性较弱，参与专业实践的机会少。实践课程是培养学生创新能力、分析问题与解决问题等能力的重要载体，是实现综合型人才培养的重要课程。较少的实践课程不利于提高学生的综合能力，高校应开设更多具有应用性的课程，开展更多实践活动，在课程内容上关注就业的相关内容。

（三）课程管理有待制度化

各大高校在大类培养的改革过程中忽视了课程管理制度的相关问题。一方面，大类培养方案中课程类别容易存在"朝令夕改"的问题。有学生表示，已经修读的课程的类别在学习前后发生了改变，对于毕业学分认定环节造成困扰，希望能够更加明确大类培养方案中课程设置的类别。另一方面，大类课程缺少制度保障。大类课程是大类培养的重中之重，但经调研发现，学校更多关注通识教育课程的建设和管理，成立了专门的组织来进行通识课程制度建设、通识课程师资队伍建设以及通识课程质量的考核等，而高校对于大类课程的考核、大类课程师资队伍的要求等方面并没有明确的说明，更没有成立专门的组织平台。制度的缺失导致大类平台课程的管理类工作缺位，最终造成大类培养质量和效果难以得到保障。所以，高校对课程管理的制度化改革工作势在必行。

四、教学组织形式方面

（一）教学理念亟待更新

　　教学理念是教师组织和开展教学的思想指南，反映了教学活动的理念追求，是教学本质的体现。现代教学应确立教学的互动性、学生的主体性以及知识的建构性三大教学理念[①]，当前各高校大类培养的教学理念仍然存在对学生的主体性、教学的互动性认识不够深入的问题。通过前文调查结果可知，传统的讲授法是一流高校的主要教学方法，在教学过程中存在过度重视教师"教"，而忽视学生"学"的问题，教学逐渐演变成教师主动、学生被动的单一活动，师生互动性不强。鉴于此，高校在大类培养教学方式的改革上应加强对教学理念的重视程度，充分尊重学生的主体性地位，推动自身教学理念的变革，从重视教师"教"转变为既重视教师"教"，又重视学生"学"。

（二）教学方法较为传统

　　经调查发现，传统的讲授法与讨论法仍然是课堂中最常用的具体教学方法。已有研究表明，传统的讲授法一定程度上降低了学生对课堂的学习投入及师生在课堂与教学中的互动性，进而影响教学的效果和质量。学校需引起重视，鼓励教师学习有关教学改革的相关政策和制度，支持教师投身到教学改革的研究中。好的教学方法是提高教学效果与实践的关键法宝，高校应抓住大类培养模式改革的契机，推动自身教学方法的变革。

五、教育评价方式方面

（一）指标制定过程中学生参与度低

　　评价指标的制定是引领教学评价改革的方向和指挥棒，是开展科学、系统的评价并产生良好评教效果的前提和保障，必须要与课堂教学的价值取向和基本形态相适应、相匹配，而制定科学、合理的评价指标体系离不开学生这一教学和人才培养主体的深度参与。原因在于学生是教学和人才培养的关键主体之一，教学与人才培养的本质目的在于培养学生各方面的素养和能力，而教学评价指标是对

[①] 罗三桂. 现代教学理念下的教学方法改革[J]. 中国高等教育，2009，（6）：11-13.

评价对象的一种结构性分解，其本身不仅反映了评价对象的结构性维度，还一定程度上体现了对评价对象价值取向和价值需要的鉴别与反馈，有利于充分保障评价对象的需求与权益。然而，在教学评价指标的制定过程中存在学生参与度较低的问题。学生的意见可以为教师及管理部门人员提供有效的反馈信息，教学评价指标体系的制定缺少了学生主体的参与则无法反映出学生对教学的需要和要求，在效果上面就会存在片面性的缺点。因此，高校在进行教学评价改革时，应发挥学生的主体作用，充分保障和尊重评价主体的多元化。

（二）缺乏专门的大类教学评价体系

经调研发现，虽然各大高校均坚持分类指导思想，开展分类评价改革，然而，各高校的分类评价均是从教学、科研以及教师绩效评价等宏观维度上进行变革与突破。目前各大高校并没有针对大类平台课程设计单独的教学评价体系，在大类平台课程的教学评价上和学校其他课程差别不大，使用相同的评价体系和评价标准，没有考虑到评价课题、学科与专业的差异性。相比于其他课程类型，大类平台课程具有自身的独特性，其课程所面向的对象为指定大类的学生，课程目标旨在沟通"通才"与"专才"，在课程内容上强调大类所涵盖专业或学科的交叉与融合，与其他类型的课程采用相同的教学评价体系和指标看似公平，但由于人才培养特色有所不同，这在实际上反而阻碍了大类培养实践的发展和进步。所以，需要对大类平台课程设计有针对性、个性化的教学评价体系。

（三）数字化水平低

大类培养的融合性的特点主要体现在两个方面，一方面是强调学科内部与学科间的融合，另一方面是现代信息技术与教育教学的融合。经调研发现，当前各高校在教学评价的数字化改革方面已初有成效，纷纷建立健全大数据服务平台来强化过程性评价，实现学生从入学到毕业"全过程""一站式"数据档案全覆盖。然而，这些数据化手段大多是碎片化、浅层化的，多数高校普遍缺乏更为系统性的数字化评价体系，存在数据共享性欠缺、教师与管理人员的分析与处理数据能力较弱、数字氛围不够浓厚、数字化评价的应用不够深入，以及难以挖掘和体会数据信息背后的隐性价值等问题，数字化评价水平仍需提高。

六、组织管理制度方面

新文科背景下采用了项目制、导师制等多种方式，其中，导师制是新文科背景下国防特色高校本硕博贯通式人才培养模式的一个重要制度，但是部分高校对于培养方式的表述多为宏观描述，缺乏可操作性的指导，导师制如何运行、项目制的具体实施措施、交叉培养的具体方法、个性化培养的具体落实方案都未在培养方案中清晰地体现出来。通过调查发现目前的导师制实行效果并不理想，主要表现在两个方面。一是学生和导师沟通的机会较少，在调查中有18.8%的学生表示从来没有和导师单独沟通过，34.7%的学生表示和导师沟通的频率为每学期1～3次，超过半数的学生和导师沟通的机会都比较少。二是导师制流于形式，学生得不到有效的指导，"导师对您的学习、生活、思想品德和人生等各方面进行指导"题项的最小值为 1，说明有同学认为该表述与实际情况非常不相符，在调查中有学生明确表示"认真落实荣誉导师职责，要求荣誉导师真正意义上指导学生，并让学生参与科研任务，避免形式主义"。

第二节　新文科复合型人才大类培养模式问题产生的原因

对问题进行分析，可以发现行业特色高校大类培养存在问题的原因主要集中于高等教育理念落后、高校定位不清晰，大类管理机构有待完善，教师教学组织形式陈旧、教育教学资源不足，学生自身主观能动性有待提升四个方面。

一、学校层面：高等教育理念落后、高校定位不清晰

（一）重专业轻通识的教育理念根深蒂固

通过分析发现，我国高等教育"重专业轻通识"的教育理念较为固化，影响深远。在新中国成立初期，为了培养高精尖技术人才，我国高等教育学习的是苏联"高度专业化的教育模式"，强调培养专业知识扎实的"专才"。在新中国成立初期，专业的技术人才有利于国家建设工业和恢复工商业，然而，专业过于细分下培养出来的"专才"存在"知识面狭窄""技能较为单一""个人的全面发展素质不够综合"，以及学的某些技术性太强的专业有被时代淘汰的风险。尽管我国高等教育在这几十年间不断发展和完善自身，对人才培养体系进行深入改革，倡导通过大类培养的模式来培养全面发展的"宽口径""复合型"人才。但是，这种"重专业轻通识"的教育理念仍然存在。

（二）重理论轻实践的倾向较为严重

高校教学主要包括理论教学环节和实践教学环节两大关键部分。其中，实践教

学主要为以实验室为核心的实验教学和以社会市场为核心的实习实践教学两种形式；相较于实践教学，理论教学则主要是指以理论知识为主要内容，以课堂讲授为主要形式的教学活动。近年来，我国高等教育在变革与发展中强调要实践教学与理论教学并重，然而在人才培养的实际落实过程中，仍然存在重理论轻实践这一问题。大类培养旨在培养综合能力较强的复合型人才，而生产劳动是实现人全面发展的唯一途径，这就要求各高校在开展人才培养实践时重视培养学生的实践能力。因此，当前重理论轻实践的教育理念很大程度上影响到了大类培养实践的实施效果。

（三）各高校缺乏办学特色

高校缺乏自主性和创新活力，办学无个性和无特色，这种缺乏办学特色的办学模式十分不利于大类培养模式的进程。不同层次的高校，其教育的定位和目标应该有所区别，大类培养模式的具体方案也应不同。同时，高校内部应该根据不同学科的特点和特色，形成个性化的大类培养模式，尤其是完善优势学科和特色学科的人才培养模式。就本书调研的情况来看，各高校的大类培养模式在一定程度上有趋同发展的情况，大类培养模式的特色发展存在明显的欠缺。

二、学院层面：大类管理机构有待完善

独立的统筹规划和组织管理机构有利于保障课程与教学的质量，如北京大学、浙江大学、西安交通大学等"双一流"建设高校都设立了通识教育专家委员会这一机构来负责研究通识教育政策、推动通识课程的建设、组织开展通识课程质量评估等工作，从而为本校提供通识教育相关政策和具体工作规划的建议，保障通识教育的质量。但长期以来，各大高校大类培养的改革更多是自上而下的，缺乏自我驱动的发展动力，其原因在于各大高校并没有随着大类培养的改革与实践而创新管理体制和管理制度，并没有设置独立的大类培养统筹规划和组织协调机构，习惯于用同一套体系、标准去管理和要求大类培养阶段与专业培养阶段，使大类培养的质量得不到应有的保障。通过前文的问题分析可知，大类培养课程内容、师资队伍以及教学评价所存在问题的背后，很大程度上是缺少专门的管理与服务机构来进行质量的保障工作造成的。

三、教师层面：教师教学组织形式陈旧、教育教学资源不足

（一）教师教学组织形式陈旧

我国多数高校还是采取以教师系统地讲授理论知识为主的教学组织形式，教

师在授课的过程中只是增加提问的次数或让学生进行简单的讨论。实践教学时间短、次数少，实习基地不丰富，产学研结合不紧密、大多流于形式，这是极其不科学、不合理的。此外，还存在课程体系的配置不合理导致课程计划较为混乱，教学管理仍以教学控制为中心、不够灵活等问题，致使学生并不能真正自主选择专业和课程。

（二）教育教学资源不足

大类培养的改革与实践要求整合大类设置方式、打破原有的课程与教学体系，以及创新教学评价体系，这需要耗费大量人力、财力和物力，但在教育改革实践中一些高校的资源难免存在不足的情况，难以提供充足的教学资源来对六大要素进行彻底整合。具体而言：一方面是师资队伍数量不足、结构不合理。师资是落实大类培养实践的重要影响因素，师资的水平直接影响到大类培养的质量和效果。大类培养要求教师具备跨学科背景，掌握相邻学科或专业的知识基础，这对专门的大类教师要求更加严格，高质量师资队伍的数量明显不足。另一方面是教学软硬件资源不足、未能有效实现跨界共享。除师资紧张外，高校教学环境软硬件资源紧张是教育资源不足的另一重大表现。学生人数的激增导致高校教育教学工作的软硬件资源压力也随之增加，硬件资源包括教室、科研实验室、图书馆、体育馆、学生宿舍、食堂等，软件资源包括图书、电子期刊、数据库等。

四、学生层面：学生自身主观能动性有待提升

除了以上这些因素之外，学生的主观能动性对学生的发展起到关键性作用。大学生在通过高考的选拔进入大学后，高中时期的束缚和压力完全消除，大学的学习基本靠自己的自主性和能动性，尤其是对于那些一入校就接受大类培养模式培养的学生来说，大类培养模式中的许多环节，如探究式教学、导师制等，其育人效果要想充分实现，很大程度上要赖于学生自主性和能动性的发挥。大学生在基础教育阶段往往没有得到充分的全面发展，在进入高校之后，在自主设计、自主选择和自主学习上存在困难。

第五篇　行业特色高校新文科复合型人才大类培养模式的创新与实践

第十章　新文科复合型人才大类培养模式的经验借鉴

第一节　国外一流高校跨学科人才培养的经验与启示

随着知识生产方式的转变，大学传统采用单学科方法来解决问题的局限性日益凸显。运用综合的方法，结合多种知识来解决现实问题显得尤为必要。跨学科研究则能够克服传统学科划分的不足，成为科学技术发展和创新的主导模式。与此相呼应，跨学科人才培养也成为各国世界一流大学建设中的重要举措。

一、国外一流高校跨学科人才培养的案例分析

（一）麻省理工学院

麻省理工学院的本科教育尤其突出跨学科人才培养，通过强调学科之间的融通来发展学生综合性的工程能力和素养，其跨学科教育主要体现在三个方面：一是在组织体系上，以学术部门或者学术团体为组织单位来培养学生；二是在课程设置上，建设一流人文社科课程，为跨学科课程建设奠定基础；三是在培养方式上，通过跨学科研究计划、跨学科辅修项目、跨学科非常规学术活动等多种方式对学生进行跨学科培养，较为典型的是"新工程教育转型"（The New Engineering Education Transformation，NEET）计划。

1. 组织体系

麻省理工学院打破固有的完全以学科门类划分的组织体系，设立大学院，淡化学科，强调跨学科课程和项目的设置，每个学院下设若干研究领域，研究领域再下设若干专业，每个研究领域和专业都设有对应的课程号①，跨学科研究中心和实验室、跨学科师生团队是麻省理工学院进行跨学科人才培养的重要组织。麻省理工学院的教师和学生可以通过实验研究小组（Experimental Study Group，ESG）进行跨学科研究，并参与跨学科课程的建设，实验研究小组每年会接收 50 名麻省理工学院新生，教师和学生来自不同的专业，所有参与互动的

---

① 马培培. 麻省理工学院本科工程教育跨学科培养模式借鉴[J]. 中国高校科技，2020，（4）：49-53.

小组成员有着不同的专业背景，参与各类的研究活动及课程，这样就形成了一个教师和学生共同参与的跨学科建设团队，为教师和学生在跨学科课程建设上发挥作用创造了条件①。

2. 课程设置

麻省理工学院的多数课程不是按狭窄的分支学科来设计，而是以社会问题、生活经验、人文现象为研究对象，以科学实验法为研究方法，既注重知识的传授与迁移，也强调学科之间的整合与联系。麻省理工学院本科生课程计划由两部分组成：一是全校统一的校级公共必修课，是每一位本科生必须完成的；二是院系要求课程，包括院系核心课程、限选课程以及非限选课程。在校级公共必修课的基础上，各院系根据需要自行开设或院系合作开设一系列跨学科课程，主要分限选课程以及非限选课程，学生可根据个人兴趣选择相关课程进行学习②。此外，麻省理工学院将人文学科的发展摆在突出位置，促进人文学科与理工科、社会科学的协调发展，在课程设置上重视人文学科的地位，注重挖掘人文社会科学的课程内容③，理工类学生可以在全校范围内任选包括人类学、语言学、政治学、经济学、哲学等在内的课程，为培养学生的人文素养创造了条件，同时也为工程教育中跨学科课程的发展奠定了基础。

3. 培养方式

麻省理工学院从 2007 年开始实施"戈登工程领导力计划"，"戈登工程领导力计划"聚焦于本科生课程改革，强调通过资源整合，实现跨学科的合作。学生在大一不分专业，大二确定自己的专业，课程主要围绕所选专业的基础知识开设，并给学生充足的时间参加跨学科工程项目；进入大三学年，"戈登工程领导力计划"从 600 多位学生中挑选 30 名学习至少两门短期课程，并参加高级跨学科项目②。独立活动阶段（Independent Activities Period，IAP）是麻省理工学院促进学科共融的品牌教学活动项目代表，旨在为学生提供系统开放的培养环境，以多元化、独具特色的培养方式促进跨学科人才的成长，跨学科非常规学术活动设置的目标是促使学生参加他们在常规学习中无法进行的活动③。此外，麻省理工学院通过设立大量跨学科辅修项目和若干跨学科学位，来鼓励学生进行跨专业、跨学科学习，麻省理工学院的跨学科辅修项目，其项目的相关内容和工作技能必须足够广泛，

---

① 周慧颖，郄海霞. 世界一流大学工程教育跨学科课程建设的经验与启示：以麻省理工学院为例[J]. 黑龙江高教研究，2014，（2）：50-53.

② 雷洪德，高强. MIT 跨学科培养本科生的理念基础、支撑条件与主要途径[J]. 中国高教研究，2016，（11）：76-79.

③ 胡瑞，陈新忠，薛珊. 高等学校促进学科交叉融合的实现策略：以麻省理工学院为例[J]. 华中农业大学学报（社会科学版），2012，（3）：105-110.

其目标是为学生提供深入理解本专业以外的专门领域的机会，麻省理工学院的跨学科辅修项目是不同学术单位之间协作努力的代表①。

4. "新工程教育转型"计划

美国麻省理工学院于 2017 年启动"新工程教育转型"计划，"新工程教育转型"计划是一个以学生为中心、基于项目的、跨部门协作的证书课程，面向所有大二学生，侧重基于项目的综合性学习。"新工程教育转型"计划的核心部分是"以项目为中心的课程结构"，与之相匹配的是"课程串"这一概念，"课程串"是学生在大二开始学习的跨学科路径，学生可以在先进材料机器、自动机器、数字城市、生命机器、可再生能源机器五个主题中选择一个参与跨学科项目，无论选择哪一个主题，学习者都将通过各种实践项目、研究、课程、研讨会、活动、社交和职业发展机会，获得大量的可转移的技能和人际交往技能②。学生们参加的项目随着年级的升高不断加大深度和专业性，通过完成项目促进学生实现从专业技能到人际关系再到领导能力的提升③，到大学四年级项目结束时，课程通过的学习者将获得项目证书。

（二）普林斯顿大学

普林斯顿大学并没有给自身的本科教育贴上"跨学科"的标签，但其跨学科教育模式体现在人才培养理念、课程设置、教学组织形式、教学管理制度等诸多方面。

1. 人才培养理念

普林斯顿大学本科教育理念有两大特色：一是主张本科教育的关键不仅在于其内容，更重要的在于它是一种对待青年的方法，一个影响学生的过程；二是以培养服务公众的领袖为目标，注重培养学生科学思维能力和综合素质。跨学科教育强调科学思维能力的拓展和综合素质的培养，强调促进知识体系的融合与再建构，突破了专业教育把个人才能禁锢于某一特定专业领域的束缚。以普林斯顿大学工程学学生的培养目标为例，旨在通过学习历史、美学、文学理论与艺术等培养学生对人类行为、性格、生活方式进行反思和批判的能力，同样，也

---

① 马培培. 麻省理工学院本科工程教育跨学科培养模式借鉴[J]. 中国高校科技，2020，（4）：49-53.

② 徐立辉，王孙禹. 跨学科合作的工科人才培养新模式：工程教育的探索性多案例研究[J]. 清华大学教育研究，2020，41（5）：107-117.

③ 裴钰鑫，汪惠芬，李强. 新工科背景下跨学科人才培养的探索与实践[J]. 高等工程教育研究，2021，（2）：62-68，98.

要培养人文学科专业的学生理解严谨的定量推理、科学探寻、技术发展能力及相关基础知识。①

2. 课程设置

"综合科学"（integrated science）课程计划是普林斯顿大学刘易斯-西格勒综合基因组学研究所（Lewis-Sigler Institute for Integrative Genomics）对于本科教育阶段跨学科课程设置的一个新尝试，旨在为本科生建立一个在不牺牲知识深度的同时，又能够打破各学科之间壁垒的科学课堂，为学生提供一流的跨学科专业准备。课程主要集中在本科一年级和二年级，以小班化授课形式为主，课程整合了物理、化学、生物，以及计算机科学等多学科的核心内容，覆盖了各学科的相关知识领域，以数学为基础，以培养学生定量分析解决问题的能力为切入点，通过基础学科原理与方法的习得、最新跨学科科研信息整合，以及对于自然学科通用计算模式的掌握来发现交叉领域的新问题，同时解决本学科自身难以孤立解决的难题。②

3. 教学组织形式

类型多样的小班研讨课是普林斯顿大学本科跨学科教育的突出特点。研讨课，是一种以师生共同讨论为主的教学形式，强调学生积极参与一个特定主题或问题，符合参与式、合作式、社团化的跨学科教育的本质要求。普林斯顿大学的小班研讨课分为新生研讨课、写作研讨课、全球研讨课、学生发起的研讨课四种类型，其研讨主题都体现了跨学科教育。新生研讨课的主题涉及人文、社会、自然和工程等众多学科领域；写作研讨课的每一个主题都在跨学科视野下进行，涵盖科学突破、历史事件、具有影响的艺术传统、紧迫的社会问题等多个方面。

4. 教学管理制度

普林斯顿大学实行本科生跨学科证书项目，设立专门组织机构保障跨学科教育，设立了多个委员会和研究机构等跨学科组织来协调和强化跨学科教育与研究。例如，人文科学委员会、科学与技术委员会、国际与地区研究所等，这些跨学科委员会或研究机构为本科生设立各种跨学科学习项目。此外，普林斯顿大学设立了多个本科跨学科证书项目，如非裔美国人研究、非洲人研究、建筑学和工程学、

---

① 张伟. 跨学科教育：普林斯顿大学本科人才培养案例研究[J]. 高等工程教育研究，2014，（3）：118-125.

② 吴迪. 论世界一流高校对本科跨学科专业课程的践行：普林斯顿大学的"综合科学"课程计划[J]. 黑龙江高教研究，2012，30（10）：65-68.

生物物理学、当代欧洲政治和社会、创造性写作、东亚研究、环境研究、欧洲文化研究等，通过完成有关要求，学生可获得一个或多个证书。[①]

5. 典型代表："工科＋文科"的跨学科工程教育模式

普林斯顿大学凯勒工程教育创新中心将工程、人文、艺术、社会科学和自然科学的学生相互联络起来，并将他们与更广泛的校园社区和其他社区联系在一起，在工程学和人文科学之间架起一座桥梁。凯勒工程教育创新中心从创业精神、设计与设计思维、创新教育、社会影响四个维度提供课程和项目培训，实施跨学科工程教育，提供两种主要的系列课程。一是创业、创新与设计课程，通过这一系列课程培养学生的批判性思考能力，并把创新创业作为经济增长和社会变革的活动，以及未来的潜在就业机会来进行培训；二是工程导论课程，工程导论课程是为一年级学生开设的导论课程，主要介绍在现代工程的背景下社会所面临的挑战，并教授数学和物理的基础知识。总之，普林斯顿大学的跨学科工程教育模式具有三个方面的特点："四个维度"的跨学科工程教育教学框架、"两个序列"的跨学科工程教育课程体系、"工科＋文科"的跨学科工程教育平台。[②]

（三）东京大学

知识的交叉融合是东京大学开展科学研究的一个重要指导理念，在该理念的指导下，东京大学对跨学科研究组织进行了整合，形成了独特的跨学科组织与管理体系。在传统学科的基础上，东京大学提倡以跨学科为载体，建立多样化的研究和教育模式，目前，已经形成了较为完善的跨学科教育理念、教育模式、专业设置以及以新领域创成科学研究生院（The Graduate School of Frontier Sciences，GSFS）为代表的组织管理。

1. 教育理念

东京大学的校长致辞中提出，技术的进步及其不断扩大的应用给生物伦理学等领域带来了新的问题，其解决方案需要超越艺术和科学传统范围的新知识结构[③]。此外，东京大学非常重视不同背景或拥护不同价值观的人之间的对话，大学与社会之间或国际社会之间的对话，东京大学本科教育改革的重点是培养学生

---

① 张伟. 跨学科教育：普林斯顿大学本科人才培养案例研究[J]. 高等工程教育研究，2014，（3）：118-125.

② 徐立辉，王孙禹. 跨学科合作的工科人才培养新模式：工程教育的探索性多案例研究[J]. 清华大学教育研究，2020，41（5）：107-117.

③ 东京大学. 校长致辞[EB/OL]. https://www.u-tokyo.ac.jp/zh/about/president.html [2023-10-10].

具备综合的国际能力，即毕业生与世界不同国家和地区、不同文化背景的人们一起生活和工作的能力，也就是我们所说的跨文化能力。东京大学以卓越性和多样性相互嵌入理念为指导，怀着"通过学院和研究生院，以培养拥有世界视野的市民精英为基础，从公共视角出发积极行动，培养挑战创造新价值的知识专家"的教育愿景，致力于跨学科教育建设与完善。

2. 教育模式

东京大学在文理融合方针的引领下，通过跨学科教育长期战略规划，在传统学科的基础上，以跨学科为载体建立了多样化的教育模式，主要有单一组织机构的通识型和学际型的混合模式、跨组织的学际型模式、主辅修模式三种类型。值得注意的是，跨组织的学际型模式是指跨越学院和研究生院的组织框架设置跨学科、跨领域的横断型教育项目，横断型教育项目使学生可以将多个教育组织部门就某一特定主题开设的讲座、研讨会等作为一门课程进行修习。横断型教育项目是随着学科知识的分化和综合而产生的，强调的是多个学科专业知识的融合，而非简单的累加拼合，所以该模式被认为是真正的跨学科教育。[①]

3. 专业设置

东京大学本科教育的重要特色是学生在第一和第二学年的学习不分专业，主要进行广泛的基础学科学习，第三和第四学年投入专业学习中。学生可根据自己的喜好、能力和成绩在十个学部中选择专业。学生有两年的时间来决定他们的专业，学生如果不知道不同学科的最新趋势的话，专业的选择将会变得难以抉择。为了更加有效地实现后期专业教育方针，有必要让学生在更早的学年就能接触到本科三四年级的高学年课程或者研究生院的研究工作。全校范围内的自主研讨论会和实践经验研讨会被认为是连接低学年和高学年本科生课程的桥梁，发挥了重要的作用。这些课程为学生提供了熟悉专业课题及学习各种新知识的机会。[②]

4. 组织管理

东京大学除了在传统的系、所中设立跨学科研究中心外，还专门成立了 15 个以推动跨学科研究和教育为主的研究生院，目前东京大学逐步形成了以研究生院为主导组织形态的全面跨学科的局面。新领域创成科学研究生院在东京大学 15 个研

---

① 吕光洙，朴雪涛，周楠. 日本东京大学跨学科教育：生成动因、模式建构与运行机制[J]. 清华大学教育研究，2023，44（3）：104-113.

② 东京大学. 学在东京大学[EB/OL]. https://www.u-tokyo.ac.jp/zh/whyutokyo/learn_index.html [2023-10-10].

究生院中最具典型性，同时也是 15 个研究生院中规模最大的一个。新领域创成科学研究生院以培养跨学科的硕士研究生和博士研究生为主，设有交叉科学部、生物科学部、环境科学部和计算机生物学系（三部一系），把从传统学科中派生出来的边缘学科、新学科、跨学科等未知领域作为研究和教育的对象，构建了基于跨学科研究框架的研究和教育体系[①]。在学术运作过程中，新领域创成科学研究生院打破了传统的教授会体制，建立了"学术经营委员会"，负责协调各学科间的矛盾、差异和冲突，最大效率地推动跨学科研究，使新领域创成科学研究生院运行显现出战略性、灵活性、开放性和国际性的特色；在学科上，新领域创成科学研究生院制定了来自不同学科背景的研究人员和教师从事研究和教育的行为制度；在组织上，新领域创成科学研究生院的教师和研究人员不仅来自东京大学内部，还来自日本国内外的其他教育与研究机构，从而架构了以不同学科背景及来自不同组织的教师和研究人员共同开展教育与研究的系统[②]。

（四）德国"卓越计划"

2005 年，德国联邦政府和各州政府签署了《关于联邦和各州资助高校学术研究的精英计划的协议》（简称"卓越计划"），推动德国顶尖大学和尖端科研领域的发展，打造德国的世界一流大学。"卓越计划"由三个子项目组成，分别为资助高校中的"研究生院""卓越集群"。"研究生院"主要培养德国优秀的科研后备人员，为博士研究生进行国际化、跨学科的研究提供良好的科研环境。"卓越集群"主要支持大学建立具备国际竞争力的卓越的研究和培训机构。德国早在"卓越计划"时期的战略目标就包括加强学科与机构间的合作，"卓越集群"和"研究生院"两项建设内容则是跨学科思想的集中体现。例如，"卓越集群"鼓励大学设立跨学科研究机构，借助校外研究机构、企业界等的力量开展广泛合作，以提升科研吸引力和国际竞争力。"研究生院"项目意在资助优秀博士，为博士研究生的国际化和跨学科研究提供良好的科研环境与条件。在实践中，每所入选的高校都有清晰的跨学科战略定位，譬如海德堡大学力求"实现综合大学的潜能开发"，德累斯顿工业大学旨在构建"全面协同大学"，慕尼黑大学则提倡"启动大脑、互联思想、活跃知识"等。在"卓越战略"时期，申请"卓越大学"的前提是至少获得 2 项"卓越集群"，"卓越集群"成为德国卓越大学建设中的核心。德国"卓越计划"时期的"卓越集群"成为"卓越战略"时期衡量"卓越大学"资质的一把可靠的标尺。

---

① 张学文. 跨学科发展与创新的组织形式：美日一流大学的成功经验与启示[J]. 中国软科学，2009，（2）：51-58.

② 陈艾华，邹晓东. 日本研究型大学提升跨学科科研生产力的实践创新：以东京大学 GSFS 为例[J]. 高等工程教育研究，2012，（5）：84-89.

"卓越集群"是具有国际竞争力的研究领域，是超学科的，多数具有跨学科性质，甚至跨两个或三个学科领域。①

二、国外一流高校跨学科人才培养的经验借鉴

国外高校在跨学科人才培养的探索中，形成较为鲜明的跨学科人才培养特色和典型的跨学科人才培养案例，如麻省理工学院的"新工程教育转型"计划、普林斯顿大学的"工科＋文科"的跨学科工程教育模式、东京大学的"新领域创成科学研究生院"。通过对国外一流高校跨学科人才培养进行分析，可以发现国外高校都重视学生的跨文化能力培养、重视通识教育、主张个性化培养，同时形成了较为完善的组织管理体系。

（一）"通才"取向的培养目标，注重跨文化能力的培养

"通才"取向的培养目标是指在世界一流大学的本科生教育中，以培养知识面和职业应用面相对较为宽广的人才为基本目标。这可以从两个方面来理解，一是"通才"只具有相对的意义，因为任何人都不可能对人类的全部知识都有所了解，即不可能做到无所不知；二是"通才"更强调专业基础的厚实和专业面的宽广，所以是一种"厚基础，宽口径"的人才，这也就是说，"通才"的培养目标并不与大学高级专门人才培养的基本目标相背离。在本科生教育阶段，这种"通才"取向的培养目标在综合性的世界一流大学中相对比较普遍，如哈佛大学、耶鲁大学等。哈佛大学进行本科生教育的机构是哈佛学院，哈佛学院提出的办学使命是为社会培养公民和公民领袖，为此重视发挥人文和科学教育的变革力量。同时，哈佛学院特别指出，"我们致力于创造并维持这样的条件，使所有的哈佛学院的学生都能经历一段在智力、社会和个人方面都具有变革意义的无与伦比的教育旅程"。耶鲁大学本科生教育经验的核心就是自由教育，发展学生的批判与独立思考能力，并为终身学习奠定基础，"耶鲁学院提供的自由教育旨在培养见多识广、纪律严明的知识分子，而无须事先说明这种知识分子将如何使用。这种学习方法将大学视为一个探索的阶段，一个锻炼好奇心的地方，一个发现新兴趣和能力的机会"。从耶鲁大学和哈佛大学有关本科生教育培养目标的表述中，我们可以清楚地看到他们的"通才"取向。②

在全球化程度日益加深的今天，文化间的对话与碰撞无时无刻不在发生，个体只有具备跨文化的竞争力才能在全球社会中得以生存。东京大学本科教育的一个重要目标就是要求毕业生能与世界不同国家和地区、不同文化背景的人一起生

① 刘宝存，莫玉婉，等. 世界一流大学发展模式比较研究[M]. 北京：人民出版社，2023：29-30.
② 刘宝存，莫玉婉，等. 世界一流大学发展模式比较研究[M]. 北京：人民出版社，2023：122-124.

活和工作；普林斯顿大学强调以培养服务公众的领袖为目标，注重培养学生科学思维能力和综合素质；联合国教科文组织在 2013 年正式发布了《跨文化能力概念与行动框架》；国外一流高校的人才培养理念中，对于学生跨文化能力的培养是不可忽视的一部分。跨文化能力是由意识、情感、实施途径等综合因素复合而成的概念，包括跨文化理解力、跨文化共情力、跨文化互动力、跨文化反思力[①]。在全球化的背景下，高校培养具有跨文化能力的人才不仅是科学和社会进步的突出表现与重要结果，同时也是大学生个体生存和发展的需要；但同时也需要明确跨文化教育的价值取向，警惕文化殖民主义[②]。

（二）凸显通识教育的重要地位

通识教育产生于美国，其典型代表则是哈佛大学的通识教育理论与实践。哈佛大学在 1945 年的《哈佛通识教育红皮书》中明确提出了通识教育的目标，强调了自由教育的人文传统和民主价值，对大学教育的功利化倾向做出了强有力的回应[③]。在知识不断更新的今天，大学课程越来越向综合化和多元化发展，知识生产模式从跨学科走向超学科，大学本科教育越来越重视通识教育。麻省理工学院作为一所理工科高校，始终将通识教育放在重要位置，"坚信人文、艺术、社会科学对于培养具有领袖力的科学家的重要性"，通过设立人文和社会科学学院、设置全校性的通识教育课程体系，将通识教育由点缀变成结构性要素[④]，其通识教育的理念不仅仅拘泥于科学与人文平衡、通识与专业平衡等层面，还拓展到"全球化""多元化""社会责任""领导力教育""知识创新"等价值观层面[⑤]。通识教育更加强调在不同文明与观念、多重视角、各种方法和知识属性之间的差异乃至冲突中，进行批判与思考，以敞开而不是局限的文化视角或单一的知识结构和思维方式去审视人类社会与自然世界[⑥]。

（三）多样化、个性化的培养方式

麻省理工学院通过跨学科研究计划、跨学科辅修项目、跨学科非常规学术活动等多种方式对学生进行跨学科培养；普林斯顿大学通过类型多样的小班研讨课对本科生进行跨学科培养；东京大学则是建立了多样化的教育模式，如单一组织

① 徐佳. 跨文化能力概念模型内涵的扩展研究[J]. 湖北社会科学，2018，（1）：181-186.
② 王鲜萍. 全球化时代大学生跨文化能力培养的思考[J]. 天府新论，2009，（2）：154-156.
③ 徐志强. 哈佛大学通识教育理念研究[J]. 河北大学学报（哲学社会科学版），2021，46（3）：94-100.
④ 李筱. 论专科性大学的通识教育发展：以麻省理工学院为例[J]. 中国政法大学学报，2015，（3）：84-89，159.
⑤ 崔军，汪霞. 从历史走向未来：麻省理工学院通识教育理念探析[J]. 大学（学术版），2012，（6）：71-77，70.
⑥ 阎光才. 关于本科通识教育的林林总总[J]. 中国高教研究，2021，（12）：12-17，56.

机构的通识型和学际型的混合模式、跨组织的学际型模式、主辅修模式；多样化、个性化的培养方式是国外一流高校在跨学科人才培养中必备的一环。世界一流大学跨学科人才培养常采用研讨式教学法和研究型教学法，并以小班制教学为主，以普林斯顿大学的新生研讨课为例，一堂研讨课学生人数一般控制在 15 人以内，并配以一名普林斯顿大学著名的教授作为辅导教师，每种研讨课都会由一个住宿学院来主导，意味着学生不仅可以在课堂上进行讨论，也可在非正式场合进行沟通①。

（四）完善的跨学科组织体系

麻省理工学院通过设立跨学科研究中心和实验室、跨学科师生团队来进行跨学科人才培养；普林斯顿大学通过设立委员会和研究机构等跨学科组织来协调和强化跨学科教育与研究；东京大学则是专门成立以推动跨学科研究和教育为主的研究生院；专门性跨学科组织机构的设立是跨学科教育和研究得以顺利进行的重要保障之一。例如，密歇根大学（University of Michigan）将跨学科组织的建设视为科技创新与知识赋能的重要手段，以及服务区域经济社会发展、实现自身学术地位提高的关键，其跨学科组织机构可以分为独立稳定、灵活松散、辅助协同、开放合作四种类型，第一种是独立稳定的跨学科组织，典型代表为跨学科研究院、跨学科研究中心；第二种是灵活松散的跨学科组织，典型代表为拉克哈姆跨学科工作坊、多元文化领导委员会；第三种是辅助协同的跨学科组织，典型代表为住宿学院、跨学科组织研究委员会；第四种是开放合作的跨学科组织，典型代表为校际跨学科交流平台②。

第二节　国内"双一流"建设高校新文科复合型人才培养的经验与启示

一、国内"双一流"建设高校新文科复合型人才培养的典型案例

（一）北京大学

北京大学紧紧围绕立德树人的根本任务，结合自身学科特色，促进多学科思维融合和跨专业能力融合，着力构建具有中国特色、北大风格的新文科人才培养体系。

① 郑石明. 世界一流大学跨学科人才培养模式比较及其启示[J]. 教育研究, 2019, 40（5）：113-122.
② 胡德鑫, 纪璇. 知识生产模式的现代转型与研究型大学跨学科组织的建构[J]. 高教探索, 2022,（3）：45-53.

1. 建设多层次跨学科人才培养项目

建设多层次跨学科本科人才培养项目是北京大学新文科人才培养的重要途径。2018 年以来，新设多个跨学科人才培养专业方向和项目，包括国际政治（国际组织与国际公共政策）专业方向，政治、法律与社会项目，社会科学基础人才培养项目，多语种国际化卓越外语人才拔尖学生培养实验班，计算艺术项目，教育与文明发展项目，汉语国际教育项目，推动人文社科学科对重大问题的跨学科研究和综合教学模式改革。例如，"政治、法律与社会"项目横跨政治学、法学和社会学，通过组织跨学科一流导师团队，开设多门特色课程，开展小班教学，近年来培养的学生均在相关院系攻读硕士和博士（直博）学位。

2. 构建课程思政建设大格局

北京大学坚持将立德树人、培养德智体美劳全面发展的社会主义建设者和接班人作为工作的出发点，高度重视课程思政建设工作。2020 年成立北京大学思想政治理论课、课程思政建设领导小组和工作组，召开北京大学课程思政建设工作组会议，确定课程思政建设协同推进工作机制，建立党委统一领导、党政齐抓共管、教学管理部门牵头、相关部门联动、院系落实推进的课程思政建设大格局。2020 年发布《北京大学深化推进课程思政建设实施方案》，明确提出课程思政建设指导思想、建设目标，推进课程思政示范专业建设、示范课程建设、教材建设、教师队伍建设、第二课堂运用、课程思政研究等，建立完善的教学评价体系和监督检查机制，引导院系、教师积极投入课程思政建设。2021 年发布《北京大学党史学习教育实施方案》，将"四史"教育贯穿立德树人的全过程，建设"四史"类课程，将专业教育与"四史"教育紧密结合，引导学生深刻理解社会主义核心价值观，自觉弘扬中华优秀传统文化、社会主义先进文化。

3. 着力培养国际化复合人才

北京大学坚持课堂学习与社会实践相结合，增强文化认同和学习的现实取向，拓展学生国际化视角，培养立足中华文明传统、具备全球视野的新文科复合型人才。"一带一路"公共外国语言与文化教育项目、多语种国际化人才培养项目旨在通过语言、历史、文化、外交等领域的课程学习和课外实践，培养一批具备出色的专业能力、管理能力，熟练掌握外语能力，能够满足国际组织任职要求和共建"一带一路"需要的高素质、国际化、复合型人才。元培学院承办北京大学-东京大学"东亚研究"联合项目，双方通过定期互访与合作研究、合开课程、学生交换与交流等途径，培养区域文化研究的拔尖学术人才。

4. 实施人文社科重大专项计划

结合新文科建设需求及学校事业发展规划重点布局学科建设,支持"关键领域急需人才"培养。2019 年首次试点实施"人文社科重大专项计划",在重大领域推动学科布局调整,服务国家重大战略需求,探索从中国视角观察世界的学术研究新模式。成立北京大学区域与国别研究院、敦煌学研究中心、北京大学社会学人类学研究所铸牢中华民族共同体意识协同创新研究基地、尼山世界儒学中心联合研究生院等科学研究机构,致力于打造北大人文学科发展新增长点。

5. 打造北大特色通识课程群

通识教育以"人"的培养为核心,以学生人格塑造与素质养成为目标,以学生能力发展为导向,建设以"经典阅读与研讨式教学"为特征、以专业水准为要求、以问题意识为导向的"人类文明及其传统""现代社会及其问题""人文与艺术""数学、自然与技术"四个系列的通识课程群。近年来,北京大学开设"社会科学定量方法""国际贸易政治学""世界政治中的民族问题""人类学导论""社会性别研究导论"等通识课程,充分体现学科融合性,培育学生的人文精神与科学精神,提升学生交流合作与开拓创新的能力。

(二)中国人民大学

总体思路是以"学科交叉、知识融合、技术赋能、全球视野"为导向,围绕专业、课程、教材、平台、模式等人才培养关键要素,明确新方位、构建新机制、夯实新基础、建设新平台,构建"扎根中国、独树一帜"交叉融合导向的新文科模式。

1. 明确"新方位",构建"新机制"

2013 年学校即鲜明提出"立德树人"的人才培养理念,坚持习近平新时代中国特色社会主义思想的指导地位,传承红色基因,实施思政引领战略,坚持服务党和国家重大战略的行动理念。推进文科知识生产,将理论原创作为引领,以教材建设为桥梁,推动知识创新融入教学和课程体系,加速知识体系向人才培养体系的有机转化。

2. 全面构建大类培养体系,推进学科交叉整合

形成理工、人文、管理、经济、法政与社会等培养大类,每个大类统一制订培养方案,学生自主选择学院与专业。设立明德书院和明理书院,探索教学管理、

学生管理与学生学习生活社区三位一体的特色书院模式；成立数学学院、高瓴人工智能学院，促进文理工融合发展和新时代人文社会科学转型升级；截至 2021 年，设立荣誉辅修学位项目 18 个、跨学科跨学院双学位试验班 15 个，全面放开辅修限制，整合建设 70 个模块、413 门跨学科专业选修课。组建实体书院，建设 39 个跨专业、跨院系人才培养平台，搭建以数据信息技术为底层逻辑的文科实验平台 20 余个，推动传统文科研究和教学模式更新换代。

3. 重构通识课程体系

强化根基上的通识，明确重根、求理、力行、有我的通识教育理念，精准把握融通、识得的核心内涵，重点打造 100 余门通识核心课程。面向新理论、新技术、新需求，建设学科交叉及前沿课程 100 余门。实施"123 金课计划"，基于知识地图重构课程体系，深耕教材建设，首届全国教材建设奖（高等教育类）获奖总数在全国高校中排名第一。

4. 推进信息技术交叉应用的新文科平台建设

获批 3 个国家级虚拟仿真实验教学项目，培育建设项目 9 个，建设数字清史实验室、数据法学实验室、实验经济学与行为经济学大数据实验室、国际传播大数据智能实验室、思想政治理论课虚拟仿真实验中心、中国古代文化体验与实验中心等新文科主题实验室，截至 2022 年，建设 11 个信息技术交叉应用的研究实践平台和一批产学研校企合作平台；整合集中性物理空间 6000 平方米，建设虚拟现实中心、实验教学中心和学生创新中心。

（三）中山大学

中山大学积极回应国家战略需要、社会发展需求和数字时代要求，大力加强数字化治理人才培养，打造政产学研协同育人的高质量人才培养体系，推动建构中国治理体系。

1. 聚焦中国之治，强化价值引领

中山大学积极回应新时代对学科建设与人才培养的根本要求，牢记立德树人根本任务，注重加强价值引领。

1）创新课程思政形式

创立"中国之治：叙事·对话"项目，邀请政界、产业界的治理大家走进学院，向师生讲述具有代表性的治理故事，与师生深入交流，促进治理之学与治理实践的双向互动，师生反响良好。落实"为党育人，为国育才"的要求，通过多种渠道和平台让学生熟悉理解"中国之治"的鲜活经验，增强学生对于中国式现代化的体验与认知，提升学生通过调查研究讲好中国故事的能力。

2）编写中国特色教材

夏书章教授的《行政管理学（第六版）》充分吸收党和国家治理的最新精神，体现中山大学公共管理学科历代学人的积累和传承，获全国优秀教材一等奖（高等教育类）。启动"比较视野·中国之治"系列教材的编写工作，强调以比较视野突出"中国之治"元素，结合中国实践，落实特色教学。

3）注重学生调研实践

搭建师生专题调研、课外实践、支部建设等多维系列平台，结合相关课程组织学生开展"中国之治"专题调研，撰写调研报告，分主题结集出版"青年中国说·理解系列"丛书，引导学生讲好中国故事。创办英文学术刊物《中国公共管理评论》（*Chinese Public Administration Review*），在世界讲好中国治理故事，传播中国治理声音。

2. 促进政产学研协同，形成育人体系

聚焦国家治理中的重点问题和学科发展的新兴领域，多措并举建立政产学研协同人才培养体系。

1）搭建协同平台

以人才培养目标为牵引，拓展和完善育人平台，与广东省、市委部门联合打造"德才兼备、立德为先"的德育平台；与华为、腾讯等协同建立跨学科科研平台；汇集学校政治与公共事务管理学院、国家超级计算广州中心、计算机学院等联合打造治国理政实践教学平台；与省、市政务服务数据管理局和市场监管局、应急管理局等联合打造实习实践平台，让学生了解中国治理实践，引导学生在学习和科研的同时不断为国家治理现代化建设贡献智慧和力量。

2）突出教学与科研融合

以科研反哺教学，将最新科研成果引入教学，推进课程内容更新，让学生在学习中发现国家治理实践所面对的真问题和新问题，验证基于本土情境的学科问题和研究命题，扩大学生学术视野，提升学生科研能力；坚持"学""用"结合，推动科研和教学互动，让学生深度参与科研项目，真正成为知识的吸收者、使用者和创造者；推动教学与科研融合，构建教学育人、科研育人、合作育人的人才培养体系。

3）推动成果转化

2017级公共管理博士生王旭所主导团队秉持"融合交叉学科响应国家战略为党的建设与思想传播提供有力武器"的宗旨，自主研发了"基于人工智能的新时代移动党校"等系列成果，团队目前已在人工智能算法、党务信息推荐播报等领域获得数项国家专利，推动信息技术与党建工作深度融合，服务于习近平新时代中国特色社会主义思想传播。2018年10月24日，团队代表2017级公共管理博士生卜熙向习近平总书记汇报了"移动党校"相关情况，并获习近平总书记鼓励①。

3. 着眼数字化未来，培养引领型人才

进入数字时代，数字化转型成为城市提升治理能力、推进治理现代化的重要抓手，数字治理已成为当下重要治理形式。中山大学着力探索数字治理学科方向建设，培养引领未来的数字治理人才。

1）培育学科方向

培育数字治理学科方向，成立中山大学数字治理研究中心，推动移动互联网、大数据、人工智能等新技术在公共治理实践中的应用以及相关理论探讨，为数字治理研究打造学术交流的平台，推动数字治理学科建设。中心与数字领域的高新技术企业、政务数据部门合作，不断拓展研究领域，目前已形成以"12345"政务服务便民热线为中心的全国性研究网络；创办《数字治理评论》半年刊，举办数字治理系列高品质学术会议，为全国数字治理研究者提供了高水平学术交流平台。

2）搭建研究平台

学校与科大讯飞共建"中山大学-科大讯飞人工智能与政府治理创新联合实验室"，充分发挥学校多学科优势和企业产业优势，围绕人工智能与政府服务创新、数字政府、数字治理等领域开展科学研究及产学研合作，产出创新成果，培养一批人工智能与数字治理兼修的复合型人才，促进数字政府建设和政府治理能力的提升。

3）打造赛事品牌

学校总结前期校级"公共治理数据分析大赛"举办经验，在粤港澳三地政务数据管理部门与科技发展部门的指导下，自2021年起，每年与香港城市大学、澳门大学合作举办"政务关注·粤港澳大学生公共治理数据分析大赛"，并在竞赛中专门开设"大数据分析训练营"，按照专题形式为学生讲解网络数据抓取、文本数据挖掘、Python基础应用、地理信息系统运用、数据可视化等大数据分析方法，培养学生实践创新能力，为粤港澳大湾区建设培养更多适应、引领数字化未来的公共治理人才。

（四）吉林大学

吉林大学遵循文科教育特点和人才成长规律，紧抓专业优化、课程提质、模式创新"三大抓手"，深化理论研究，促进新技术赋能，推动新文科创新发展。

---

① 我院学子卜熙受到习近平总书记亲切会见 青年要建功新时代[EB/OL]. https://www.sohu.com/a/275214352_686932[2023-10-10].

1. 加强理论研究，探索理论体系建设

吉林大学以"创新"诠释新文科之"新"，积极探索话语体系建设，坚持以理论研究为基础，推进新文科建设。

率先启动"新文科"理论思维讲习班。由哲学社会科学资深教授、全国杰出教学奖获得者孙正聿召集 7 位资深专家学者，从学术研究的守正创新、涵养优良学风、创建中国学派、跨学科思维和视野等方面讲述"新文科"理论思维，分享学术经验，累计培训"新文科"中青年学者 40 余名。

开展吉林大学"新文科"大讲堂系列活动。由《习近平法治思想概论》教材编写组首席专家、哲学社会科学资深教授张文显为全校师生讲授"习近平法治思想概论"，开展吉林大学"新文科"大讲堂系列活动。

启动"新文科"创新团队项目。2021 年 10 月，周光辉牵头的"构建新型现代国家：中国式现代化新道路的学理阐释"多学科交叉项目正式启动。项目从新型现代国家构建的角度，研究中国式现代化新道路，从而创新和发展国家理论，实现对中国的国家身份概念化、理论化。

2. 优化专业设置，创新人才培养模式

吉林大学以"厚基础、强交叉、重实践、严要求"的新文科建设理念，推进学科专业一体化布局，推进新学院、新专业、新课程、新教材系统化建设，全面启动新文科人才培养模式改革。

优化专业布局。紧密结合国家发展战略，立足吉林大学特色优势，面向国别区域人才培养新要求，成立东北亚学院。东北亚学院打破学科专业壁垒，开展融合教学、融合研究、融合实践，培养通晓东北亚国别与区域政治、经济、历史与社会发展的国际化复合型人才。此外，吉林大学按照新文科建设理念，设置经济学专业（国别与区域经济方向）和古文字专业等，致力于培养高质量专门人才。

创新培养模式。持续优化人才培养模式，打通学科专业壁垒、学制壁垒，建立跨学科交叉融合、本硕博贯通培养、校内外联合培养的人才培养机制。东北亚学院以培养通晓经济学知识、掌握国家文化历史的人才为目标，探索构建"一精多会、一专多能"的高素质人才培养新模式；建立本硕博贯通培养的人才培养体系，培养东北亚问题研究后备力量，进一步筑牢吉林大学在东北亚问题研究领域的优势地位；立足区位优势，建立面向全球的开放式合作培养模式，与东北亚名校建立良好合作关系，建设双边、多边联合培养项目，组建国际化师资团队，全面提升人才培养质量。

推动课程提质。依托吉林大学多学科综合性优势，设置人文社会科学相关专业之间、文科与理工农医学科专业的课程交叉模块和本研通修课程模块，探索构建满足复合型人才培养需要和新文科建设要求的课程体系。例如，建立"经济学＋政治学＋历史文化"深度融合的课程体系，探索国别与区域研究方向模块化课程设置。推动文科教学模式变革，建立自主学习、社交学习、个性化学习、终身学习的融合式教学体系；建设新文科教学资源平台，构建跨学科知识图谱，汇聚共享、共育的新文科教学资源；构建新文科评价体系，建立基于人机智能融合的"感知—分析—反馈—改进"教学质量管理闭环。推动新文科课程教学与信息技术深度融合，不断提升课程教学质量。

3. 以新技术赋能，推动新文科创新发展

吉林大学以现代信息技术赋能文科教育，强化融通创新，推动传统文科专业的创新发展。

技术赋能"考古学"。依托信息技术和多学科交叉融合发展趋势，探索建设"强基础、重实践、多学科、育创新"的考古人才培养新体系，着力推进考古专业课程体系建设，切实提升人才培养质量，进一步推动考古学科创新发展，开拓考古学科研究新领域。建立新文科实践教学及科研平台，建成并启用山西运城夏县田野考古实践教学基地，由吉林大学牵头的夏县师村遗址考古发掘项目入围"2020年度全国十大考古新发现"，在《自然》（Nature）发表重要研究成果，为研究中华文明的起源、形成和发展提供重要证据，引发了国内外同行的热切关注。

技术赋能"古文字"。在古文字学科，建立全国首个古文字学本科专业，并入选强基计划。古文字学学科实施本研贯通式人才培养模式，开展古文字学和人工智能交叉融合的人才培养和科学研究。针对目前教学科研过程中图版对比、辨伪查重、释文隶写、释文核实、字样提取等耗时费力的工作痛点，引入现代信息技术与人工智能协同解决，实现了古文字学教学与研究的数字化、智能化。

二、国内"双一流"建设高校新文科复合型人才培养的经验借鉴

2018年，党中央明确提出，"发展新工科、新医科、新农科、新文科"。2019年，教育部等13部委联合召开"六卓越一拔尖"计划2.0启动大会，大力推动新工科、新医科、新农科、新文科建设。2020年，全国新文科建设工作会议在山东大学（威海）召开，并发布《新文科建设宣言》，标志着新文科建设全面启动。2021年，教育部首批认定1011项新文科研究与改革实践项目，国务院学位委员会印发《交叉学科设置与管理办法（试行）》。2022年，"新文科建设高峰论坛2022"在青岛召开，第57届中国高等教育博览会"新文科"论坛在西安举办，标志着新文科建设进入发展快车道。本部分通过对国内部分高校"新文科"建设的典型做法进行总结归纳，梳理国内高校新文科复合型人才培养的经验，为行业特色高校新文科复合型人才大类培养提供经验借鉴。

（一）国内"双一流"建设高校新文科复合型人才培养的经验归纳

1. 加强"新文科"建设顶层设计

一是各高校普遍重视"新文科"建设思路与总体规划。例如，清华大学出台《关于加快哲学社会科学繁荣发展 推进文科建设"双高"计划的实施意见》；山东大学制定《山东大学新文科建设工作方案（2019—2021年）》；四川大学实施"文优"战略规划，推动具有川大风格、川大特色的新文科建设；西南大学发布《新文科本科教育建设行动计划》并落实落地。

二是设置专门机构统筹推进学校"新文科"建设。例如，南开大学成立新文科建设领导小组，统筹推进新文科建设顶层设计与改革工作。从学校层面组织、成立新文科建设专家组，集中力量建设新文科，有助于推进新文科建设与改革。

三是召开"新文科"建设发展会议及论坛，动员全校力量推进新文科建设。例如，清华大学定期召开文科工作会议，围绕文科建设与发展重大问题开展研讨；西南大学2020年召开新文科建设推进会，全面启动新文科建设。南开大学2019年召开新文科建设工作研讨会，汇聚全校力量建设新文科。

2. 构建新学科与新专业

一是跨校、跨院、跨学科开展"新文科"学科与专业建设。例如，西南财经大学与电子科技大学以跨学科、跨学校"新财经＋新工科"深度交叉融合新模式为重点，共同探索新文科发展路径，服务国家重大战略；山东大学打造主修、辅修、微专业"三位一体"的新型复合型人才培养体系，2020年推出首批17个微专业；中国人民大学设立荣誉辅修学位项目18个、跨学科跨学院双学位试验班15个，全面放开辅修限制，整合建设70个模块、413门跨学科专业选修课。

二是打通人文社科内部融合。例如，北京大学建设国际政治、法律与社会等跨学科人才培养方向，推动重大问题的跨学科研究；陕西师范大学坚持"大文科"思路，成立贯通文史哲学科的人文科学试验班，把艺术、心理、新技术、新媒体、文化传播以及自然科学六个通识体系融入文科课程；华东师范大学"元化班"中国语言文学拔尖学生培养基地入选教育部首批基础学科拔尖学生培养计划2.0基地，实施文史哲大类培养、多学科导师、新形态教学模式以及创新学生学习方式，促进学科交叉。

三是推进文、理、工、医深度交叉融合。例如，哈尔滨工业大学强化"工＋文""理＋文"交叉融合，推进人工智能、大数据、互联网等技术在新文科建设中应用；西安电子科技大学突出"电子信息＋"特色，利用互联网、人工智能、大数据、虚拟技术等，推动文理融通。

3. 探索新模式与新教法

一是开展纵向本硕博贯通培养项目。例如，南开大学通过与格拉斯哥大学联合办学实现了人才培养的国际化，形成城市管理方向本硕博贯通培养的完整体系；武汉大学积极适应数字强国和"新文科"发展战略，2022 年新增本硕博贯通式培养试验班试点——信息管理学院的信息资源管理类（数字文化试验班）。

二是加强横向合作式培养，推进跨院跨校联合培养、校政校企联合培养、境内境外联合培养。例如，上海财经大学国际组织人才培养采取高校、境内外机构学习实习的有机集成模式；西北大学在新文科背景下与华大基因、故宫博物院、敦煌博物院等开展联合培养，协同育人，与陕文投集团、西影集团共建西北大学西安电影学院。

三是深化完全学分制改革。例如，西北大学以"完全学分制改革"为抓手，分为"大类内部专业分流""学科大类间准入准出""自主选择专业和课程"三个阶段逐步推进，实现本科生三年即可毕业，促使拔尖人才脱颖而出。

四是探索课堂教学改革。例如，四川大学推行"以课堂教学改革为突破口的一流本科教育川大实践"，全面开展基于智慧教学环境的"探究式-小班化"课堂教学，运用"互联网＋游戏化教学"等举措推动改革，获国家级教学成果特等奖。

4. 推动新科研与新实践

一是服务国家重大需求开展有组织科研。例如，北京大学实施人文社科重大专项计划，成立北京大学社会学人类学研究所铸牢中华民族共同体意识协同创新研究基地等机构，探索从中国视角观察世界的学术研究新模式；北京理工大学于 2019 年成立全球航空发展研究院，2021 年成立国际组织创新学院、航空数字经济研究基地。

二是新文科实践教学全面升级。例如，截至 2022 年，中国人民大学建设 11 个信息技术交叉应用的研究实践平台和一批产学研校企合作平台，建设虚拟现实中心、实验教学中心和学生创新中心；西安交通大学与陕西 12 个地市签署战略合作协议，拓展校外实习实践基地，推动文科智库主动融入地方经济发展。

5. 建设新课程与新课堂

一是打造特色通识课程群。例如，北京大学建设"人类文明及其传统""现代社会及其问题""人文与艺术""数学、自然与技术"四个系列的北大特色通识课程群；中国人民大学明确重根、求理、力行、有我的通识教育理念，截至 2022 年重点打造 100 余门通识核心课程，面向新理论、新技术、新需求，建设学科交叉及前沿课程 100 余门。

二是实施新文科教材建设计划。例如，山东大学重点支持编写马工程教材和开发通识核心课程、微专业课程和特色优势专业教材等新文科教材，2022 年获全国教材建设一等奖 2 项、二等奖 3 项。

三是以新媒体技术推动课堂建设。例如，江西财经大学 2021 年新建 57 间智慧教室，改造 400 余座教学楼休闲学习空间，推动"互联网＋"时代教育教学能力提升。

（二）国内"双一流"建设高校新文科复合型人才培养经验的启示

传统文科的建设与发展受其内在规律的影响，往往具有周期性长、学科单一、地位边缘等特点，需要经过深厚的积累才能形成一定规模，但"新文科"强调对传统文科进行学科重组，倡导文理交叉，为行业特色高校文科发展带来了"换道超车"的新思路。

1."新文科"顶层规划

构建行业特色高校特色文科发展新格局。参考清华大学、山东大学等高校做法，一是研究制订"新文科"建设方案及配套措施；二是召开新文科建设工作会议，立足行业特色整合校内外优势资源，动员全校力量参与。

2. 新学科与新专业

立足工科优势，构建大文科体系。参考北京大学、陕西师范大学、北京理工大学等高校做法，一是推进传统文科专业改造升级，通过学科交叉、科技赋能、特色发展来实现突破；二是主动优化新文科学科与专业布局，"自上而下"建设新兴交叉学科；三是通过跨校合作，以"新文科"推动大文科体系建设。

3. 新模式与新教法

以"融合开放"推进大类培养模式创新，以信息技术推进教学方法改革。一是在大类培养模式的基础上进一步"融合开放"，打破大类间、学科间、学校间壁垒，探索本硕博纵向贯通式培养；二是推动与科研院所、行业企业、跨国科研教学机构等开展横向协同育人模式；三是以信息化技术推动课堂教学改革，提升教学质量。

4. 新科研与新实践

主动对接国家重大战略需求，为建设中国式现代化贡献文科力量。参考北京大学、清华大学等高校做法，一是开展文科重大领域有组织的科研，跨界整合优势资源，跨校组建文科科研团队，破解单打独斗局面，探索从中国视角参与世界的学术研究新模式；二是建立文科科研大平台，推进文科科研与实践的更新换代。

5. 新课程与新课堂

推进"跨学科、跨学院、跨学校、跨国家"，实现"校内共享、校院共享、校企共享"。通过"跨界"与"共享"打造特色"新文科"课程体系，实施"新文科"教材建设计划，以新媒体技术推动课堂建设。

第十一章　行业特色高校新文科复合型人才大类培养模式的实践探索

第一节　国防特色高校

一、西北工业大学

（一）新文科建设规划、政策保障等情况

1. 制定印发《西北工业大学文科建设发展"十四五"规划》

学校制定并印发《西北工业大学文科建设发展"十四五"规划》，该规划是学校深入学习贯彻习近平新时代中国特色社会主义思想，立足新发展阶段、贯彻新发展理念、构建新发展格局，加快推进学校文科建设发展，充分发挥文科在人才培养中的价值引领和素质提升作用，实现文科跨越式发展的重大举措。

2. 进一步完善政策保障，人文社科振兴举措不断落地

"十四五"期间，学校紧密围绕发展目标，进一步明确了重点实施"文美计划"，围绕国家级人才、中青年梯队、新兴交叉学科、一级博士点数量、智库基地平台、教育部高等学校科学研究优秀成果奖（人文社会科学）、国家社会科学基金重点项目等核心指标，实现新的突破。

一是搭建平台、交叉融合。建立科研副院长联席会议制度，筹建完成学校文科专家委员会，正式成立学校文科青年学者研究会，搭建文科研究交叉融合平台。建立智库负责人工作交流机制，完成《西北工业大学智库发展调研报告》。

二是聚焦短板、精准发力。学校启动了人文社科重大项目培育工作和精品学术著作培育工作以及高水平人文社科优秀成果奖培育工作，加大对国家社科基金重大招标项目等项目申报支持力度。对文科师资，在引进和考核考评等方面适度倾斜。在人才项目申报、师资引进中设置"绿色通道"、各类教学成果奖申报、各类科研项目申报、教师国内外访学研修等方面提供倾斜政策支持。

三是建章立制、夯基垒石。加强学校哲学社会科学治理体系建设，优化评价管理机制，出台《西北工业大学新型智库级别认定办法》《西北工业大学新型智库

考核办法及细则》《西北工业大学哲学社会科学科研成果分类及评价指导意见》等九项文科管理制度；修订完善《西北工业大学哲学社会科学科研成果级别认定办法》等 4 项制度。

四是办学支撑、经费保障。充分保证文科办学需求，满足教学研究与教师发展平台、科研与社会服务平台、人才培养公共平台等在物理空间、软硬件设施配置等方面的建设需求。设立文科建设专项资金，每年投入 1000 万元左右专项经费。设立马克思主义学科建设年度专项，充分发挥其引领文科发展的作用，按照"一体两翼"学科发展布局，分层次、分梯度配置资源。

（二）新文科建设理论研究情况

学校鼓励开展新文科建设理论及实践研究，在政策与战略研究基金、高等教育研究基金等校内基金平台中设立新文科研究方向，鼓励教职工踊跃参加。2021 年承担了四项教育部新文科建设与实践项目，五项陕西省新文科建设项目。结合学校国防特色，围绕服务西部发展、国防建设，培育具有家国情怀、追求卓越、引领未来的领军人才开展新文科研究。下一步学校将继续发挥特色，对全国国防特色高校、行业特色高校新文科的发展改革、人才培育进行深入的研究。

（三）新文科人才培养情况

1. 新文科学科专业建设

加强无人系统、低碳科技与管理、生态文明、计算语言学、文化遗产学、设计学、建筑学等交叉学科建设。在工商管理学科重点建设企业社会责任与可持续发展、认知科学与组织行为交叉特色学科方向。建设金融科技专业、国际交流与传播、国际组织与全球治理、文物科学与技术微专业。

2. 新文科课程建设方面

开设"大国三航"等具有西工大特色的系列思政类选修课，将"三航"精神思政课建成在全国高校具有广泛影响力的精品思政课，建成全国独有的"三航"精神教材、课程资源库、案例素材库。建立通识教育与专业教育相融合的培养体系，开设"三航"教育与科学精神，文明经典与世界视野、哲学智慧与批判性思维、生态环境与生命关怀、艺术创造与审美体验、社会研究与当代中国 6 个系列，共 100 门通识教育课程。

3. 教材建设方面

印发《西北工业大学本科教材建设奖励办法》，发挥学校传统优势，从教材选题的选取、新形态教材的素材拓展、教材群落建设等方面入手建立新文科教材体系。

4. 模式创新方面

建立立项、评估、检查、监督机制，压实相关职能部门工作责任。建立院长联席会工作机制，定期研讨解决共性问题，共谋发展。推进文科学院"院办校"综合改革或专项改革，建立适合文科发展的考评机制，改革资源配置机制，优化学院内部资源配置，激发办学活力。构建与学校发展目标要求相适应的文科机构，以学科群建设为主导路径、以马克思主义理论学科建设为牵引、以管理学科群和交叉学科群为两翼，以外国语言文学等人文学科（群）等为突破口，以无人系统、军民协同创新研究、低碳科技与管理、生态文明、计算语言学等新型重点智库、基地为助推器，外国语言文学、公共管理成功申报一级学科博士点，形成"一体两翼"具有西工大特色的文科发展布局。

5. 实践教学方面

加强新文科中的理论与实践环节配套建设，以专业综合设计、实验课程、创新创业课程建设推动课程间梯度关系合理化，探索实验、实践、实训的新形式，拓展实践平台。

6. 师资队伍建设方面

创新人才引进机制，提升引才质量和成效。一是明确引才目标，人才引进和编制使用向文科单位倾斜，有针对性地重点引进哲学社会科学领域学术带头人、领军人才和具有发展潜力的青年人才。二是创新引才方式，构建文科人才图谱，主动锁定目标人选，精准对接引进；压实学院引才主体责任，强化学科带头人等专家的引才任务，完善引才与考核、资源奖励挂钩机制，提升引才实效。三是精准布点"文科特区"，强化文科特区-平台人才聚集作用，汇聚文科大师，促进一流人才聚集，引领带动文科人才队伍建设。

完善人才培育体系，促进人才快速发展。一是建立支持文科教师脱颖而出的机制。分类分层次精准对标国家各类人才计划，对后备人文社科人才"精准画像"，在"翱翔人才计划"中单设指标、单独评审，形成人才辈出的后备梯队，促进领军人才、青年人才规模跃升。二是强化人才成长全链条全要素保障，为教师在不同发展阶段提供引导和支持。完善新进青年教师资源快速落实机制，为青年教师配备导师，促进青年人才快速成长。加大青年骨干人才挂职锻炼支持力度，支持青年教师到省部级以上政府机构、文科名校等挂职锻炼和访学。

深化人事体制机制改革，充分激发人才创新活力。一是构建促进文科发展的多元化评价机制。建立与哲学社会科学学科特色、研究属性相适应的考核评价机制，在职称评定、岗位考核等方面进行分类评价，单设申报条件、评价标准和流程，在指标等方面给予特殊政策倾斜。二是扩大二级单位的用人自主权。二级单位自主制定准聘师资考核晋升标准，重点考察教师的学术发展潜力、育人效果、科研创新水平、服务社会经济发展能力等。

二、北京理工大学

（一）跨校开展学科与专业建设

法学院设立国际空间法专业，相关专业老师代表国家参加国际谈判。北京理工大学与北京中医药大学共同开设微专业，北京理工大学面向北京中医药大学本科生开设光电信息科学工程、人工智能、制药工程、生物医学工程四个辅修专业，北京中医药大学面向北京理工大学本科生开设中药学、针灸推拿学两个辅修专业。

（二）服务国家重大需求，开展有组织科研

2016 年，能源经济与环境管理北京市重点实验室被北京市科学技术委员会批准认定为首批智库型重点实验室。2019 年，JMRH（军民融合）发展研究基地获批北京市哲学社会科学研究基地，并成立全球航空发展研究院。2021 年，成立国际组织创新学院、航空数字经济研究基地。

（三）以新媒体技术推动课程建设

利用学校在信息技术领域的优势，运用新媒体技术开发了融入思政教育元素的"重走长征路——理想信念虚拟仿真实验教学"课程，2020 年获评为虚拟仿真实验教学"首批国家级一流本科课程"。疫情期间，该课程向社会开放体验，课程实验浏览量达到 35 290 多人次。2021 年获批全国高校思政课虚拟仿真体验教学中心。2021 年，在建党百年之际建成全国首个沉浸式虚拟仿真思政课体验教学中心，该中心运用虚拟现实、人工智能、全息显示等技术，打造了集交互性、沉浸性、时代性和趣味性于一体的教学环境，可以中班教学开展虚拟现实思政教学体验，为大学生思政课教学质量提升提供有效支撑，并为课程思政、党史校史教育，以及新文科等思想政治教育和人才培养提供支持。沉浸式虚拟仿真思政课体验教学

中心坚持以学生为中心、以仿真为特色、以体验为源泉、以认同为旨归的理念，设立了"知、情、意、信、行"课堂，创新了思政课授课生态和人才培养方式。将沉浸式虚拟仿真技术应用于思政课教学，可以实现本硕博思政课全覆盖，从而推动虚拟现实思政真正走入课堂，成为提升思政课教学的有力手段。通过这样的一些创新探索把课讲"活"，推动新时代思政课入耳入脑入心。利用沉浸式虚拟仿真思政课体验教学中心，学校已经完成一批基于增强现实、虚拟现实、混合现实的数字化教学资源，研发包括《觉醒年代》《中国精神》《人类命运共同体》《脱贫攻坚》《VR 共产党宣言》等虚仿课程，开展沉浸式体验教学，"思想道德与法治""中国近现代史纲要""形势与政策"等课程先后在该中心进行实体授课，推动讨论式、小班化课堂教学，学生反响热烈，提升了课程教学效果。

三、哈尔滨工业大学

（一）坚持思政育人引领，强化新文科建设思政教育模式和机制创新

在新文科建设中，学校注重加强政治引领、厚植爱国情怀、强化价值引导，将思想政治工作贯穿教育教学全过程，着力推进社会主义核心价值观进教材、进课堂、进头脑，推进习近平新时代中国特色社会主义思想进课程教材和"中国共产党历史"专题课进课程工作。

提高课程立德树人意识，打造课程思政导师和团队。2018 年以来，外国语学院在新文科项目建设和实施中，以李雪领衔的研究生导师团队获批首批"黑龙江省研究生导学思政团队"，牵头的教学研究团队获批首批黑龙江省"外语课程思政教学团队"，李雪撰写的理论文章《扛起新形势下外语教育的重大使命》发表于光明网，引起广泛关注。

强化课程育人导向，推进建设校院两级协同育人机制。学校创新协同育人模式，在人文社科学部、经济与管理学院等新文科建设单位，推进实施协同马克思主义学院制订课程思政教学研究中心思政专员计划。全面落实立德树人根本任务，进一步深化课程思政教学改革，推动专业课教师与思政课教师双向沟通与交流，实现专业课与思政课教学同向同行，构建"课程思政＋思政课程"大格局。

（二）坚持学科交叉融合，强化新文科专业优化与人才培养模式创新

学校适应新时代人文社会科学发展的新要求，依托学校理工学科和专业优势，强化"工＋文""理＋文"交叉融合，推进人工智能、大数据、互联网等技术在新文科建设中的应用。

强化"文＋工"深度交叉融合，打造新时代"外语＋"人才培养新模式。外国语学院英语专业依托哈尔滨工业大学机械专业的领先优势，在国内率先实践"英语-机械设计制造及其自动化"主辅修学位建设，培养具备现代思维、创新精神、交叉学科知识和跨文化交际能力的高素质复合型人才。在此基础上，积极推进数字技术与外语学科融合，申报"英语语言与智能科学"新专业，利用人工智能辅助语言学、文学、文化和翻译研究，将情感因素与虚拟技术相结合，形成学科协同创新机制，培养具备英语语言和人工智能知识的文工交叉融合型跨学科外语人才。该人才培养模式获批教育部首批新文科研究与改革实践项目和黑龙江省新文科研究与改革实践项目。俄语专业培养"俄语-飞行器设计与工程"主辅修学位学生，创新采用2＋3联合培养模式与莫斯科鲍曼国立技术大学和萨马拉国立航空航天大学等俄罗斯著名理工科高校合作，培养的学生成为既懂俄语又具备航天专业相关知识的紧缺型人才。

创办国际设计学院，强化"科学＋艺术"交叉融合，面向未来探索数字媒体创意设计类专业人才培养新模式。面向工业4.0的时代，借助工科优势学校的成就，推进学科交叉融合，"双服务"牵引，打造新型数字媒体创意设计类相关专业，哈尔滨工业大学深圳国际设计学院于2020年11月获批中外合作办学机构。坚持面向国际学术前沿，注重艺术与技术、设计与创新的交叉融合。以国际化、前沿性、创新型办学为导向，扎根深圳、辐射大湾区、服务国家、面向世界，旨在培养具有国际视野和多学科交叉创新能力的复合型人才。

"三化"融合发展，构建工商管理类政产学研协同育人新机制。为了在数字化、网络化、智能化融合的背景下构建有效的政产学研协同育人机制，培育复合创新型工商管理类人才，经济与管理学院基于学院的合作平台，与巨量引擎、哈尔滨新媒网络合作创建数字营销聚创联盟（黑龙江）进行产学研合作平台共建工作，进一步在工商管理人才培养、实训实践基地建设等方面加强合作交流。

强化实践育人、校企合作协同育人，在新文科建设中打造双创育人新特色。外国语学院整合优化基础实践教学体系，与实习基地合作开展实训，拓展实践课程内容的广度和深度、延伸教学时间和空间、提升教学质量和水平。强化创新创业教育，将大一年度项目、大学生创新创业项目等创新创业教育与专业教育紧密结合，鼓励学生申报和完成文工交叉融合型项目，为培养融合型人才打基础。打造"校院两级互动、师生共同参与、学习实践结合、校企协同育人"的创新创业特色。

（三）坚持一流标准，强化新文科专业课程改革和教材建设

学校充分重视课程和教材作为人才培养基本载体的重要作用，在新文科专业

建设中，突出质量核心、强化目标导向、优化课程结构，加强教材建设体系，以一流质量标准，开展内容、方法、手段、规模、评价五位一体的课程改革，打造高阶性、创新性、有挑战度的一流课程。

对接国家一流本科课程"双万计划"，深入开展新文科相关专业课程改革。学校致力于统筹规划国家级和省级一流课程培育与建设，打造高阶性、创新性、有挑战度的"金课"，加大力度建设线上线下混合式和线下"金课"，推动信息技术与教育教学深度融合的课程改革和课堂革命。

大力推进新文科专业一流教材建设，做好教材可持续发展规划。在开展的一系列教材建设项目立项工作中，加大新文科教材建设的支持力度。2021年，哈尔滨工业大学校文科教材获评全国优秀教材一等奖1项，黑龙江省优秀教材特等奖1项，一等奖2项，二等奖2项。其中，张莉在获奖教材的基础上开展了新形态教材建设，针对性地加入自我沟通、危机沟通等管理技能开发应用模块，构建"知识＋技能＋能力"三位一体的人才培养体系；以二维码的形式提供阅读资料，"二维码＋慕课"的数字化创新模式可以为学生打造多层次多样化的学习体验；应用大量企业管理沟通案例培养学生理论联系实际的能力，在丰富多彩的实践中加深对沟通的感性认识。

四、南京理工大学

南京理工大学新文科建设取得的成效：在人才培养方面，理工文复合的新型知识产权人才培养体系可复制、可拓展、可推广，开创了国内高校理工文复合型知识产权人才培养的先河，为科技强国、知识产权强国和江苏创新型省份、知识产权强省建设做出了重要贡献。马克思主义理论学科获批一级学科博士学位授权点、入选"十四五"江苏省重点学科，马克思主义学院入选江苏省高校示范马克思主义学院；外国语言文学入选"十四五"江苏省重点学科，获批语言信息智能处理及应用工信部重点实验室，实现文科学院工信部重点实验室零的突破。

（一）围绕"理工文"交叉融合，培养"复合型"知识产权人才

"四项创新"举措。学校早在2005年率先创立江苏省第一家知识产权学院。多年来，学校秉持"理工为基、交叉为要、实务为本"的人才培养理念，围绕高层次、复合型、实务型和国际化的培养目标，通过推行理事会领导下的院长负责制、自主建立知识产权学科专业体系、创新理工文交叉融合课程体系、构建知识产权全生命周期实践教学平台等四项创新举措，培养具有知识产权创造、运用、保护、管理、信息和服务六种能力的一流知识产权人才。

"3＋1＋2"培养模式。创新"3＋1＋2"等多种复合型知识产权人才培养模式，构建具有理工高校特色的知识产权一体化学科专业体系；建成涵盖知识产权创造、运用、保护、管理、服务全流程，横向融合、纵向递进的课程体系。打造面向知识产权全生命周期的综合性实践教学平台，强化知识产权人才实务能力培养。在国内率先构建了本硕博贯通、理工文复合的新型知识产权人才培养体系。

（二）围绕"大思政"格局建设，打造"贯通式"课程思政体系

国家级精品课与社会实践。经济管理学院、人文与社会科学学院实现"兵器中国""火药中国"等国家级精品课全覆盖，弘扬"国家利益至上"的军工精神，提升文科学生的综合素质，培养南京理工大学人的家国情怀。利用"矫正社会工作""民俗调研与乡村创意"国家级一流实践课程打通学校课堂与社会课堂，开展弘扬民族优秀文化、弘扬红色革命文化、维护国家安全、创新创业、老龄化等主题活动。

思政课教师"四融入机制"。依托"全国高等军工院校课程思政联盟"，形成以军工类特色专业为纽带的跨校、跨区域课程思政建设大平台，通过定期举办联盟课程思政建设交流研讨会、优秀课程思政案例课分享交流会、在新华网新华思政推出"走进大国重器，传承中国精神"的联盟课程思政优秀案例课专题、在新华网搭建"全国军工院校课程思政联盟平台"等方式，形成思政课教师"融入院系，融入专业，融入教学团队，融入专业教师队伍"的"四融入机制"。

（三）围绕"智能＋"课程建设，发挥"学科群"跨界优势效应

"智能＋"商科课程体系。经济管理学院依托学科优势和行业特色，服务"数字中国"和"中国智造"的战略性人才需求，构建"321数智化卓越经济管理人才培养体系"，着力培养具有综合素质、复合知识、创新能力、数据思维、国际视野及本土意识的卓越经管人才，开展"智能＋"经管专业群和"智能＋"经管课程群建设。积极推动人工智能、大数据等现代信息技术与文科专业深入融合，从"基础＋进阶"课程体系构建、跨学科交叉应用能力培养、优化递进式实践教学环节设计等方面创新人才培养体系，着力培养新文科背景下的复合型人才。

"学科群"跨界建设。外国语学院以信息智能处理为核心，构建融合现代信息技术的语言学课程体系，新建工信部多模态语言信息处理重点实验室，形成新型"语言学"交叉学科人才培养模式，着力培养具有较高的人文素养、科学精神与创新能力的中国语言科学复合型、国际化人才；设计艺术与传媒学院依托兵器与装备、电子与信息、化工与材料三大优势学科群及四个优势学科，将艺术＋多维度

设计＋数字技术＋X（策划、规划、管理等）融会贯通，探索新技术、新工艺、新材料、新媒介的结盟，形成理工院校背景下新文科设计学科建设新模式。

（四）围绕"国际化"学术研究，推动"共同体"实践成果应用

循证社会科学学术共同体。学校组建"人文-科技-健康"跨学科研究团队，打造老年健康跨学科合作示范项目。2021年5月，举办循证社会科学与新文科建设论坛，邀请国内不同领域循证研究专家共同探讨循证社会科学如何助力新文科建设，会议成果获得"江苏卫视"等多家主流媒体报道。

区域和国别研究。近年来学校高度重视区域和国别研究，先后成立沙特研究中心、白俄罗斯研究中心等省部级哲学社会科学研究基地，成立中国与阿拉伯国家文化研究中心、欧亚研究院等校级哲学社会科学研究基地，就当前国际和区域热点问题、伊斯兰文明等领域开展研究。

第二节　电子科技类特色高校

一、电子科技大学

电子科技大学坚持立德树人根本任务，结合学校人才培养定位，启动"新美育"系列方案，构建起了"新格局、新课程、新平台"的美育新体系，全面推动学校美育评价改革新实践。

（一）开创工作新格局

一是全员美育。学校成立美育工作领导小组，分管校领导任组长，由大学生文化素质教育中心统筹协调和组织实施美育工作，协同全校17个部门，定期召开联席会议，规划、协调美育工作。制定《电子科技大学切实加强新时代美育工作的实施细则》《电子科技大学关于全面加强和改进新时代学校美育工作的实施方案》等制度，不断完善美育机制，形成了人人参与美育的良好氛围。二是全方位美育。学校依托省教育厅、文旅厅和考古研究院等，与阿坝州政府开展校地合作；与四川音乐学院、四川美术学院共同建立"艺术·科技"联合教学与创作基地；与腾讯、完美世界教育等企业联合开发课程和项目。校内外资源拓展与整合到位，探索联合培养新模式，共建校地互动、校际联合、校企联手的全方位美育大机制。三是全过程美育。建设"高水平艺术团、艺术类社团、艺术兴趣小组"三级学生

艺术团队，启动院级"三个一"美育品牌建设，通过美育工作室、合唱团、特色活动广泛开展团队、班级、年级、学院等群体美育活动，营造丰富多彩的美育氛围。启动学生"四个一"美育提升计划，通过修读美育课程、参加艺术社团、参与文化活动、培养艺术爱好等扩大学生美育的参与面和受益面，形成"月月有主题、人人有项目、班班有团队、院院有品牌"的美育新局面，全程提升学生审美与人文意识。

（二）建设美育新课程

一是建立"1＋6＋N"的美育课程体系。将美育课程和实践纳入人才培养方案，学生修满 2 个学分方可毕业。制定美育通识课程、学生艺术团学分管理等系列教学管理制度、艺术实践活动学分管理办法。加强人文通识必修课"人类文明经典赏析"课程群升级建设，重点建设六大艺术核心通识课程，包括艺术导论、音乐鉴赏、美术鉴赏、舞蹈鉴赏、电影鉴赏、戏剧鉴赏，拓展多门文化精品课程、大师课程、艺术技能和实践体验课程。二是培育一批美育名师和工作室，建设一支专兼结合的专业美育师资队伍。启动美育骨干教师培育计划，加强教学关键岗位，有计划引进艺术家、美育名师，加强"川剧基地、数字化方向"两支教学队伍建设。以维也纳、美国等海外艺术访学项目为牵引，以"肖德美川剧名家工作室"等为标杆，着力开发和建设一批美育微课、慕课、示范课程、省级及以上一流课程，建设一批美院美育团队和示范基地，打造一批以艺术鉴赏和美育实践为重点的新形态、新功课美育教材，完成一系列美育教育教学改革项目。三是探索"电子信息＋艺术"交叉融合培养模式，增强课程体验性与实践性。推出创新人才培养项目"交互新媒体艺术"辅修专业，推进工程教育与美育的跨界融合培养。与四川美术学院合作完成了"破壁——艺术与科技的共生"多媒体艺术展，获得社会广泛好评。

（三）营造育人新气象

一是重视文化传承。不断完善三个传承基地建设，推进"传统文化＋新技术"和"电子信息＋文化遗产"特色传承模式。打造川剧文化节，挖掘《川江号子》《博巴森根》等获国家、国际多个奖项的原创作品的育人价值；传播革命文化，赓续红色基因，加大校史剧《又见青春》的展演展播力度，学校原创川剧《小萝卜头》是为献礼中国共产党成立 100 周年而创作的一部作品。二是夯实人文氛围。持续建设好"五位一体"的成电舞台，包括"校园主题演出、月末专场音乐会、文化艺术节、艺术展演、高雅艺术进校园";开展歌手大赛、演讲比赛、主持朗诵大赛等艺术挑战赛,构建面向人人的常态化学生全员参与的艺术表演机制;精心打造艺术节、合唱节、银杏节、微电影节、社团文化艺术节等美育活动。营造"校园处处有美享美、学生时时会美创美"的美育文化氛围,建设"美遇成电,文艺校园"的理想校园。三是建设美育平台。建设校内通用的美育课程专用教室、美育训练室、表演厅以及实验艺术馆等。推进艺术团训练场地建设,打造院级合唱排练室;升级改造美育专用教室,营造美育教学新环境;继续发挥好成电 E 空间、学生银杏电视台、众创空间艺术实践基地、实验艺术馆等平台的美育功能,推动学生积极参与美育实践活动。

二、西安电子科技大学

(一)建设思路

学校以文科学院为抓手,辐射带动全校新文科建设。新文科建设目前已纳入学校"十四五"规划、学科专业建设规划,明确了人文科学与信息学科的深度融合,实现文科专业对一流人才培养强有力支撑作用的目标,突出"电子信息+"特色。

(二)具体举措

1. 政策保障

建设国家大学生文化素质教育基地、终南文化书院,以此为抓手,统筹推进新文科建设。

2. 经费支持

每年划拨专项经费支持新文科建设项目,学院也会给予配套经费支持。每年会给新文科专业专项改革经费(教育教学改革经费)30 万～50 万元。

3. 宣传引导

每年选树一批新文科建设典型案例,在教育教学节推广经验交流。信息技术与新文科专业交融,利用互联网+、人工智能、大数据、虚拟技术等科技手段,创新教学模式,文理融通,文社融通等。探索开设"历史+思政""历史+智能"等思政课程。英语学科一直以来在做科技英语,注重与理工科专业发展需求相结合,从课程体系设计、师资等方面往科技英语方向去做。

4. 人才培养

优化文科专业结构，近几年在新文科专业建设方面做了一些尝试。一是外延方面，扩展学科领域，做复合型和交叉专业，经管方向设有"大数据管理与应用"；人文学院外延做得少。二是内涵方面，以工带文，以工促文，让学生在学习过程中明白理工的原理；以文育人，以文强工，以文科学院联动做通识课程改革。

5. 课程与教材

开设一些交叉课程，支持课程思政建设，有通识课程 250 余门。慕课和混合式教学要推广，但是文科学院老师出于技术方面的原因，应用信息化手段有难度。光电工程学院教师开设"摄影艺术"课程，外国语学院老师开设"戏剧"等课程，充分发挥专业特长。对文科教材也有一定支持，教师若有意向编写教材，就给启动经费支持，既资助有成稿的，也资助有意向编写教材的。出版思政智慧版教材，提升文科生实践意识，引进海外名师名课，开设红色基因实践课程。

第三节　交通类和电力类特色高校

一、西安交通大学

（一）建设思路

西安交通大学新文科建设围绕"中国立场、中国智慧和中国价值"这条主线，厚植本土文化之基，回归教育本位；深入我国经验与人文传统，出新解于陈篇；深耕中华传统文化教育，找到价值立足点。

（二）建设路径

1. 人才培养

在人才培养目标上，提倡将文科专业主动与人工智能、生物医学等专业融合，对一些学科领域倾注人文关怀，体现文科专业的社会适用价值。在课程设计方面，根据市场需求变化适时调整课程设置，如管理学院每年会根据人工智能、大数据等的变化对工程、会计、工商管理等专业课程设置进行调整优化。在实验平台建设方面，新媒体学院建设了虚拟的仿真实验室，学生可通过虚拟实验平台进行融媒体的模拟采访，进行数据可视化的一些处理。

2. 学术研究

学术研究的技术化方面，借助技术化手段开展学术研究，并融入人文关怀，如工程伦理专业。学术研究的跨学科。人文社科领域开展研究，不能只"单兵作战"，要加强"协同作战"。学术研究的应用性方面，学术研究面向社会需求，反映时代特征，使学术研究更好地为社会服务。

3. 社会需求

希望能够建立一个平台（如智库），就是打通文科发展与国家、社会需要的联结通道。

（三）具体举措

1. 立足学科交叉，推进传统专业转型升级，探索创办特色化新文科专业

创办文工结合的网络新媒体新专业。围绕经济社会重大问题，重点布局建设管理与经济、社会治理与法学、马克思主义理论三个学科群和相关专业。筹备开设"社会工程""智慧社会治理""国际新闻学"等新文科专业。

2. 面向社会的治理需求，深化产教协同育人模式，发挥智库作用，服务社会发展

联合校外资源，校企深度协同，构建"菁英班"育人模式。与中国建设银行共建"建行金融科技菁英班"等，打造校企、跨学科交叉"双师型"导师和产学研结合的教学团队。拓展校外实习和实践基地，文科专业主动融入地方经济发展，提供智力资源、人才智库等支撑。建设从校级重点研究基地到省部级、国家级重点研究基地的智库体系，服务国家社会治理、政策制定、国际问题的研究。

3. 全面融合课程思政，培养交大特色的新文科人才

加强党的领导，完善制度规范。营造良好氛围，形成协同效应。强化教师培训，注重示范引领。总结成果经验，贯通理论实践。在课程思政建设方面，"一院一策"，每个学院根据自己的情况制订本学院的课程思政的实施方案。通过举办系列的培训班来提升教师的课程思政的理解和教学能力。

4. 强化通识教育，将人文精神、艺术教育融入工程教育，培养复合型人才

重视课程培育，拓宽资源渠道，围绕新工科、新文科、新医科的新理念和内涵培育新增通识课程，如"第四次工业革命与人类未来""人文经典的当代价

值与文化复兴"等。开展多元活动，营造通识氛围，举办"领军学者谈教学""通识大讲堂"，评选"通识优秀作品"。开设特色实践课，比如开展讲坛、举办学生活动等，致力于提升学生的人文素养，注重对学生的人文关怀。

二、上海交通大学

上海交通大学深入贯彻习近平总书记关于教育的重要论述和全国教育大会精神，勇担"以美育人、以文化人、科学育人、艺术育心"的使命，积极推进"科学与艺术融通"的矩阵式美育改革，结合学校的办学特点，将学校美育工作与人才培养、科学研究、社会服务、文化传承创新等深度融合，取得良好效果。

（一）深化"初中-高中-大学贯通"新理念，打造美育实践课程体系

在上海市教育委员会、上海市科学技术委员会的指导下，学校与上海市青少年科学创新实践工作站总站加强联动，上海交通大学"科技与艺术碰撞——设计思维工作坊"与所辖四个实践点，共同开设了一系列创新性美育实践课程。美育实践课程以"初中-高中-大学贯通"的全时期培育新理念为基础，不断发挥学校设计学科的资源优势，按照中学生的成长需求、认知特点和实践教育规律，在科学魅力和艺术熏陶中涵养气质、启迪智慧，全面提升青少年创新精神、拓展创新思维、提升审美素养和创新能力。创新实践课程在现有的大学美育课程基础上，将课程与实践有机融合，个性化制订青少年美育创新实践培养方案，每年有 120余名中学生从中受益。2020 年，选取优秀成果参加第八届上海国际青少年科技博览会。工作站荣获科技创新教育资源展科学创新实践工作站展区人气奖，入选全国大学生艺术展演。针对大学生的美育课程"设计创新的艺术"每年受益学生 200余人，课程荣获上海市教委本科重点课程和校优质通识核心课程称号，同时在中国大学慕课平台全面上线。

（二）推行"学科专业与美育实践相融合"新方法，彰显美育学科育人活力

依托上海高校中华优秀传统文化基地、上海市大学生文创实践基地等基地和上海市级工业设计中心，引导学生积极参与设计类和艺术类展演，培育高水平设计成果。举办上海市公益广告大赛校内选拔赛、上海交通大学红色文创设计大赛等活动，通过实践竞赛提升学生的家国情怀和专业情怀。鼓励以科学为主题创作艺术作品。学生作品多次入选全国美展、全国大学生艺术展演等。

（三）实施"以美培元、以美育人、以美化人、以美启德"新路径，凝
练美育"三全育人"创新特色

　　围绕学生全方位发展，拓展思政教育阵地和渠道，坚守文化自信，创建"东
西方文化与科技融合"新模式。同时坚持立足文化弘扬，建设上海高校中华优秀
传统文化基地；助力设计之都，建设上海市大学生文创实践基地。年均举办创新
设计论坛、创新设计"大家"谈、设计讲堂等活动数十场，组织敦煌艺术美育专
题课程，邀请设计大师、艺术名家为学生带来设计前沿理念，接受艺术熏陶，资
助学生走进博物馆、艺术馆，提升美育素养。进一步丰富展览育人功能，"基于创
作展演的设计类人才课程育人体系"入选校首批"三全育人"示范案例，创办学
生设计学报《维度 Dimension》，依托钱学森图书馆、李政道图书馆等基地每年举
办设计作品展二十余场，主办"设计＋未来"长三角高校学生设计作品联展。坚
持设计实践育人，构建设计竞赛分类支持体系，覆盖设计竞赛/展演 49 项，引导
学生把设计作品写在中国大地上。

（四）发展"面向战略性新兴产业，产教融合协同育人"新模式，营造
美育"双创育人"创新局面

　　基于上海市产教融合基地，面向战略性新兴产业，展开数字创意设计，通过
艺术与设计提升生活品质。学校联合重点行业、重点企业培养数字创意产业艺术
与设计人才，培育大学生的创意创新创业意识，提高创意创新创业能力，建设创
新设计实习实践基地，更好地为文化创意产业等领域持续健康发展提供关键人才
支撑，推进上海"设计之都"建设，提高创意设计产业整体效益和国际竞争力。
学校获批上海高校中华优秀传统文化基地、上海市大学生文创实践基地，一批大
学生进入小米、华为、阿里、腾讯、上汽等数字创意领域知名企业就业，多名学
生赴中西部、基层就业，多人入选西部支教团，践行教育扶贫。毕业生入选国家
级人才计划，多人担任康奈尔大学、上海交通大学、东华大学、上海视觉艺术学
院等高校的教职工作。

三、华北电力大学

　　华北电力大学不断深化"办一所负责任大学"办学理念，提前谋划、创新思
路，坚持立德树人，坚持中国特色。学校以学生为中心，把握学生成长成才规律，

明确学生成长各阶段的特点，在改革学生综合素质评价工作方面开展了富有成效的探索和实践。

（一）紧扣全面发展，完善学生综合素质评价指标体系

综合素质评价是观察、记录、分析、评估学生发展状况的重要手段，综合素质评价指标是指导学生全面成长成才的客观依据和基本标准，具有"指挥棒"作用。全国教育大会后，学校紧扣学生全面发展，分类设计、稳步推进学生综合素质评价改革，创造性地提出构建"本科生综合素质评价 5M"指标，即思想品德素质模块（M1）、业务能力素质模块（M2）、体质健康素质模块（M3）、文化艺术素养模块（M4）、劳动实践能力模块（M5）。基于促进学生德智体美劳全面发展的要求构建"五育并举"评价的新载体和新策略，同时吸取学校原有学生思想品德、学业水平、体育能力、创新实践、社会工作、艺术特长等评价规定中的成熟做法，重点突出以德为先、能力并重、全面发展的科学成才理念。

（二）工作重心下移，探索建立过程评价与多元评价

将制定评价标准的决策权全部集中在学校层面，显然既不利于调动二级学院的积极性，也无法做到针对不同主体分类设计。为此，学校在进行顶层设计时就决定将评价重心下移，赋予学院一定的自主权，加强对学生日常表现的记录和量化考核，促使教师、学生不再单纯地关注学习成绩分数和鉴定结论，而是更加关注大学生发展的关键环节，重视成长成才的过程引导。此外，学校积极拓展多元评价方式，探索学生、教师、社会参与评价的有效方式。例如，思想品德班级测评采取学生自评、班级全体学生互评和班主任评价相结合，各占一定权重的方式，加权计算本模块测评分值；学院的评价细则中对家长、社区参与评价进行了探索，加强了学生在参加社会实践、实习活动过程中，所在社区或用人单位对学生鉴定或评优结果的运用。

（三）坚持统筹兼顾，系统推进学生评价改革

一是校、院改革同步开展，同向发力。学校成立了校院两级学生评价改革领导小组，校级评价改革由校长任组长，党委学工部牵头组织；院级评价改革由学院主要领导任组长，学院党委副书记、教学副院长牵头开展工作。在制度设计上，学校层面侧重整体设计和科学搭建框架，学院层面更加注重评价的价值导向和精准性。二是配套建设统筹推进，互为支撑。在制定《华北电力大学本科生综合素

质测评实施办法》的同时，学校同步开展了《华北电力大学本科生奖学金评定办法》等八个规章制度的制定和修订，相关制度的系统性、一致性得到了保障，也确保了综合素质测评结果在整体评奖评优中的运用。例如，《华北电力大学本科生三好学生评定办法》坚持以德为先原则，将学生思想品德素质测评成绩作为获评三好学生荣誉称号的首要条件；《华北电力大学本科生评优表彰实施办法》中，对评优表彰体系进行了明确规定，明确所有被授予荣誉称号的个人和集体，其荣誉计入综合素质测评相应加分。三是评价改革分步实施，持续完善。在不同培养层次学生综合素质评价制度建设层面，学校分类谋划、分步实施，2021年，学校继续启动了研究生综合素质测评、评奖评优等研究生层面有关文件的修订工作，持续完善学生评价体系建设。

学校将以习近平新时代中国特色社会主义思想为指引，深入贯彻落实全国教育大会精神，加快推进"双一流"建设，继续探索具有可示范、可引领、可辐射、可推广、可持续意义的先进经验和典型做法，深入挖掘学生综合素质评价在教育引导、行为约束、素质养成等方面的功能，全力培养德智体美劳全面发展的社会主义建设者和接班人，在高等教育改革发展进程中书写华电人的"奋进之笔"。

第四节　财经类特色高校

一、江西财经大学

（一）建设思路

江西财经大学始终坚持立德树人根本任务，践行《新文科建设宣言》，探索财经人才培养新模式，打造财经专业建设新格局，构建财经课程体系新矩阵，升级财经教育教学新资源，推动财经类人才培养质量不断提升。

（二）具体举措

1. 强化新文科建设顶层设计

印发《江西财经大学一流本科教育行动计划（2018—2025）》《江西财经大学一流本科专业建设方案》《江西财经大学一流本科课程建设方案》《江西财经大学一流本科重点项目考核方案》等一系列文件，强化顶层设计，支持学校新文科建设。

2. 探索财经人才培养新模式

坚持以学生为中心，基于OBE（outcomes-based education，基于学习产出的教育）理念优化人才培养方案，构建五育并举人才培养模式。完善管理学、经济学、法学等学科大类培养体系，实施学生跨学科选择专业的大类分流机制。所有专业开设辅修专业，打通主辅修专业培养，优化第二学士学位招生，丰富个性化培养。开设12个国际实验班、10个特色方向班、2个拔尖实验班，探索特色化人才培养路径。虚拟现实（VR）现代产业学院成立，与江西本地重点产业深度融合，推动产业链、创新链、教育链有机衔接。2019年获第十六届"挑战杯"全国大学生课外学术科技作品竞赛特等奖。

3. 打造财经专业建设新格局

新增金融科技、数字经济等新兴财经专业，建设智能会计、智能商务、智慧财税等跨学科财经交叉专业。以此为基础，大力推动传统经管类专业的升级改造，深化与大数据、人工智能、虚拟现实等新信息技术的融合。

4. 构建财经课程体系新矩阵

重塑"公共课、通识教育、专业教育、素质拓展、实践教学和发展指导"六个模块构成的"3+7+X"专业主干课程体系，推动专业核心课、通识核心课、新生研讨课、学科前沿课、竞赛指导课、本科荣誉课等多类型优质课程共同建设提高。按照"两性一度"标准，着力建设线上、线下等五类一流课程。

5. 升级财经教育教学新资源

建设国家级虚拟仿真实验教学中心，上线江西高校虚拟仿真实验教学共享服务平台，打造江西虚拟仿真实验共享教学共同体。立项教育部产学合作协同育人项目，推进信息技术交叉应用和社会化深度融合的新文科平台建设。通过建成近百门在线开放课程，打造虚拟仿真实验教学项目，出版一批慕课云教材，升级网络教学系统，全面营造泛在学习空间，激发课堂革命，推动"互联网＋"时代教育教学能力提升。

二、山东财经大学

（一）建设思路

山东财经大学以"六卓越一拔尖"计划2.0为指引，大力推进新文科建设，实施新财经卓越拔尖人才培养计划，推行新财经特色专业和课程建设，不断推进财经类人才培养的质量革命。

（二）具体举措

1. 加强新文科建设顶层设计

出台《关于进一步加强本科教学工作提高人才培养质量的实施意见》等系列文件，大力推进新文科建设，实施新财经卓越拔尖人才培养计划，推行新财经特色专业和课程建设，不断推进财经类人才培养的质量革命。

2. 推进新财经特色专业与课程建设

强化新文科与新工科融合建设，增设金融科技、大数据管理与应用等新兴专业；推进新文科专业间的交叉融合与渗透，设立艺术金融、法律与经济等专业方向；推进适应数字经济发展的财经类课程的内容改造和体系重构。2019 年获评 13 个国家级一流本科专业建设点，7 个省级一流本科专业建设点，25 门省级一流本科课程。

3. 塑造以新财经特色人才培养为中心的质量文化

高扬中国特色社会主义文化自信，以 OBE 理念为导向，从人才培养方案、课程内容与体系、教学方式方法、课程资源、实践教学等多方面进行质量革命，形成了良好的质量文化氛围，人才培养质量显著提升。2019 年山东财经大学初次就业率上升到 93%，学生创新竞赛能力位居全国高校学科竞赛排行榜人文社科类前 3 位、财经类前 2 位。

4. 实施新财经卓越拔尖人才培养计划

设立智能会计、国际合作与发展、大数据与商务分析等实验班，培养卓越新型财经人才；实施财经基础学科拔尖人才培养计划，成立山东财经大学龙山荣誉学院，开设经济学科拔尖人才和管理学科拔尖人才实验班。

第十二章　行业特色高校新文科复合型人才大类培养模式的创新机制

针对行业特色高校大类培养中存在的人才培养理念薄弱、学科交叉融合不够、课程体系有待完善、教学组织形式单一、教育评价方式落后等现实困境，从人才培养理念、专业设置、课程设置、教学组织形式、教育评价方式、组织管理制度等六个方面提出改革的对策建议，优化行业特色高校大类培养模式。

第一节　更新人才培养理念

高校要培养一流人才，培养理念的持续更新至关重要。人才培养理念对大类培养的实践具有重要的导向和激励作用，针对上文提及大类培养的相关问题，从"突出融合特色，转变教育理念""细化培养规格，加强教育指导""明确高校定位，突出自身特色"三个方面提出建议。

一、突出融合特色，转变教育理念

教育理念是人们长期以来对教育价值取向的反映、体现和追求，是关于教育的一种应然状态，具有前瞻性、导向性和规范性的特征。由于特殊的教育背景，新中国成立之初的高等教育借鉴苏联高度专业化的教育模式，因而在面对"通"与"专"上，我国"重专业轻通识"的教育理念较为固化，导致培养人才的知识面较窄，技能较为单一。教育是面向未来服务的，时代对人才的需求越来越呈现出"综合化"的趋势，大类培养目标的眼光应着眼于宏观、顾全大局，具有前瞻性。各大高校必须转变"重专业轻通识"的教育理念，倡导"通专融合"，促进宽口径、厚基础、复合型的人才培养，培养出更加适应经济、社会发展的高素质复合型人才。

《礼记·大学》开篇有言，"大学之道，在明明德，在亲民，在止于至善"。大学的宗旨，在于彰显光明的品德；在于反省提高自己的道德并推己及人，使人人都能改过自新、弃恶从善；在于让整个社会都能达到完美的道德之境并长久地保持下去。新文科人才培养必须着眼于价值引领，持续提升学生以责任意识和家国情怀为核心的基础素养水平，从人的层次上看，包括"立德树人"和"人的现代化"；从国家层次看，包括"中国化""文化自信"；从时代的层次看，包括"新时代""全球治理"

"国际化"。文学教育的一个重要目的就是培养人文精神、现代意识、丰富情感和优雅气质，这也是新文科建设的价值取向。以通识教育为例，通识教育的目标不是传授特定的具体内容，而是发展一种智能素质，那就是批判与独立思维的能力，具有创造与创新性，能超越偏见和迷信，能筛选信息以及汲取精华、摒弃糟粕①。

二、细化培养规格，加强教育指导

针对当前培养目标过于宽泛带来的诸多问题，各高校需具体、详细地分解和进一步细化人才培养规格，即制定清晰明了、可操作性和指导性较强的人才培养规格，并进行逐层分解细化和落实。例如，大类培养目标可从知识结构、能力结构与素质结构三方面的规格要求出发，进一步细化成逐级明确的指标，落实到相应的大类设置、课程体系、教学方式以及教学质量评价等环节中，以便对大类培养目标的落实程度进行评估和考察②。以各高校经济学大类的培养目标所要求的"复合型"人才为例，对其人才培养规格进行细化。

在知识结构中，分为工具性知识、人文社会科学知识、专业知识、职业知识，每种知识都有其对应的需要达到的程度，以人文社会科学知识为例，要求了解哲学、历史学、政治学、心理学等人文社会科学知识，对应的课程有经济史、哲学导论等。在能力结构中，分为专业能力和综合能力，经济学的专业能力包括数理分析能力、财务核算能力等，对应的课程有商务数据分析、财务报表分析等；综合能力包括收集、分析信息，沟通与表达，团队合作，解决问题，自主学习与创新等能力，对应的课程有形式逻辑等。素质方面包括基本素质和职业素质，分别对应不同的标准和要求，具体内容如表 12-1 所示。

表 12-1　复合型人才培养规格细分标准

规格结构	分解细化	具体细分达到的程度	实现的课程和教学环节
知识	工具性知识	掌握英语语言基本知识、计算机语言、现代信息技术	课程：大学英语、Python 程序设计等 教学：数据化、智能化教学
	人文社会科学知识	了解哲学、历史学、政治学、心理学等人文社会科学知识	课程：经济史、哲学导论等 项目：人文知识竞赛
	专业知识	掌握经济学学科的总体结构、现代经济分析方法	课程：政治经济学原理、宏观经济学、微观经济学等
	职业知识	了解经济从业人员相关知识	课程：职业规划 教学：实习实践环节

① 张福贵. 新文科建设应凸显人文精神与文学性价值[J]. 探索与争鸣, 2022, (9): 9-12.
② 俞桂红, 虞志坚. 地方本科高校人才培养目标的变革：问题与路径：以台州学院为例[J]. 台州学院学报, 2014, 36 (1): 34-37, 50.

续表

规格结构	分解细化	具体细分达到的程度	实现的课程和教学环节
能力	专业能力	数理分析能力、财务核算能力等	课程：商务数据分析；财务报表分析；常用财务软件操作实训教学；实习实践环节
	综合能力	收集、分析信息，沟通与表达，团队合作，解决问题，自主学习与创新等能力	课程：形式逻辑项目：辩论赛；大学生创新创业训练
素质	基本素质	具有良好思想道德素质、身心素质	课程：大学生心理健康、大学体育
	职业素质	具有良好的职业道德、职业技能和职业行为	课程：财经人员职业素养概述

三、明确高校定位，突出自身特色

　　人才培养目标应充分考虑到各高校的性质和实际情况，根据本校实际来合理定制培养目标，以"特色化"取代"同质化"。不同类型的高校在定位上各有不同，具有自身独特的发展优势，其培养目标的侧重点也应有所不同，因而在知识目标、能力目标以及素质目标的要求上应发挥自身特色去进行设计和规划，体现自身发展特色，从而满足国家、社会以及市场对多类型、多层次人才的需要。例如，北京语言大学翻译（本地化）技术实验班深度融合翻译专业和计算机专业课程，将翻译教育与信息技术合理嫁接，从而实现跨学科语言服务应用型人才的培养目标。武汉大学数字文化试验班以基础扎实、能力卓越、全面发展为人才培养目标，通过制订专门的培养方案，提供优质的培养条件，鼓励优秀学生脱颖而出，培养一批具有"全球视野、中国风格、武大特质、信管特色"的高水平拔尖创新型人才。

　　在首届"全国理工科高校繁荣哲学社会科学"研讨会上，教育部社政司副司长袁振国曾提出，理工科高校文科发展应该走基础研究是中坚，应用研究是先导，对策研究是特色增长点的模式。行业特色高校的文科培养可以利用自身雄厚的理工科优势去培养文工、文理等跨学科类型人才，以特色取胜，实现弯道超车，而不应该忽视自身强大的理工科背景优势，盲目借鉴高水平文科院校的培养目标。地方行业特色高校虽然起步晚、底子薄，但具有技术、资源等方面的后发优势，可以瞄准人文社会科学的重大理论及现实问题，积极参与事关省市现代化进程中重大理论和现实问题的研究，面向行业、面向地方，抢占理论的最前沿，到达国内或国际学术界的上乘水平，并在其中有一定的发言权[①]。例如，南京理工大学的

① 薛健飞. 地方行业特色高校文科发展的路径选择[J]. 中国成人教育，2012，（2）：13-15.

知识产权学院秉持"理工为基、交叉为本、实务为要"的人才培养理念，围绕高层次、复合型、实务型和国际化的培养目标，培养具有知识产权创造、运用、保护、管理、信息和服务六种能力的一流知识产权人才。

第二节　拓宽专业设置口径

各高校要坚持以学科为基础，持续优化学科结构，凝练学科发展方向，突出学科建设重点，创新学科组织模式，打造更多学科高峰，带动学校发挥优势、办出特色。科学合理的专业设置是反映学科建设成效的重要途径，是高校开展大类培养的关键环节，科学的大类设置模式需要坚强的学科建设作为基础，从而有效推动大类培养目标的实现、推进大类培养课程体系的组织和开展。各高校应积极发挥主观能动性，重视大类设置政策设计，优化分流政策，加强对学生专业分流的指导。

一、推动学科融合，科学设置大类

大类培养旨在改善传统过于强调"专业教育"的弊端，其最终目的在于培养拥有广博知识的高素质复合型人才。科学合理地设计大类类别对培养拥有广博知识的人才具有重要作用，因此，针对当前高校大类设置以"窄学科方案"为主，专业覆盖面较窄、大类培养内涵较为狭小的现状，高校在设置大类类别时，应在充分考虑学科间逻辑、遵循学科发展规律的基础上推动学科融合，拓宽大类设置口径，即合理拓宽大类所涵盖的学科或专业范围，促进大类设置由"窄学科方案"逐渐向"宽学科方案"甚至是"全学科方案"发展，从而有助于推动大类培养目标的实现。按照学科间逻辑来设置大类即尊重学科逻辑、在充分考虑学科内部所涵盖专业间关系，以及学科与其他相邻外部学科间的内在联系的基础上科学合理地进行大类类别的设计。

2021 年 11 月 17 日，国务院学位委员会印发《交叉学科设置与管理办法（试行）》，这意味着各个院系可以自主探索交叉学科试点，符合条件的可以申请编入交叉学科门类的目录，成为一级学科[①]。在新一轮科技革命和产业变革的有力驱动下，当代科学发展呈现出学科大交叉、大重组、大融合的新趋势、新潮流。近些年来，互联网、大数据、人工智能、区块链等各类科技在社会各个领域广泛应用，催生出学科交叉融合的强大动能。以法学学科为例，基于"理论法学 + 部门法学"学科体系所构建的传统法学教育模式，过分强调专业细分，形成若干相互独立的部门法研究领域，不同学科之间始终存在纵横交错的沟壑，很难得到有效的弥合

---

① 刘艳红. 从学科交叉到交叉学科：法学教育的新文科发展之路[J]. 中国高教研究，2022，（10）：8-13.

和填补，各个学科之间的割裂使得培养出来的法治人才的思维方式相对狭隘、知识结构单一，难以适应社会的需要。在新时代背景下，中国法学界应紧跟当代法治实践前沿，加快设置数字法学、网络法学、人工智能法学、区块链与法律、算法规则与法律、数字经济与法律治理等交叉学科，确立起我国在新一轮法学交叉学科建设上的主导权和话语权①。

二、强化顶层设计，优化分流政策

科学合理的顶层设计为大类培养的相关工作明确了前进方向。为了保障专业分流环节的顺利开展，学院应重视顶层设计、加强规划、进一步优化和完善分流政策。

首先，要充分尊重学生的分流意愿。大类培养最大的特点在于新生入校后不分专业，而是在大类的组织形式下进行学习，学生在学习多种专业的基本知识，以及对专业有一定了解后才进行专业选择，这突破了传统高度专业化的教育模式，有利于学生尽可能选到自己心仪的专业。为了保障学生的专业选择权，在进行专业分流方案的设计和规划时，必须充分尊重和保障学生的诉求，对学生的分流意愿进行摸底调查，并根据意愿逐步扩大专业容量范围，尽可能将学生的分流诉求体现在专业分流政策中。

其次，要打破成绩导向的分流原则。当前，各高校的分流政策主要为"志愿优先、成绩排序、计划控制"，一定程度上保障了学生的分流意愿。然而，由于教育教学资源的有限性，诸多一流高校必须对分流专业的容量范围进行计划和控制，在实施专业分流时大多以成绩导向的原则或标准对学生进行筛选，无法保障每一位学生都能选到心仪的专业。大类培养的目标在于培养拥有广博知识的复合型人才，仅注重学生学业成绩不利于大类培养目标的实现。因此，在进行大类分流时，学院应充分考虑学生的综合能力与素养、职业生涯规划，以及对自我认知与对专业认知程度等相关方面的因素。

最后，要合理设置专业分流时间。分流时间的早晚影响着大类培养阶段的长短。一方面，专业分流时间早有利于学生提前进入专业教育阶段，但与此同时也缩短了学生接受通识教育的时段；另一方面，专业分流时间晚有利于延长通识教育的学习阶段，夯实学生基础，但也相应地缩短了专业教育的学习阶段。不同层次、不同类型的高校有着特色各异的人才培养目标，而各学科或专业对人才培养的要求也存在一定差异。设置专业分流时间时应在充分考虑高校、学科或专业特质的基础上，结合其具体的人才培养目标或规格而定。例如，重视培育具有广博

---

① 黄文艺. 论构建中国特色、世界一流的法学学科体系[J]. 法学家，2023，（2）：16-30，191.

知识、拥有扎实人文素养的专业大类需要相对延缓专业分流时间，从而确保通识教育和大类教育阶段具有充足的培养时间；而对于实践性较强，强调专业性、技能性、实践性的相关专业大类则需要相对提前分流时间，从而充分保障专业教育的开展。

三、整合教育资源，加强分流指导

专业分流是大类培养环节中较为复杂且重要的一环，是具有多个变量的系统，具体体现在其影响因素较多，涵盖了学校宏观调控层面、学院具体执行层面，以及教师、辅导员与学生等参与主体层面，其中尤为关键的因素与变量主要是专业分流政策的制定。作为学校实施大类培养的具体执行主体，学院是进行分流活动的执行者和调控者，在优化专业分流的政策依据以及其他相关工作中具有举足轻重的作用。在进行专业分流环节时，学院需要在充分整合本学院教育资源的基础上，积极与其他相邻学科所在院系开展合作，实现资源有效利用，保障整个大类培养环节拥有较为充足的资源，从而更好地进行大类分流的指导工作。一方面，要强化宣传力度。高校目前仍有部分学生对专业分流的具体工作表示不清楚或不知道，这在一定程度上反映出学院对专业分流的宣传力度还有待加强。对此，学院可通过开设专门讲座、班主任或辅导员下发相关信息以及学院自媒体平台等途径发布大类分流的相关信息，如对分流后各专业的培养目标、就业前景、师资等相关信息进行详细介绍，以及对分流时间、分流原则、分流依据与分流程序等进行宣传，从而加深学生对专业分流的理解。另一方面，要培育学生形成正确的专业选择观念。专业分流环节是一种学生进行专业选择的行为活动，学校和学院终究只能起到引导作用，最终决定权仍在学生手中，因此培养学生形成正确的专业选择观念对专业分流有着十分关键的作用。当前，职业规划是学生进行专业选择时所考虑的关键因素，鉴于此，可以利用学院开设的就业指导课程来鼓励学生积极进行职业生涯探索，充分认识自我、专业和职业特质，拥有正确的择业就业观，从而让学生在进行专业选择时可以将自身特质、专业特点和职业需求进行匹配，拥有正确的专业选择观念。

第三节　统筹设计课程体系

课程体系指的是在一定的教育价值理念指导下，将课程的各个构成部分加以排列组合，不同课程按照门类顺序排列，使之能够在动态过程中统一指向课程体系目标，是教学内容和教学进程安排的总和，其排列顺利决定了学生学习的知识结构。大类培养在课程体系的设置上要强调"博专结合"的课程体系，注重拓宽专业课程的学科基础，注重学科交叉和知识融合，无论是新兴学科还是传统学科，在课程的设置上都有一定的弹性，不能固守传统的学科界限，要培养学生跨学科的视野和综合思维能力。

一、坚持立德树人，强化课程思政

将价值塑造、知识传授和能力培养融为一体，将习近平新时代中国特色社会主义思想内化于心、外化于言，坚定"四个自信"，进一步增进对中国共产党领导和中国特色社会主义的政治认同、思想认同、理论认同、情感认同，切实提升学生的政治认同、家国情怀、文化素养、法治意识、道德修养，努力培养担当民族复兴大任的时代新人。以大学英语课程为例，将习近平新时代中国特色社会主义思想的学习与英语读写、演讲和翻译能力的培养进行有机融合，引导学生系统学习、深入领会习近平新时代中国特色社会主义思想的核心要义，学会用中国理论观察和分析当代中国的发展与成就，培养时政文献阅读与翻译能力，提高思辨能力、跨文化能力和国际传播能力，成为有家国情怀、有全球视野、有专业本领的社会主义建设者和接班人[①]。

坚持将立德树人、培养德智体美劳全面发展的社会主义建设者和接班人作为工作的出发点，高度重视课程思政建设工作。全面落实立德树人根本任务，进一步深化课程思政教学改革，推动专业课教师与思政课教师双向沟通与交流，实现专业课与思政课教学同向同行，构建"课程思政＋思政课程"大格局，坚持"一院一策"，每个学院根据自己的情况制订本学院的课程思政的实施方案，通过举办系列的培训班来提升教师课程思政的理解和教学能力。教师在课堂教学中坚持教书与育人并重，在专业教育中融入生命教育、道德教育、责任教育，激发学生的使命担当与家国情怀。2021年3月，发布《北京大学推动"四史"学习教育工作方案》，将"四史"教育贯穿立德树人的全过程，建设"四史"类课程，将专业教育与"四史"教育紧密结合，引导学生深刻理解社会主义核心价值观，自觉弘扬中华优秀传统文化、社会主义先进文化。

二、突出融合特色，调整课程结构

课程结构是课程各部分的配合和组织，主要规定了学科教育与跨学科教育的安排与搭配、学时安排、必修课程与选修课程的比例关系等内容，是课程设置的骨架。

---

① 孙有中. 创新教材体系，推进外语类专业新文科建设[J]. 新文科理论与实践，2022，（3）：76-81，126.

　　首先，要平衡课程比例。一是提高通识课程在课程结构中的占比。当前我国大部分高校的通识教育课程数量和种类繁多，但从学分比例来看，以思想政治类、大学英语、大学体育、计算机、军事课为代表的公共基础课的学分所占比例较高，这意味着学生实际上能够真正学习到体现通识教育内涵的课程较少。通识教育课程是实现大类培养目标的关键课程之一，高校应提高真正体现通识教育内涵的通识课程在课程结构中的学分占比。二是提高大类平台课程在课程结构中的占比。大类平台课程体现着大类培养的灵魂和特色，是连接通识教育阶段和专业教育阶段的桥梁，有助于为学生们接受专业教育打下坚实基础。作为大类平台课程的执行主体，学院应充分整合利用教育教学资源，提高大类平台课程在课程结构中的学分比例。三是提高选修课在课程结构中的占比。纵观国外一流高校，将开设大量的选修课程纳入本科教育计划已成为普遍推行的举措。当前，高校的课程结构中，选修课程的学分占比较低，较低的选修课占比将导致学生缺少精力和时间去学习自己真正感兴趣的课程。人才大类培养目标的实现离不开学生个性的施展，提高选修课程占比是提升大类培养质量的重要举措。

　　其次，要合理安排学时。经调研，部分一流高校学生表示其所在高校在大四学年安排了繁重的专业学习课程，学习压力较大、无法兼顾升学或就业。高校应打破课程学习时间的统一规定，在时间上提高学生选择学习课程的自由程度，从而有助于学生根据自身需求来合理安排学习时间。对此，高校可以在建立健全完全学分制的基础上，加强导师指导，保障学生可在通识教育阶段和专业教育阶段所包含的众多课程中任意组合，根据自身基本情况来制定多元化、个性化的课程组合。

　　最后，要重视课程的递进安排。以专业分流为界，大类培养包括前期的通识教育阶段和后期专业教育阶段，两个阶段在内容上不是彼此割裂，而是相互联系的关系，通识教育阶段为学生掌握专业教育提供了扎实的学习基础。但从大类培养的实际来看，通识教育阶段要想自然而顺畅地过渡到专业教育阶段，需要开设一些课程来作为承接两个教育阶段的纽带。例如，可借鉴国外普林斯顿大学与国内清华大学、北京大学等世界一流高校，开设新生研讨课、专业宣传讲座等多种形式的课程。

三、强化知识互通，整合课程内容

　　增强学科内部知识的融合、促进学科交叉是大类培养的内在特点。行业特色高校大类培养的课程建设应强化知识的互通性，整合和调整已有课程内容，开发体现新文科特色的新课程。

　　一是要加大通识课程建设力度。通识教育是一种为受教育者提供通晓人类各种基本知识类型，从而具有多样化选择的教育活动。推动课程数量的持续增长、完善多样化的课程模块、为学生提供多样化的课程选择是建设通识课程的应有之举。例如，中国人民大学强化根基上的通识，明确重根、求理、力行、有我的通识教育理念，精准把握融通、识得的核心内涵，重点打造 100 门通识核心课程。此外，还需重视通识课程的规划与建设，积极调动高水平带头人采取开发建设核心课程、成立通识课程建设小组、组织召开通识课程研究与建设专家小组会议等多项举措来保证通识课程质量。

二是要开发跨学科特色课程。大类培养对课程综合化提出了要求，需进一步打破学科界限，增强学科内部、学科间专业知识的融合程度，让跨学科成为新课程的核心特色。要注重对原有课程的调整，实现资源的有效利用，即立足"大课程"的布局，按照学科逻辑对内容相近的已有课程进行整合，促进原有课程由彼此隔离到相互贯通、从相互重叠到互通有无。此外，要加强统筹规划、增强融合意识，启动跨学科课程建设项目，重视开发具有跨学科特色、能够体现新文科建设与大类培养特色的新型课程。鼓励教师开设学科交叉性强的课程，努力使学生获得广泛的文化艺术修养与道德判断能力，为未来参与公共事务做好知识储备。

三是要重视实践课程建设。从机构、机制以及教学体系方面对实践课程进行重新布局，设立实践教学运行中心和创新创业教育中心，构建进阶式实践课程体系。例如，清华大学设立教学科研实践基地，为学生开展案例调研、社会实践和就业实习提供综合平台，培养"懂国情世情"具有家国情怀的人才。北京语言大学为了培养能讲好中国故事、传播中国文化的外语人才，提升外语人才的实践能力和问题意识，在培养方案中增加了实践类课程的学分比重，同时明确规定创新创业训练项目或科研创新计划项目可以换算学分。南开大学推动以项目为中心的融合课程建设，形成基于同一项目主题的"课堂知识传授＋课外项目实践"的师生学习共同体，实现了多学科知识传授与课外项目实践的有机统一，利用寒暑假，深入开展"同学同研同行同讲"，实现了从课堂学习到社会实践的延伸。

第四节 创新教学组织形式

教师要改变传统的教学方式，由讲授为主到指导学生独立地学习与研究为主，从少化、精化、宽化、新化讲授内容开始，将单向灌输式教学转向以学生参与为主的教学，将实践练习或案例模拟带入理论讲授的课堂，积极推行启发式教学，积极运用现代教育技术等先进手段，提高教学的效果；重视发挥图书馆、网络等在教学改革中的支撑作用，使学生学习的手段和途径更加多样化，为学生主动学习提供条件。

一、丰富教学手段，促进人才分类培养

虽然大类招生要求学生在入学之后进行一段时间的共同学习，但是这并不意味着学校和教师可以使用某种单一的手段进行教学。因为在基础知识学习之后学校会进行分流教学，不同方向的专业学习的内容都是不一样的，所以教师要根据具体的专业和课程划分对教学进行教学手段的创新，尤其是在当下，要改变传统教学方式，将先进的教育技术嵌入高校教学实践中，促进教学方式的进步，推动教学数字化的有效开展，在教学环节中充分利用现代信息技术来辅助教学，如利用互联网、大数据等多样化的技术手段搜集教学资源、优化教学思路、完善教学设计，以及帮助教师可以及时获取教学反馈信息，从而进一步优化教学设计。

新文科建设强调信息化技术推动课堂教学改革，提升教学质量。智慧教育就是通过信息技术与教育教学的融合创新，营造信息化教学环境，实现新型教与学方式，变革课堂的结构，最终支持教师利用信息技术开展教学创新，支持学生进行个性化学习探索[1]。例如，运用"数智"科技打造沉浸式、交互式的教学环境，探索问题导向的自主学习模式；利用教学大数据平台，为学习者画像，测量学习毅力、专注力等指标，改善教师和学生的体验和成就感。北京理工大学利用学校在信息技术领域的优势，运用新媒体技术开发了融入思政教育元素的"重走长征路——理想信念虚拟仿真实验教学"课程，建成全国首个沉浸式虚拟仿真思政课体验教学中心，运用虚拟现实、人工智能、全息显示等技术，打造了集交互性、沉浸性、时代性和趣味性于一体的教学环境。

二、改革教学环境，注重人才个性发展

传统的教学环境也是制约大类招生人才培养计划实施的一个因素，也可以说，传统的教学环境是以教师讲授为主的教学环境，在这种教学环境，只有教师和学生两点之间的单向联系，所以在这样的环境中，学生学习兴趣缺乏，教师教学效率也不高。教师应注重学生实践操作能力的培养，运用项目教学法、案例教学法、团队教学法、现场教学法以及产学研合作等多种方法开展教学。学校应该积极引进行业专业领域的人才进行课程的教学与交流，这样可以弥补课程的更新不及时，提升理论课程的质量，也应加强学生的自由性与流动性，加强校际之间的联系与合作，保证和提升学生的教育质量；在实践教学中，应鼓励产学研的结合，使得学生有机会进行创新创业的交流，以及注重学生个人能力的创新与发展。

---

[1] 周鑫燚，王慧. 大学智慧课堂[M]. 成都：四川教育出版社，2022：38.

推动人文社科学科对重大问题的跨学科研究和综合教学改革,例如"政治、法律与社会"项目横跨政治学、法学和社会学,通过组织跨学科一流导师团队,开设五门特色课程,开展小班教学。对课程教学方案进行整体改进提升,将"内涵充实提升＋助教开展小班研讨＋校内外名家参与＋课外助教辅导＋课程参与度评定"作为课程教学的全过程,推动课程教学方式的变革和学生学习范式的转变。建设小班化的优质研讨课,由具有深厚学术造诣和活跃学术思想的中青年教师带领学生接触学术前沿,培养学生的问题意识和创新素质,引导学生自主发现问题、分析问题和解决问题。建立文科综合实验教学中心,改变传统文科"一张纸,一支笔,一杯茶"的培养方式,以学科群建设为基础,强化学生能力培养。

三、突出学生主体地位,提升教师教学水平

在教学活动中通过引导学生的活动来提升学生的主体性、培养学生的创造性。在教学过程中,教师的讲解和演示是必要的,但目的仅仅在于引导和示范,教师的活动不能代替学生自主的思维能力和实践操作,只有经过自己能动的、自主的思考和实践,学生才能灵活掌握知识,养成良好的思维方式和行动方式,并将其内化为个性素质。在教学中要培养学生的创造性,就要引导学生发现问题和提出问题,鼓励学生探索和解决问题,支持学生的独立见解,宽容学生的失误。唯有教师注意启发并善于引导学生进行独立思考、探索与反思的教育,才能使学生的个性、主体性充分发展,具有较高的创造性和自主性。要从根本上转变传统的教学理念,从以教师为中心向以学生为中心转变,以教为中心向以学为中心转变,以供给为中心向以需求为中心转变,以投入为中心向以产出为中心转变。让教师成为导演,让学生成为演员,实现学生由被动接受型知识教育转向主动学习型、思考型、研究型教育[①]。

百年大计,教育为本;教育大计,教师为本。新文科建设关键看教师,要培养一批长期从事一线教学工作,对教育思想和教育方法有重要创新,教育成果和教育质量突出,在学生培养方面有突出贡献的新文科教学名师。一是要实施文科青年教学名师培育计划,培养对象选派师德高尚、业务精湛的导师,注重提升青年教师业务能力、强化师德师风,通过改革教师评价机制,建设结构多元、德厚学高的教师队伍。二是要建立支持文科教师脱颖而出的机制,分类分层次精准对标国家各类人才计划,对后备人文社科人才"精准画像",单设指标、单独评审,形成人才辈出的后备梯队,促进领军人才、青年人才规模跃升。三是要加强现有师资的培训,结合发展需要,探索构建新文科师资能力标准体系和教师培训体系,

---

① 胡金焱. 在传承创新中打造"新"文科[J]. 新文科理论与实践,2022,(3):68-75,126.

探索引导教师开展新文科教育教学改革，开展跨学科项目研究、跨学科专业课程建设的有效机制，同时加强师资统筹，增强文科内部及与理工科的师资融合，形成专兼结合、结构合理、文理交叉的新文科师资队伍，共同推进新文科建设高质量发展和一流文科人才培养[①]。

第五节　完善教育教学评价

教学质量评价能够及时反馈人才培养目标和过程中出现的问题，有助于一流高校不断优化自身人才培养方案，实现人才培养质量的提升。基于大类培养复合型的人才培养目标，大类培养的课程与教学应具有自身特色，而当前各高校对大类课程与专业课程采取的是同一套标准来进行教学评价，这不利于更好地实现大类培养目标，因此，行业特色高校需设计专门的、有针对性的大类教学评价新体系。

一、关注全面发展，推动过程性评价

大类课程的教学质量评价应坚持以人为本，重视评价内容的全面性，强调对学生综合能力与素养的评价，既要对学生所掌握的知识层面进行评价，又应对学生发展的方方面面进行评价，如心理健康、创新精神、学习态度与价值观、分析问题与解决问题能力等。鉴于此，可通过采取过程性评价的方式来实现对学生综合能力与素养的考量。过程性评价是一种关注学生学习过程中知识、能力、情感等变化过程的评价，其具体措施包括关注学生课堂表现、课下研究与实验的成果、小组合作成绩、学生自评和互评、学业测试成绩，以及其他非智力因素等。过程性评价并不是简单对期中与期末或是其他学业阶段成绩的简单叠加，而是将学业测试成绩与学生的各种综合素养相结合，这有助于对学生的综合能力与素养进行较为全面的评价。通过"全过程学业评价"和"非标准化答案考试"，让学生真正"把头抬起来、坐到前排来、提出问题来、课后忙起来"，以"课堂革命"推动"质量革命"。

二、回应教育变革，倡导数字化评价

在新一轮科技革命和产业革命的发展背景下，高等教育领域发生了一系列巨大而深刻的变革，对此，我国高等教育积极应对，陆续推出了"四新"建设，其

---

① 张政文，王维国. 新文科建设高质量发展研究[J]. 新文科理论与实践，2022，（2）：52-58，125.

中，进行高等教育数字化转型是"四新"建设提出的新发展课题。在评价方面，倡导数字化评价，推动将现代信息技术运用到教育教学评价中，在技术革命和产业革命的冲击下，高校的教学评价必须充分利用数字化手段，加强对自身数字化教学评价系统的整体设计，强化数字化平台的共享建设，借助大量清晰明了的可视化数据资源来反馈教学的基本情况、了解学生学习过程中的不足之处，从而帮助教师了解学生的学习状态、做出较为客观的归因。要充分运用信息技术，建立基于人机智能融合的"感知—分析—反馈—改进"质量管理闭环。通过大数据信息技术收集到学生的多源信息，深度分析学生的表现，挖掘背后的原因，将分析结果反馈给学生，促进学生有针对性地解决学习过程中的问题，提升学习的效果。

三、拓宽评价范围，探索多元化评价

探索多元化评价需从以下三个方面入手。一是评价主体多元，即参与评价的主体除了教师和学生之外，还应包括学校管理人员、学生家长、专职评价机构、市场用人单位与教育决策部门等主体。二是评价内容多元，即改变以学生学业成绩为导向的评价倾向，重点关注学生思维能力、情感道德价值观等方面内容。三是评价方式多元，体现在采取除考试外的多样化评价方式和手段，如参与实习实践、开展相关调查、进行独立研究、参与相关竞赛、撰写主题论文等评价方式。

四、重视教学评价，成立专门组织

教学评价的改革是一个长期、连续的过程，成立专门评价组织是促进大类培养评价改革的重要手段之一。通过前文可知，缺乏专门的评价体系，在进行评价时都采取同一种评价指标体系是高校大类培养评价存在的关键问题之一，而专门和规范的评价机构或组织是推动教学评价改革的关键力量，因此，各高校应建立大类培养教学质量管理机构来负责教学评价的实施与监督，尤其负责对大类培养教学环节进行全面、系统的质量监控，并将大类培养课堂教学质量评价作为一项重要的工作内容。

第六节 协同组织管理制度

导师制和书院制都是伴随着本科生自主选课和完全学分制这一改革措施而产生的教育管理制度，完全学分制是指大学生只需要修满学校规定的学分即可毕业的一种教学管理制度。近年来，为了适应完全学分制改革，各高校都非常重视专

业导师队伍的建设，普遍实行了专业导师制，并取得了比较好的效果。随着教育教学改革的不断深入，有不少高校尝试实行书院制[①]。新文科建设旨在突破常规培养模式，进一步深化书院制、导师制、完全学分制改革，积极推进大类培养，培养复合型拔尖人才，这就要求在完全学分制下进行导师制和书院制协同育人模式的规划和设计。

一、构建完善的制度保障体系，科学设置完全学分制方案

完全学分制改革，要有充分的制度保障。在完全学分制背景下，一方面要改革现有的行政班级管理，在弹性学制下，学生可以提早毕业也可以推后毕业，因此在考试制度、宿舍安排、毕业离校派遣、电子注册、学位授予等各个环节均要有系统的设计和安排，这就要求实行"按学分注册、按学分收费、按学分选课、按学分毕业"的教学管理模式，建立科学的教务管理系统，通过教务管理系统使得庞大的选课、排课、注册、学籍管理、成绩管理、毕业审核（学位审核）数据处理成为可能[②]。另一方面，要建立科学的评价监控体系。首先，建立学生课堂教学测评、学生信息员、教学督导三位一体的质量监控体系；对教学成绩优秀、学生满意度高的教师可给予"特殊岗位津贴"，鼓励教师研究教学，提高课程教学质量。其次，对现有的学生成绩评价体系进行相应的改革：通过改革考试内容和形式，引导学生的学习倾向性；引入社团学分制和创新实践学分，加大对学生创新和实践能力的培养力度，使学生有更多的实践机会[③]。

科学的设计方案是完全学分制改革的核心部分。西北大学在2018年出台《西北大学完全学分制综合改革方案》，以"完全学分制改革"为抓手，创新人才培养模式和教学管理方式，划分"大类内部专业分流""学科大类间的准入准出""自主选择专业和课程"三个阶段并逐步推进，充分释放学生自身的潜能，使拔尖人才脱颖而出。坚持"压缩总修学分、开放课程体系、加强实践教学、丰富课程资源"的基本原则，推动各专业形成与完全学分制相适应的本科大类培养模式与课程体系，以全校通修课程改革为突破口，持续加强课程资源建设。满足学生多样化需求是以选课制为基础的完全学分制的本质特征，这就要求要开设丰富的课程供学生选择。学生对完全学分制最大的不满就是课程资源过于紧张，想选的课程学校没有开设，或因为选修人数过多而没法选上。从完全学分制的实施过程看，

① 许晓平，张泽一. 完全学分制下"专业导师制"和"书院制"的协同模式构建[J]. 教育理论与实践，2017，37（6）：41-43.

② 朱雪波. 高校实施完全学分制的困境与对策研究[J]. 高等工程教育研究，2015，（1）：113-118.

③ 雷辉，陈收，龙丽. 湖南大学完全学分制实施约束因素分析[J]. 大学教育科学，2008，（1）：46-48.

学校就好像是一个课程资源的超市，学生就像根据自己需求挑选资源的顾客①，这就要求学校完善课程结构，丰富课程数量，提高选修课比例，充分利用信息技术构建网络课程平台。

二、丰富书院制内涵，加强顶层设计规划

我国现代大学书院制是在继承传统书院制和借鉴西方牛津大学、哈佛大学等高校住宿制的基础上，融合传统文化和现代文化生成的教育模式，不仅体现了我国传统大学书院的深厚文化底蕴，还表明了中西文化模式融合共生的可能性与可行性，要在发扬现代大学书院制的"立德树人"内核精神、确立现代大学书院制"以人为本"的价值导向的基础上，解构与重构现代大学书院制的学问之道②。一是构建融通式课程体系，坚持通专融合、学科融通理念，重构课程体系，加强对科学研究背景和知识发展脉络的探讨，以及对解决现实问题能力的训练，开设精品研讨课、高级研修课，强化科学思维训练，给予学生更加自由、充足的思考和探索空间③。二是要建立学术交流和资源共享平台，设置书院活动空间。例如，陕西师范大学在 2019 年成立哲学书院，吸纳不同学科进驻。一开始哲学书院的文科生相对较多，后来在运行过程中发现生物、数学等专业优秀学生逐渐成为哲学书院生源主力，为哲学方面的人才培养倾注了新鲜血液。陕西师范大学成立哲学工作坊、研习坊、实践坊，以哲化人，以哲育人，通过多视角观察自然科学和社会科学发展。

书院制改革目标的实现，不仅依赖于良好的内部治理理念，而且需要有效的技术手段和科学的制度体系，为大学的各种权力分配、资源配置和机制运行提供一种强制性的组织规范，以弥合冲突、形成合力④。例如，四川大学明远学园-中国语言文学拔尖学生培养基地（锦江书院）入选教育部首批基础学科拔尖学生培养计划 2.0 基地名单，书院坚持"一制三化"，并以"一个保障、两个驱动、三个平台、五个特色"为着力点，让学术大师更投入、优质资源更丰厚、体制机制更健全、学生选拔及培养模式更完善，全力培养服务国家重大战略、勇攀世界科学高峰、引领人类文明进步的卓越社会科学家。

---

① 赵雷洪. 高校完全学分制的实施及其保障措施[J]. 浙江师范大学学报，2005，（2）：92-95.

② 相巨虎. 从"模式移植"到"本土生长"：现代大学书院建制的现状、经验与展望[J]. 大学教育科学，2023，（5）：117-127.

③ 沈悦青，刘继安，章俊良. 以中国特色现代书院制推进拔尖创新人才培养的思考与实践[J]. 中国高等教育，2023，（17）：36-39.

④ 刘学燕. 大学书院制改革的困境反思与路径优化：基于结构功能主义理论框架的分析[J]. 大学教育科学，2022，（4）：119-127.

三、完善导师制制度体系，做好导师制的服务与监督

导师制可以为学生的学习和成长制订个性化的方案，有利于充分挖掘学生的潜质，促进学生的个性发展。导师制的作用得到有效发挥，要利用信息技术建立导师制工作管理服务平台，管理流程中的相关工作，包括师生匹配建组、导学活动场地预约、活动情况实时记录及评价、小组活动情况统计、学生对导学活动及导师的评价、导师对学生的评价等均可以在信息平台上操作实现[1]。同时，要加强对导师的培训，使其认识到"导什么"以及"怎么导"，并就指导过程中遇到的问题进行交流和探讨，总结经验，令导师指导水平迭代出新的高度。

此外，要建立完善的奖励机制体制，对导师的指导过程进行监督、对指导方法进行评价，"将导师的工作业绩与其年度考核、津贴发放、职称评聘、职务晋升等联系起来"[2]，根据导师开展的导学活动次数、内容并结合学生对导学活动反馈及对导师的满意度打分情况，对各位导师进行评分及评优，评优结果反馈给导师所在专业学院，作为导师在学院内的年度考核、评优及晋级的参考[1]，对优秀的本科生导师的职称评定和晋升予以重点考虑；同时，评选一批优秀的本科生导师，将其作为先进典型在校内外进行宣传报道，增强他们的职业获得感和成就感，让他们更加有动力去指导学生学业发展和职业规划[3]，充分调动导师的积极性。

① 李玉华，王亚，高静. 书院视域下本科生导师制管理模式探索与实践：以北京航空航天大学知行书院为例[J]. 北京航空航天大学学报（社会科学版），2023：1-7.
② 刘济良，王洪席. 本科生导师制：症结与超越[J]. 教育研究，2013，34（11）：53-56.
③ 李奇虎，俞雅莲. 一流本科教育背景下高校本科生导师制的审视与实践[J]. 江苏高教，2021，（10）：66-69.